D1754388

Marie Theres Arnbom · Gerhard Trumler · Wolfgangsee

Herausgegeben von:
Bernhard und Sylvia Baumann
Stefan und Nicole Bollschweiler
Johannes und Dagmar Edelsbacher
Günther und Christa Friedrich
Rikolt und Claudia von Gagern
Gerhard Heldmann
Erika Kaindl
Heinrich Dieter und Alessandra Kiener
Wulf und Afina Matthias
Familie Wolfgang C. (†) und Regine Mellinghoff
Familie Pappas
Cati Peter
Heinrich und Eva Spängler

Marie-Theres Arnbom

Wolfgangsee

Mit Fotografien von Gerhard Trumler
sowie historischen und zeitgenössischen Abbildungen

Brandstätter

Bildnachweis:
Apa PictureDesk: 92 u. (Interfoto); Archiv Arnbom: 14, 23 u., 25 l., 26, 27, 28 u., 29 l., 37, 44 u., 52, 61 l. (2), 67, 71, 76, 87 (2), 91 u., 100 (2), 101 o., 102 o., 118, 119 o., 121 (2), 124 (2), 127 (3), 128 o., 138 l., 146 l., 150 M., u., 151, 158 (2), 167 (2), 168, 169, 171 r., 173, 187 (2), 191 o.; Archiv Bernhard Barta: 61 r.u., 62 l.o., r.u., 63 (2), 64, 104 u.; Stefan Culen: 190; Doris Dannerbauer: 69 u.; The Fine Arts Gallery of New Orleans: 46; Archiv Familie Frisch: Schutzumschlag vorne u., 21 M., 25 r., 126 (2), 138 r., 139 (3), 148 o., 170; Ernst Gečmen-Waldek: 20, 21 o., 79 o. (2), u.r., 142 o. (2), u.l., 148 u.; Dr. Franz Gerstenbrand, Wien (für Alfred Gerstenbrand): 34 l.o., r.o., 35 o., 43 (2), 50 l., 51 o., 53, 74, 84; Archiv André Heller/Heller Werkstatt. 58; Miguel Herz-Kestranek: 21 u., 29 r., 32 (3), 33 o., 35 u., 42 o., 149, 177, 185; Giulia Hine-Koritschoner: 72, 73, 75; Imagno/Oskar Anrather: 19 M.; Imagno/Austrian Archives: 19 l., r., 24 u., 93 r., 94 u. (2), 102 u., 103, 119 u., 128 u., 166, 171 l., 180 r.o.; Imagno/Archiv Thea Hajek: 114, 115, 129, 142 u.r., 147, 186, 188 u., 191 u.r., 194, 196, 197; Imagno/Archiv Nebehay: 93 l.; Imagno/ÖNB: 70, 82, 83, 109, 125, 176, 180 l., 192; Imagno/Österreichisches Volkshochschularchiv: 15, 90, 91 o., 130 (2), 154; Imagno/Barbara Pflaum: 34 u., 51 u.; Imagno/SZ-Photo: 180 r. M., r.u.; Imagno/Gerhard Trumler: Schutzumschlag vorne o., hinten, Vor- und Nachsatz, 1, 2, 6, 8/9, 10/11, 12/13, 16/17, 18, 22, 23 o., 24 o., 28 o., 30, 31, 33 u., 36 (2), 38, 39, 40, 41, 44 o., 48, 49, 50 r., 54/55, 56/57, 60, 78, 79 u.l., 80/81, 88/89, 110/111, 112/113, 116/117, 120, 122/123, 132/133, 134, 136, 137 (2), 140/141, 143, 144/145, 152/153, 155, 156/157, 159, 160/161, 164/165, 178, 183, 198/199, 200, 202 (2), 203, 208; Imagno/Ullstein: 42 u., 94 o., 95, 101 u., 107 o., 108 (2), 188 o., 195; Imagno/Erich Widder: 92 o.; Kindermusikfestival St. Gilgen: 201 o.; Nachlass Ferdinand Kitt: 66 (2); Matthias Knaur: 150 o., 182; Ralph Koch/www.ralph-koch-photos.com: 201 u.; Reinhard Kungel: 135; Familie Linortner/Suassbauer: 191 u.l.; Nachlass Ernst August von Mandelsloh: 62 r.o.; Mitteleuropäische Golfrevue 9/1936: 85; Museum Zinkenbacher Malerkolonie, St. Gilgen: 65 (2); Österreichische Nationalbibliothek/Literaturarchiv/Nachlass Hilde Spiel: 104 (2), 106; Archiv Arno Perfaller: 105 (2), 193 (5); Walter Pistorius: 146 r., 189; Tatjana Puls: 162; Ursula und DDr. Andrej Pustijek: 107 u.; Sammlung Staal, München: 53; Georg Steinmetzer: 68; Theaterwissenschaftliche Sammlung Schloss Wahn, Köln/Nachlass Ernst Stern: 96, 97, 98, 99; Massimo Vitali: 69 o.; Johannes Walderdorff: 47; Wolfgangsee Tourismus: 131 (Wieser)

Der Verlag hat sich um die Einholung der Abbildungsrechte bemüht. Da in einigen Fällen die Inhaber der Rechte nicht zu ermitteln waren, werden rechtmäßige Ansprüche nach Geltendmachung abgegolten.

Bibliografische Information der Deutschen Nationalbibliothek
Die Deutsche Nationalbibliothek verzeichnet diese Publikation in der Deutschen Nationalbibliografie; detaillierte bibliografische Daten sind im Internet über http://dnb.d-nb.de abrufbar.

1. Auflage

Grafische Gestaltung: Fuhrer, Wien
Reprografie: Gerhard Trumler & Pixelstorm, Kostal und Schindler OEG, Wien
Druck und Bindung: Grasl Druck & Neue Medien, Bad Vöslau

Copyright © 2010 by Christian Brandstätter Verlag, Wien

André Heller, aus: Wie ich lernte, bei mir selbst Kind zu sein.
© S.Fischer Verlag GmbH, Frankfurt am Main 2008

Alle Rechte, auch die des auszugsweisen Abdrucks
oder der Reproduktion einer Abbildung, sind vorbehalten.
Das Werk einschließlich aller seiner Teile ist urheberrechtlich geschützt.
Jede Verwertung ohne Zustimmung des Verlages ist unzulässig.
Dies gilt insbesondere für Vervielfältigungen, Übersetzungen, Mikroverfilmungen
und die Einspeicherung und Verarbeitung in elektronischen Systemen.

ISBN 978-3-85033-361-0

Christian Brandstätter Verlag
GmbH & Co KG
A-1080 Wien, Wickenburggasse 26
Telefon (+43-1) 512 15 43-0
Telefax (+43-1) 512 15 43-231
E-Mail: info@cbv.at
www.cbv.at

Inhalt

- 7 Vorwort
- 14 Wie aus dem Abersee der Wolfgangsee wurde
- 18 St. Gilgen – Sommerfrische des Bürgertums
- 20 Entstehung der Sommerfrische
- 24 Marie von Ebner-Eschenbach
- 25 Familie Frisch
- 26 Über Brunnwinkl nach Fürberg
- 29 Theodor Billroth
- 32 Die Familien Kestranek, Herz und Jehle
- 45 Skandal in St. Gilgen. Selbstmord 1932
- 46 Maler in St. Gilgen: John Quincy Adams, Alfred Gerstenbrand und Adolf Helmberger
- 58 André Heller: Wie ich lernte, bei mir selbst Kind zu sein
- 60 Zinkenbacher Malerkolonie
- 64 Bettina Ehrlich
- 66 Ferdinand Kitt
- 67 Lisl Weil
- 68 Lisel Salzer
- 70 Frieda Koritschoner und ihr Salon
- 76 Strobl – das «Strandbad Bad Ischls»
- 78 Familien Gečmen-Waldek und Fürstenberg
- 82 Hugo von Hofmannsthal
- 83 Julius Bauer in Aigen-Vogelhub
- 85 Der Golfplatz
- 90 St. Wolfgang – Pilger, Literaten und das Weiße Rössl
- 94 Im weißen Rössl. Mythos und Realität
- 102 Grand Hotel und Weißes Rössl
- 104 Hilde Spiel, Hans Flesch-Brunningen, Leo Perutz und Alexander Lernet-Holenia
- 108 Séancen in St. Wolfgang. Eine Oper entsteht
- 114 Ferienhort in Ried. Eine Erfolgsgeschichte seit 120 Jahren
- 120 Technische Innovation
- 121 Wolfgangseeschifffahrt
- 124 Salzkammergut-Lokalbahn
- 128 Zahnradbahn auf den Schafberg
- 131 Das erste Kraftwerk
- 131 Flugverkehr
- 134 Seilbahn auf das Zwölferhorn
- 136 Sport am See
- 138 Rudern
- 139 Segeln
- 146 Waserschi
- 148 Tennis
- 151 Schwimmen
- 154 Erschließung der Berge: Spazierengehen und Bergsteigen
- 162 Friedrun und Peter Huemer: Bergstöcke und Stöckelschuhe
- 166 Politik in der Sommerfrische
- 167 St. Gilgner Hochzeit 1936: Eine politische Demonstration
- 170 St. Gilgner Kirtag in Wien
- 172 «Um die wenigen in St. Gilgen zur Verfügung stehenden Villen ist ein ungeheurer Kampf entbrannt.» «Arisierung» und Vertreibung
- 173 «Judenfreie Sommerfrische» – ein frühes Phänomen
- 175 Kaufmann-Villa und Villa Feilchenfeld in St. Gilgen
- 177 Villa Herz in St. Gilgen
- 178 Bürglgut in Strobl
- 180 Emil Jannings
- 181 Kriegsende in Strobl: Der belgische König Leopold III. und Theo Lingen
- 184 Miguel Herz-Kestranek, Gilgen auf Erden!
- 186 Die 60er Jahre: Filmboom am Wolfgangsee oder wie Waltraud Haas ihre eigene Hochzeit vermarktete
- 190 Tourismus nach 1945
- 200 Wolfgangsee heute
- 206 Literatur
- 206 Namensregister
- 208 Dank

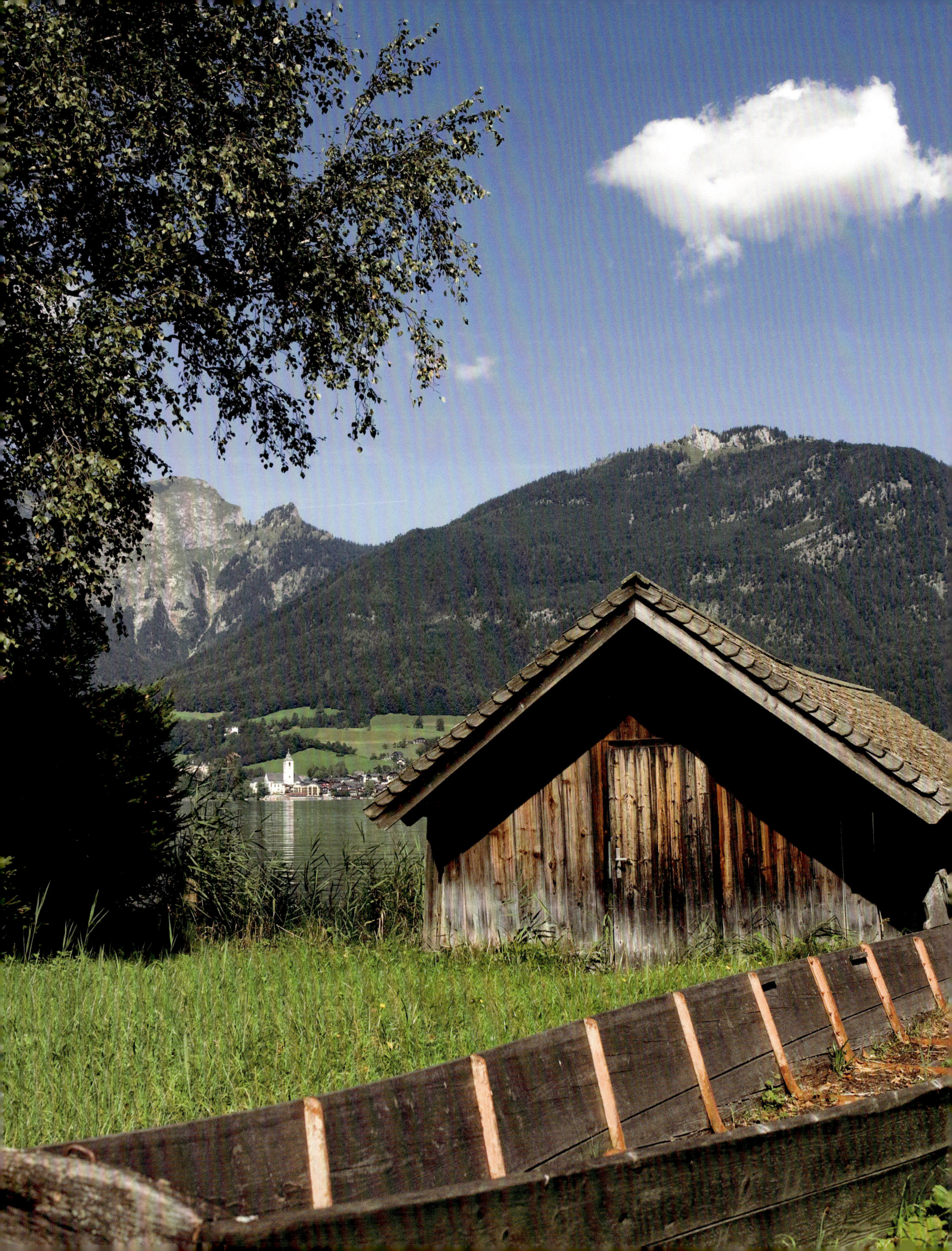

Vorwort

Dieses Buch spiegelt meine persönliche und daher sehr subjektive Sicht des Wolfgangsees wider: Viele werden etwas Neues entdecken, manches wurde ausgespart. Meine Darstellung des Wolfgangsees wirft Schlaglichter auf einige Orte und Persönlichkeiten, die Spuren hinterlassen haben, jedoch oft vergessen sind. Die Fülle an interessanten Menschen, Häusern und Plätzen rund um den See ist enorm – und zu umfangreich, um alles zu beschreiben oder zu erwähnen. Vieles musste als Beispiel ausgewählt werden, manches fragmentarisch bleiben – vielleicht auch als Anregung, sich mit dem einen oder anderen Thema genauer auseinanderzusetzen.

Meine Darstellung ist als Reise rund um den Wolfgangsee angelegt. Von Salzburg kommend eröffnet sich der erste Blick über den See, auf das Tor zum Salzkammergut: Hier ist auch der Ausgangspunkt des Buches. Der Weg führt von St. Gilgen über die Zinkenbacher Malerkolonie nach Strobl, wendet sich dort ein wenig vom See ab und Aigen-Vogelhub zu, um sich dann in Richtung St. Wolfgang und Ried zu bewegen.

Die Menschen, die sich rund um den See für längere oder kürzere Zeit angesiedelt haben, stehen im Mittelpunkt. Sie waren und sind von der Landschaft, den Bergen und vom Wasser geprägt und erfahren dadurch Inspiration; kein Zufall, dass sich so viele kreative Menschen – Maler, Schriftsteller und Schauspieler – so eng mit dem Wolfgangsee verbunden fühlten und fühlen.

Die Recherche hat viele neue Begegnungen mit interessanten Personen gebracht, die wiederum ihre ganz eigene Sicht auf den See haben. Aus Strobler oder St. Wolfganger Perspektive sieht nicht nur der Schafberg ganz anders aus, auch die Sonnen- und Schattenseiten des Sees liegen plötzlich anderswo.

Sonnen- und Schattenseiten prägen auch dieses Buch: Auf unbeschwerte Sommermonate folgten wirtschaftlich schwierige Zeiten, eine fröhliche Koexistenz endete mit Vertreibung und Enteignung. Neue Entwicklungen bringen nicht nur Schönes, die Landschaft muss viel ertragen – und kann sich dank ihrer Schönheit auch gegen unsensible Bausünden durchsetzen.

Hugo von Hofmannsthal, der hier viele Sommer verbrachte, bringt Gedanken und Gefühle auf den Punkt: «Ich fuhr auf dem Heimweg am Wolfgangsee vorbei. *Für mich ist es doch immer die Landschaft der Landschaften, – kein Baum, keine Biegung des Weges, die mir nicht fast Herzklopfen machte.*»

Marie-Theres Arnbom

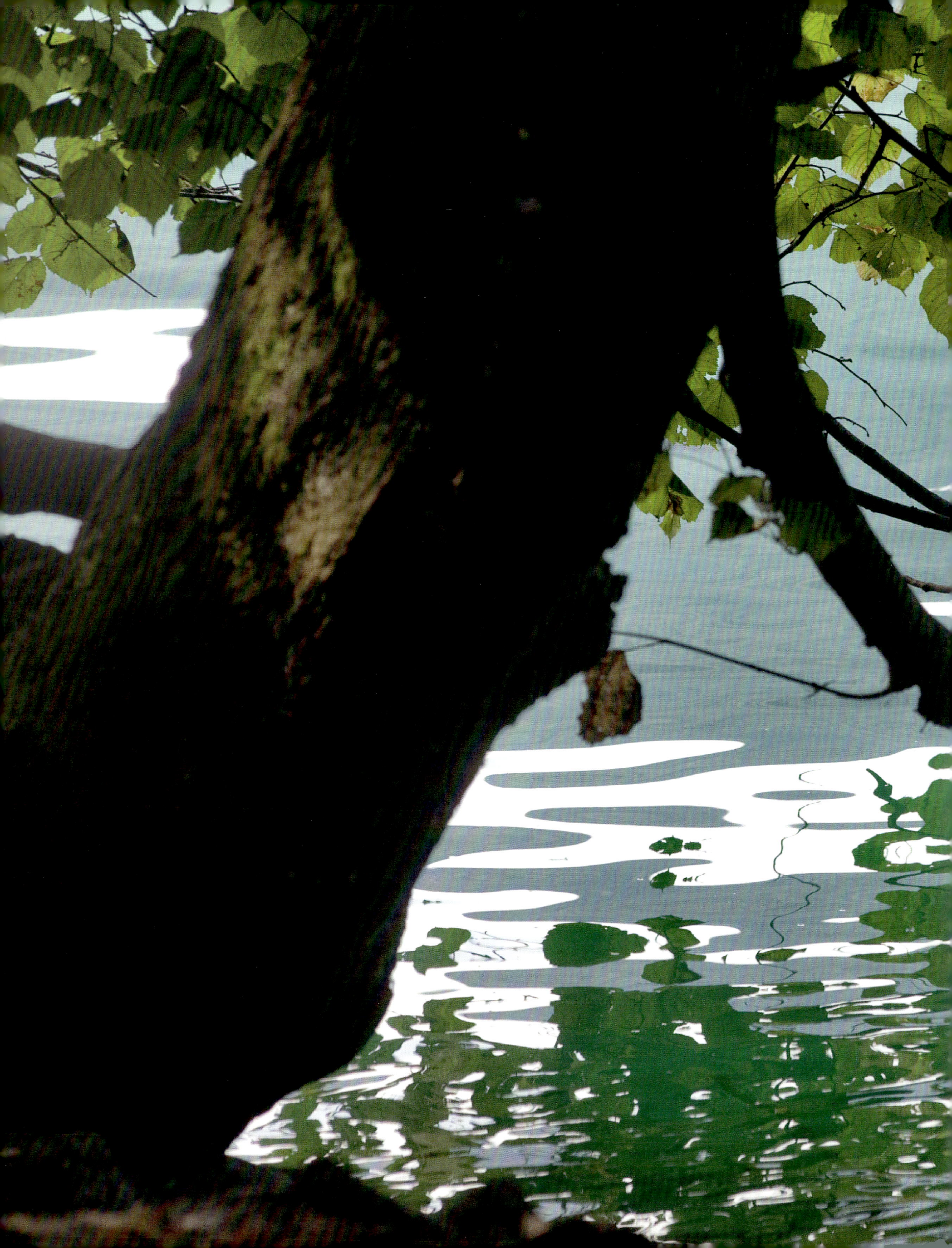

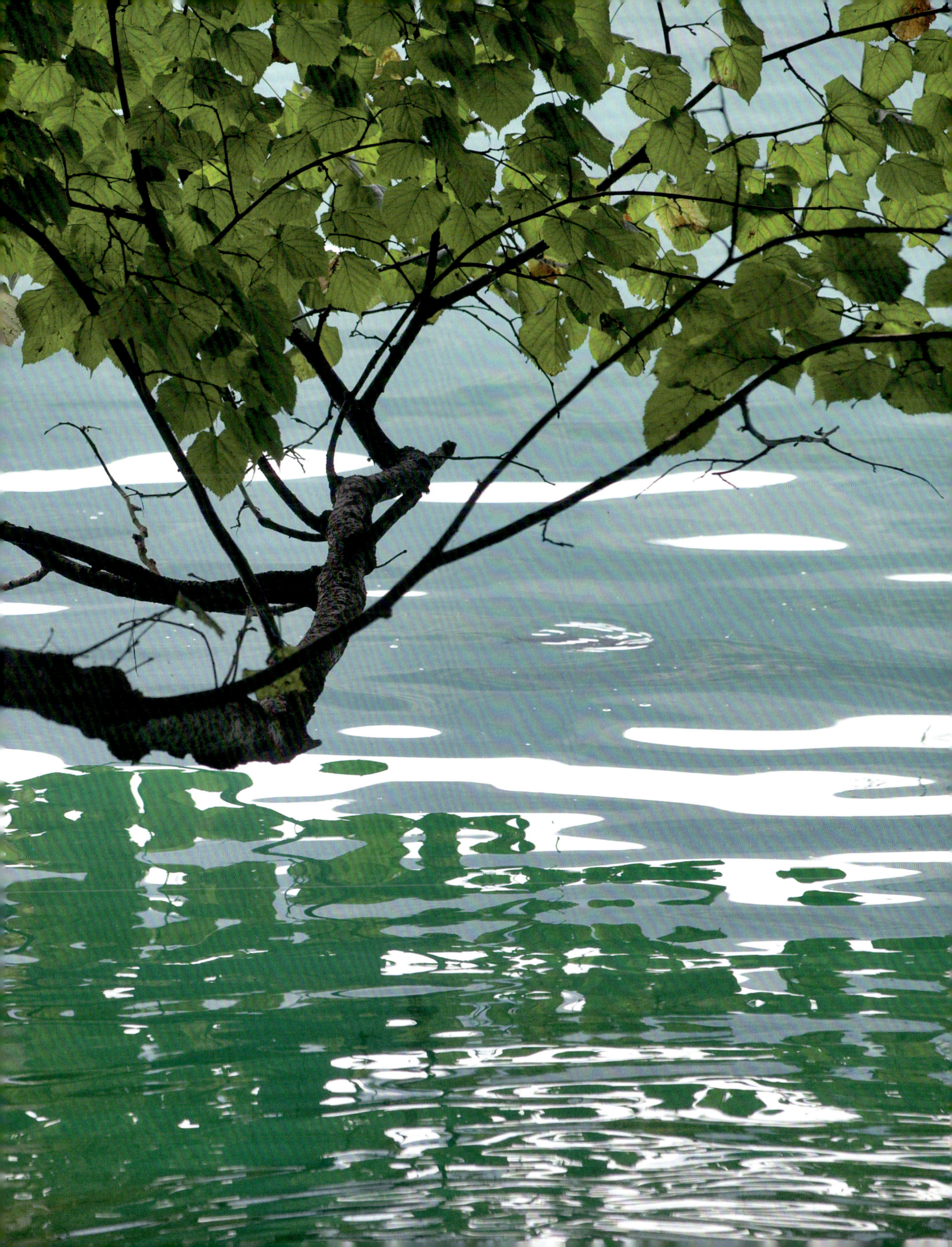

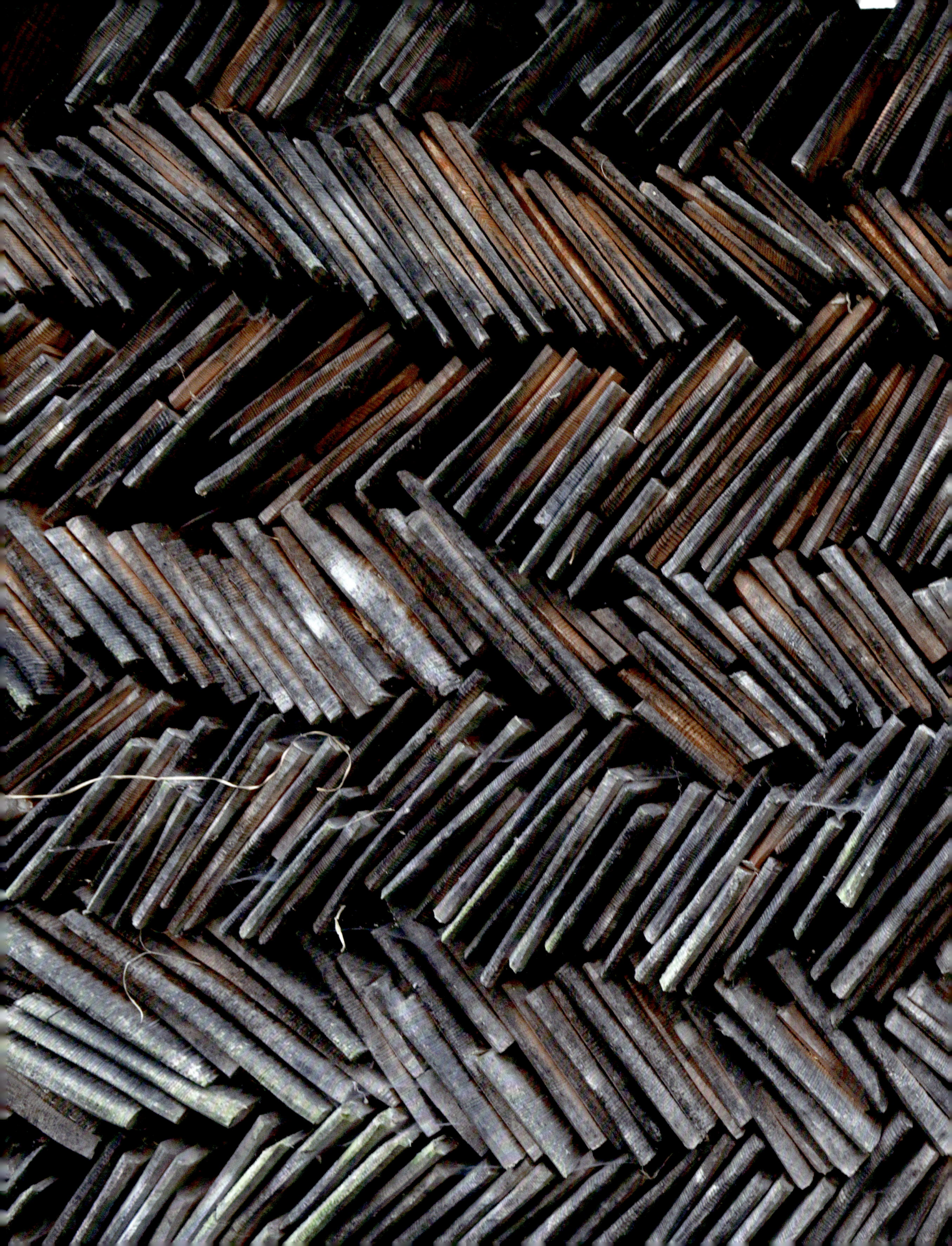

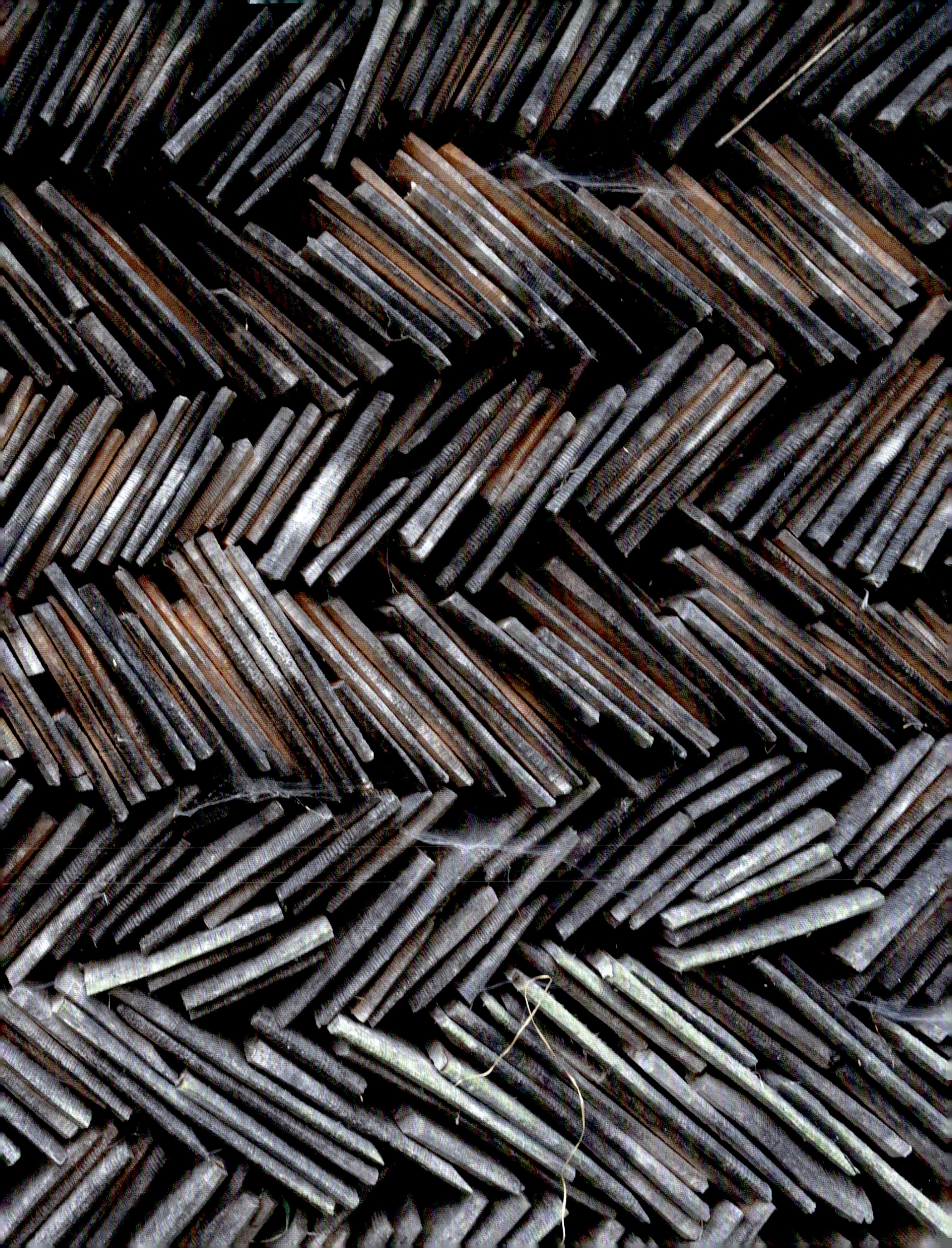

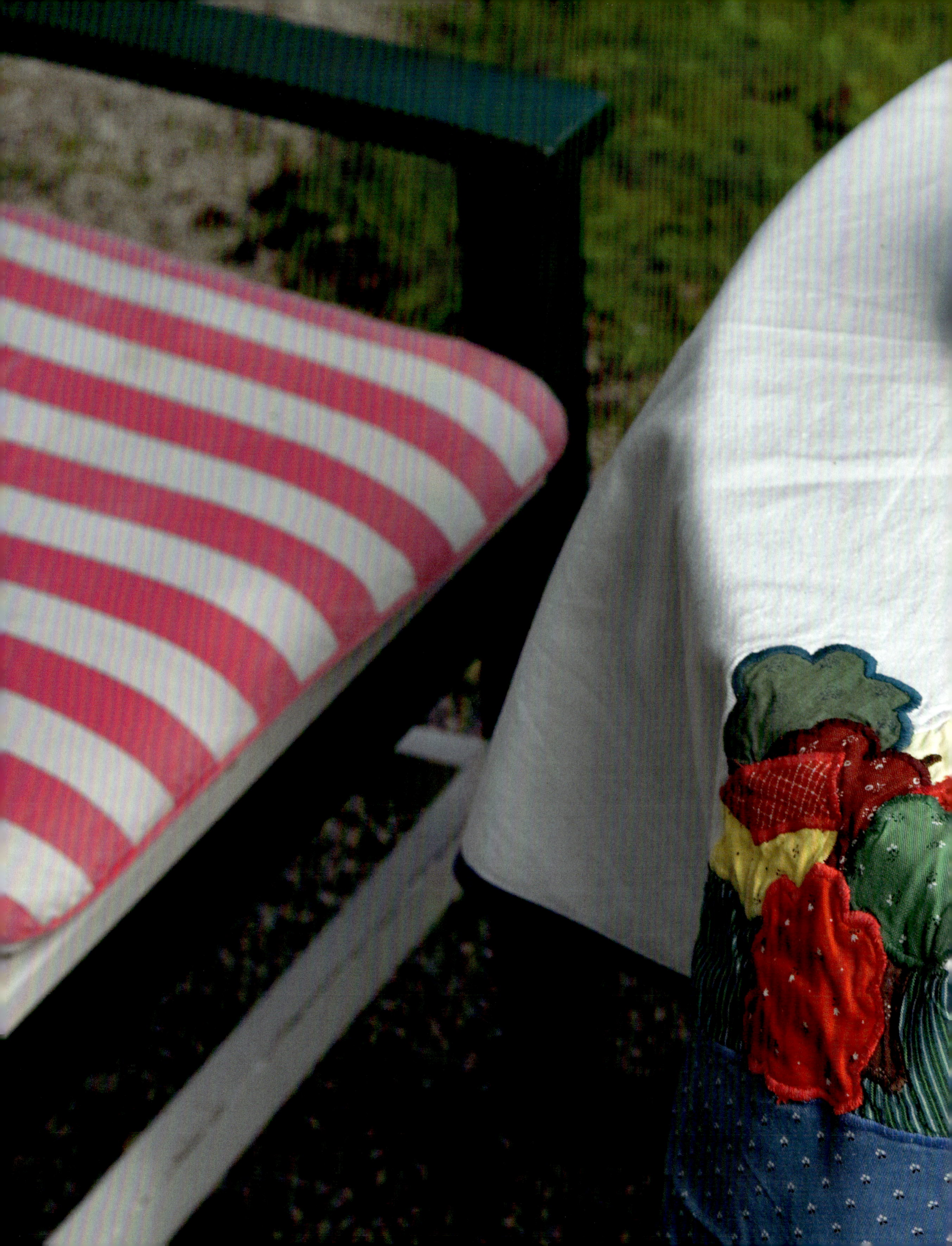

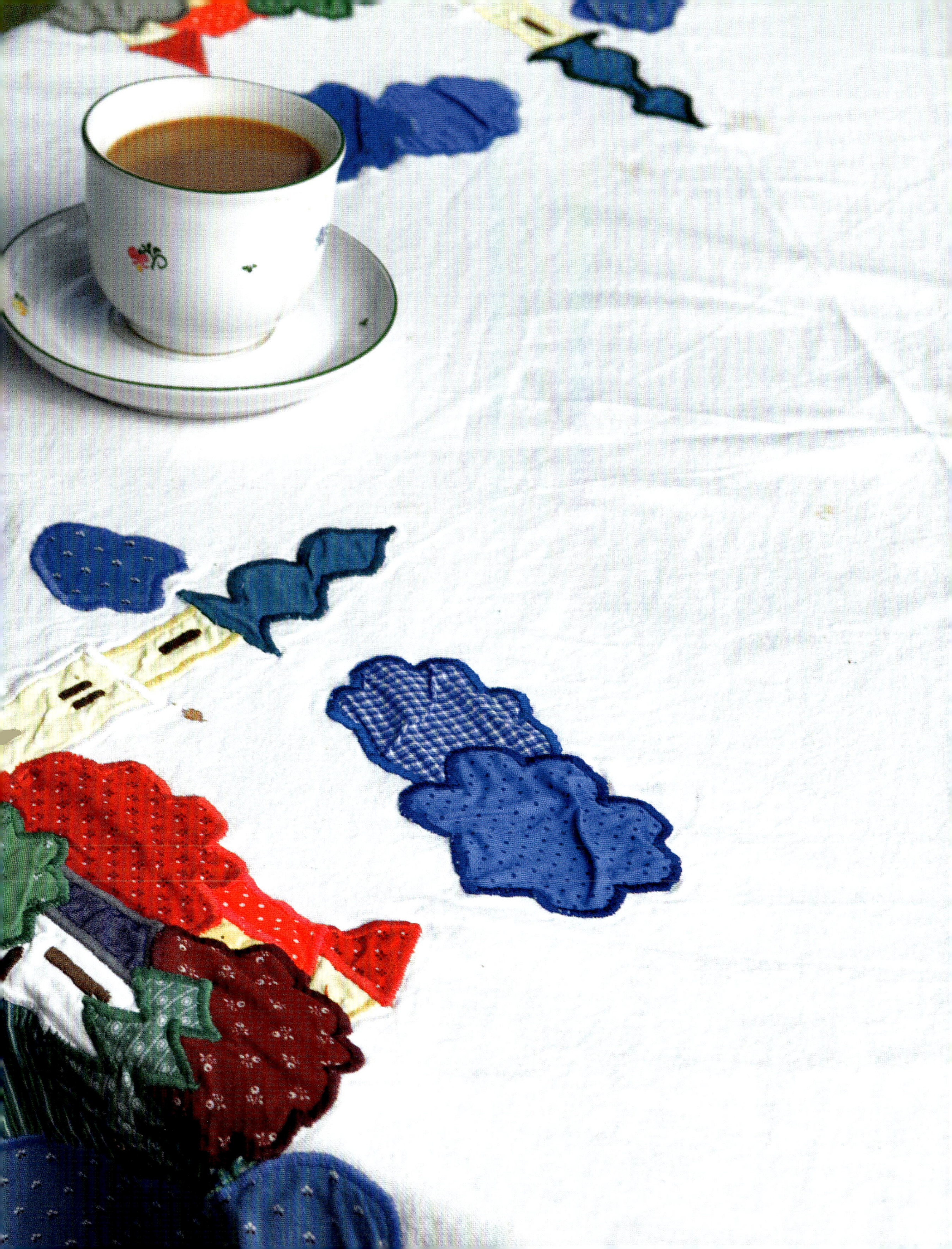

Ansichtskarte, 1923.

Wie aus dem Abersee der Wolfgangsee wurde

Der Abersee, wie der Wolfgangsee ursprünglich hieß, wird zum ersten Mal 790 im Güterverzeichnis von Bischof Arno (*Notitia Arnonis*) als «Abriani Lacus» erwähnt. Das Aberseegebiet samt Jagd- und Fischereirechten war durch eine Schenkung des Bayernherzogs Odilo an den Salzburger Bischof gekommen. Die Kultivierung wurde unter Anleitung von Mönchen durch bayerische Siedler durchgeführt und war in den Talfluren schon im 13. Jahrhundert abgeschlossen. Die Christianisierung ging sowohl vom 696 gegründeten Stift St. Peter in Salzburg als auch vom 748 gegründeten Kloster Mondsee aus. Diese Konkurrenzsituation führte häufig zu Streitigkeiten über bestehende Grenzen und Rechte.

Der Name des Sees veränderte sich mehrmals: Aus Aebernsee im 10. Jahrhundert wurde bald Abersee; schon im 14. Jahrhundert taucht erstmals die Bezeichnung Wolfgangersee auf – eine Referenz an die Pilger und den Ort, den sie in Scharen besuchten. Solche Bezeichnungen des Sees wurden von den Fremden eingeführt, die Ansässigen hatten wenig Interesse an den wechselnden Namen. Auf Landkarten waren beide üblich, erst im 19. Jahrhundert verdrängte der Name Wolfgangsee den alten Abersee, der heute nur noch im gleichnamigen Ort weiterlebt.[1]

Der See und seine Gemeinden

Der Wolfgangsee war verwaltungstechnisch immer zweigeteilt, heute ist er es zwischen den Bundesländern Salzburg und Oberösterreich: St. Wolfgang liegt in Oberösterreich, St. Gilgen und Strobl gehören zu Salzburg. An der Bauweise der Kirchen ist dies gut abzulesen: Die Kirchen in St. Gilgen und Strobl weisen viele Parallelen auf, die Kirche in St. Wolfgang mit dem berühmten Pacher-Altar hat eine völlig andere Architektur.

Die drei Hauptorte zeigen höchst unterschiedliche Charakteristika. St. Wolfgang ist ein weithin bekannter und gern besuchter Pilgerort; die Legende besagt, dass der heilige Wolfgang seine Axt vom Falkenstein warf und dort, wo sie landete, eine Kirche erbauen ließ. St. Gilgen war Gerichtssitz und erlebte durch die Sommerfrischengäste in der zweiten Hälfte des 19. Jahrhunderts seinen Aufschwung. Dass Mozarts Mutter hier geboren wurde, verhilft dem Ort zu einer weiteren Attraktion. Strobl wiederum profitierte von der Poststation der Thurn- und Taxis'schen Postlinie, die 1800 den Ort erreichte, und wurde durch die Nähe zu Bad Ischl zu einer beliebten Sommerfrische für Aristokratie und Großbürgertum.

Das Tor zum Salzkammergut.
Der Blick auf die Strobler Berge.

105

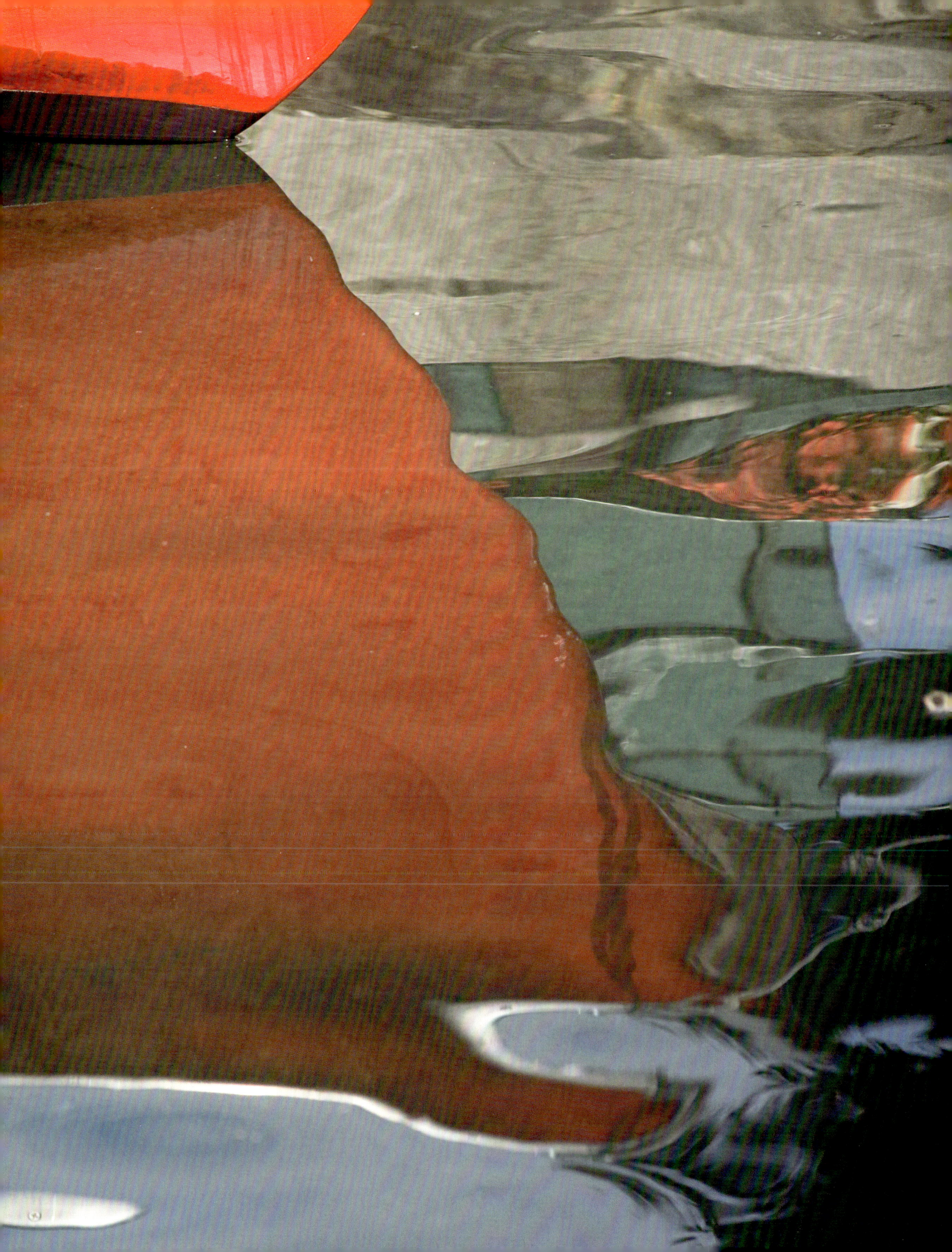

Schloss Hüttenstein, einstmals Pfleggericht.

St. Gilgen – Sommerfrische des Bürgertums

Die Menschen in St. Gilgen lebten von Viehzucht, Fischfang und Handwerk. Um 1300, als die erste Kirche des Ortes erbaut wurde, änderte sich der Name des Ortes: Aus Oberdrum wurde St. Gilgen, abgeleitet vom Namenspatron der Kirche, dem heiligen Ägydius. Bis 1600 blieb St. Gilgen ein kleines Fischer- und Bauerndorf, doch durch die Verlegung des Pfleggerichts von Hüttenstein nach St. Gilgen stieg die Bedeutung des Ortes und auch die wirtschaftliche Situation verbesserte sich durch Spitzenklöppelei und die Aberseer Schüsseldrechslerei. Rund 100 Jahre später erfuhr St. Gilgen den nächsten Entwicklungsschub: 1701 wurde die Glashütte in Aich gegründet; diese einzige Glasfabrik des Erzbistums wurde um 1820 aufgelassen.

Auch der Seeweg war für die St. Gilgner eine wichtige Einkommensquelle: Einerseits mussten die Pilgerströme, die, von Salzburg kommend, St. Wolfgang besuchten, dorthin transportiert werden, andererseits wurde das Eisen aus der Eisenniederlage in Strobl mehr als 300 Jahre lang über den See nach St. Gilgen befördert.

St. Gilgen Nr. 1, das alte Pfleggerichtsgebäude, zählt nach wie vor zu den Attraktionen des Ortes. 1569 hatte Wolf Stadlmann ein Haus erbaut, das zur «Niderleg» verwendet wurde. In diesem Hause wurde 1720 Mozarts Mutter Anna Maria Pertl als Tochter des Pflegkommissars Wolfgang Nikolaus Pertl geboren – gerade zu dieser Zeit wurde der Neubau des Gerichts fertig gestellt und bot Anna Maria ein komfortables Zuhause. 1716 war Pertl als Pfleger der Gerichtsgemeinde Hüttenstein/St. Gilgen vereidigt worden. 64 Jahre nach der Geburt ihrer Mutter heiratete Anna Marias Tochter Maria Anna (Nannerl) Mozart den Nachfolger ihres Großvaters, den Reichsfreiherrn Johann Baptist Berchtold zu Sonnenburg. Nachdem er 1801 gestorben war, zog Nannerl wieder zurück nach Salzburg. Erst 1816 kam Salzburg und mit ihm St. Gilgen zum Kaisertum Österreich.

Anna Maria Mozart wurde in St. Gilgen geboren, ihre Tochter Maria Anna («Nannerl») lebte 17 Jahre hier.

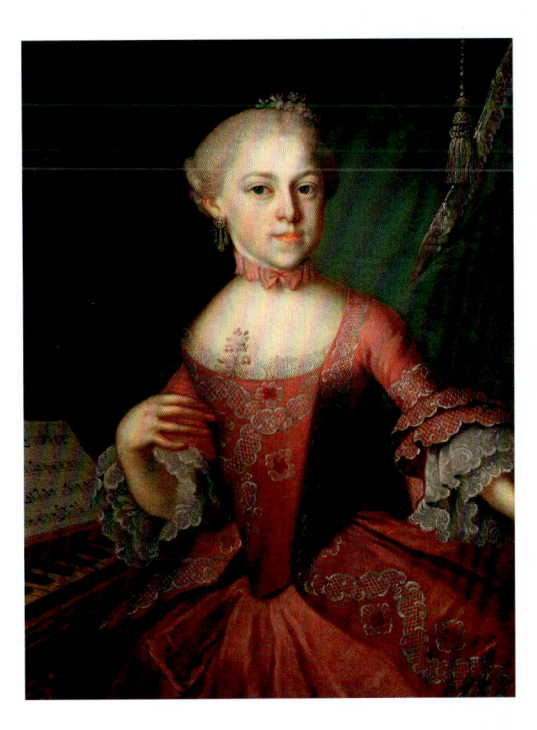

Entstehung der Sommerfrische

Sommerfrische, die Zeit der Entspannung, war ein zentraler Punkt im Leben des Wiener Bürgertums. Ab der zweiten Hälfte des 19. Jahrhunderts verbrachten viele wohlhabende Familien die Sommermonate im Salzkammergut; seit 1853 weilte Kaiser Franz Joseph in Bad Ischl. Dieser bereits bekannte Kurort sowie das Salzkammergut wurden bald zu den beliebtesten Sommerfrischen-Gegenden der Monarchie.

Die Familien bewohnten Sommerwohnungen oder erbauten eigene Sommervillen als Symbol für Wohlstand und die Zugehörigkeit zum Großbürgertum. Ein Großteil des gesellschaftlichen Lebens verlagerte sich in den Sommermonaten in die Sommerfrische: Die Frauen und Kinder samt Personal verbrachten dort oft Monate, die Männer pendelten von Wien aus dorthin. Geschäfte wurden in entspannter Atmosphäre angebahnt, man unternahm Landpartien, musizierte viel, gab Einladungen, und die Kinder spielten gemeinsam mit den Dorfkindern und verbrachten eine unbeschwerte Zeit.

Für diesen mehrmonatigen Aufenthalt reiste man «mit Wirtschaft», denn für die Führung eines voll ausgerüsteten Haushalts durfte es an nichts fehlen: Wäsche, Mobiliar und Personal. «Menagieren» nannte man diese Art des Reisens. Je nach Anzahl und Anspruch der weiblichen Familienmitglieder kam eine mehr oder minder reichhaltige Garderobe hinzu, Wäsche und Kleidung für sonniges und regnerisches Wetter, Spielzeug für die kleineren, Studienmaterial für die älteren Kinder, Tennis-, Bade- und Wanderausrüstung und was es eben an vermeintlich Unentbehrlichem geben mochte.

Die Sommermonate verbrachte man in Dirndl und Trachtenanzug. Heute wird das vielfach als Verkleidung der Städter belächelt, doch gerade das jüdische assimilierte Bürgertum trug die Tracht mit Stolz, fühlte es sich doch in besonderem Maße Österreich und der Habsburgermonarchie verbunden. Man muss nur die vielen Fotos dieser Familien betrachten, um den Stellenwert dieser Kleidung als Zeichen der Integration zu erkennen. Bis 1938. Im Sommer dieses Jahres ordnete die Salzburger Polizeidirektion an: *«Juden ist das öffentliche Tragen von alpenländischen Trachten wie Lederhosen, Joppen, Dirndlkleidern, weißen Wadenstutzen usw. verboten.»* Keine lebensbedrohende Maßnahme, doch ein bedeutendes Zeichen der Ausgrenzung und der Wegnahme eines integrierenden und selbstverständlichen Bestandteils des Lebens.

Die Sommerfrischengesellschaft glänzte durch Vielfalt: Komponisten verkehrten mit Wirtschaftsmagnaten, Politiker mit Soubretten, Ärzte mit Librettisten. Gerade die unzähligen Künstler, die den Sommer im Salzkammergut verbrachten, konzentrisch um Bad Ischl angeordnet, prägten die Atmosphäre in besonderem Maße.

Familie Gečmen-Waldek in Strobl.

Familie Gečmen-Waldek und Freunde auf dem Strobler Hauptplatz.

Familie Frisch in Brunnwinkl.

Die Familie Herz und Blaschczik in St. Gilgen.

Den großen Stellenwert der Kultur zeigt beispielsweise das Vorwort zum Gästebuch der Familie Herz in St. Gilgen. Eugen Herz stellte das Motto voran:

«Was wir zu bauen uns bemüh'n seit Jahren
Das ist: Ein Haus gewidmet der Kultur
Der Menschlichkeit, dem Streben nach dem Wahren
Der Liebe für die Kunst und die Natur.
In dieses Buch soll seinen Namen schreiben
Wer solchen Sinnes unser Haus betritt
Und wer's verlässt, soll wohlgeneigt uns bleiben
– bis zu der Parzen unheilvollem Schnitt.»

Im Jahr 1863 erbaute der Salzburger Fabrikant Ludwig Zeller die erste Sommer-Villa im Gemeindegebiet St. Gilgen – jedoch weit entfernt vom Ortszentrum auf dem Frauenstein in Ried gelegen. Dieses Haus mit einem wunderbaren Blick auf den Wolfgangsee erhielt in späteren Jahren eine besondere Bedeutung, denn Katharina Schratt mietete sich hier ein, bevor sie die «Villa Felicitas» in Bad Ischl bezog.

Die erste Villa im St. Gilgner Ortsgebiet, die so genannte Villa Seewiese, wurde 1875 von Albert Freiherrn von Stephani errichtet. Damit begann eine Bautätigkeit, die St. Gilgen ein völlig anderes Gesicht geben sollte. Aus dem Fischerdorf wurde ein Fremdenverkehrsort, der viele berühmte Gäste anzog. So verbrachte Marie von Ebner-Eschenbach viele Sommer am Ufer des Wolfgangsees, Theodor Billroth sammelte einen Kreis von Ärzten und Komponisten wie Johann Strauß und Johannes Brahms um sich, die Familie von Frisch gehörte zu den St. Gilgner Pionieren und bot dem späteren Nobelpreisträger Karl von Frisch genügend Möglichkeiten, die Sprache der Bienen zu erforschen.

Villen wurden gekauft oder gebaut, oder man mietete sich bei den Einheimischen ein, die ihrerseits ebenfalls Häuser bauten, um diese vermieten zu können. Industrielle wie Wilhelm Kestranek prägten das Ortsbild mit imposanten Jugendstilvillen. Im Falle dieser Familie weiß heute kaum noch jemand, dass der Großteil der Sommergäste eigentlich miteinander verwandt war: Die Familien Kestranek, Blaschczik, Lenk, Herz, Jehle, Berecz und Winterstein gehörten einer Großfamilie an; sie liebten St. Gilgen als ihre zweite Heimat und sind bis heute diesem Ort treu geblieben.

Die Einheimischen passten sich der neuen Nachfrage an, und neben den von ihnen erbauten Häusern entstanden auch ein «Wiener Café», eine «Wiener Wäscherei», «Wiener Konditorei» und «Wiener Delikatessenhandlung». Verschiedene Sportarten gelangten auch an den Wolfgangsee, ein Yacht-Club wurde gegründet, ein Seebad errichtet, und Einheimische gaben den meist weiblichen Sommergästen Radfahrunterricht. Die Berglandschaft wurde erschlossen und Schwimmen zu einer beliebten Beschäftigung, es wurde musiziert und Theater gespielt, man schloss Geschäfte ab und intensivierte Freundschaften durch viele Besuche.

Die Villa Seewiese in St. Gilgen.

In der Villa Frauenstein, halb versteckt sichtbar hinter Bäumen, war Kaiser Franz Joseph oft zu Gast bei Katharina Schratt. Heute erinnert an ihn der gleichnamige Raddampfer.

Marie von Ebner-Eschenbach

1889 kam die Schriftstellerin Marie von Ebner-Eschenbach[2] erstmals nach St. Gilgen und blieb mit einer Unterbrechung bis 1898 ein treuer Sommergast. Sie wohnte bei Marie von Kotzian – an diesem Haus, heute Verwaltungsgebäude der Internationalen Schule, befindet sich eine Gedenktafel. Ebner-Eschenbach, die in St. Gilgen Ruhe und Muße für ihr schriftstellerisches Werk fand, zog auch Freunde in den Ort, so Ida Fleischl von Marxow, die schräg vis-à-vis im so genannten Pochlin-Haus die Sommermonate verbrachte: Mit ihr und deren Freundin und Gesellschafterin Betty Paoli wurden oftmals Tarockpartien abgehalten. In Brunnwinkl bei Familie Exner las Marie von Ebner-Eschenbach immer wieder aus ihren Manuskripten vor, Ida Fleischl war selbstverständlich dabei: «*Während Frau von Fleischl die ihr schon wohlbekannte Arbeit mit stolzem, glücklichem Lächeln anhörte, gab die verhaltene Erregung der Dichterin dem Vortrag eine Weihe und Unmittelbarkeit, die ergreifend auf den Zuhörer wirkte*», erinnerte sich Emilie Exner 1906.[3]

Ebner-Eschenbach nahm großen Anteil am St. Gilgner Leben, war Mitglied des Verschönerungsvereins und stiftete alljährlich zu ihrem Geburtstag am 13. September eine Jause für das Altersheim – kein Wunder, dass die St. Gilgner ihre Wohltäterin zur Ehrenbürgerin ernannten.[4] Am 13. Juni 1893 starb Ida Fleischls Mann Karl in St. Gilgen, sie selbst folgte 1899.[5] Nach dem Tod der Freundin kam Marie von Ebner-Eschenbach nicht mehr an den Wolfgangsee.

Gedenktafel für Marie von Ebner-Eschenbach.

Drei Damen tarockieren: Betty Paoli, Marie von Ebner-Eschenbach und Ida Fleischl von Marxow (v. l.). Um 1890.

Karl von Frisch (r.) bei der Forschung.

Blick auf Brunnwinkl.

Familie Frisch

Brunnwinkl, in einer Bucht am Nordrand St. Gilgens gelegen, ist untrennbar mit der Familie Frisch verbunden: *«Der Brunnwinkl ist in seiner Eigenart das Werk einer Persönlichkeit: Marie Frisch»*, schrieb Hans Frisch in seiner Festschrift *50 Jahre Brunnwinkl*. *«Sie hat wohl von Anfang an ein bestimmtes Bild vor Augen gehabt, was niemand wundern wird, der ihre rege künstlerische Phantasie kannte.»* Marie Frischs Vater, Universitätsprofessor Franz Exner, hatte bereits im Jahre 1842 begeistert von den Schönheiten des Salzkammergutes berichtet und so den Grundstein für die enge Verbundenheit der Familie mit St. Gilgen gelegt. Seine Kinder «tasteten» sich an Brunnwinkl heran: Die Sommer 1863 und 1864 verbrachten sie in St. Wolfgang, 1865 und 1866 in Mondsee und 1868 in Unterach, wo Franz' Sohn Adolf Exner sondiert hatte und berichtete: *«Es ist, trotz des schlechten Wetters, halt was Eigenes und Einziges um diese Alpen-Luft, Vegetation und Formation. Man springt innerlich auf und wird ein doppelter Mensch dabei.»*[6]

1882 mieteten sich Anton und Marie Frisch in der alten Kornmühle in Brunnwinkl ein; im Herbst desselben Jahres kauften sie das benachbarte Mühlhaus und in den folgenden Jahren weitere Häuser in dieser Bucht. So entstanden die untrennbar mit St. Gilgen verbundenen «Fünf Häuser am See».

Anton und Marie Frischs Sohn Karl war ein Zoologe ersten Ranges. 1973 erhielt er den Nobelpreis für die Erforschung der «Sprache der Bienen». Für diese Erkenntnisse war Brunnwinkl von nicht geringer Bedeutung; die ersten Versuche unternahm er bereits in den Jahren 1912 und 1913: *«Die Bedingungen waren dort sehr günstig»*, bestätigte Karl Frisch. *«Es gab einen Bienenstock und ungestörte Ruhe.»*[7] Die Bienen wurden mit Farbtupfern gekennzeichnet und auf eine bestimmte Farbe konditioniert. Frisch konnte so beweisen, dass diese Insekten einen Farbsinn besitzen. Eine Schwierigkeit gab es jedoch: Die Bienen mussten gezählt werden. *«Nur durch die Hilfe der Brunnwinkler konnte ich damals diese Arbeit mit der gebotenen Gründlichkeit durchführen.»* Und so würde der Nobelpreis eigentlich allen Brunnwinklern gebühren.

Der schönste Spaziergang von
St. Gilgen: der Fürberger Weg.

Über Brunnwinkl nach Fürberg

Der Spaziergang nach Fürberg zählt zu den Standardpromenaden der St. Gilgner und der Gäste – doch gab es um die Anlegung dieses Weges heftige Diskussionen. 1916 wurde erstmals diskutiert, am See entlang zwischen Brunnwinkl und dem Gasthof Fürberg einen Weg anzulegen: *«Gestern besuchte mich Hofrat von Frisch, ich möge Schwarzenbrunners [Bürgermeister] Projekt der Straße von Fürberg über Brunnwinkl nach St. Gilgen nicht fördern.»* So berichtete der Villenbesitzer Hans Blaschczik seinem Sohn Willy. Ursprünglich war geplant, den Weg über Fürberg hinaus bis nach St. Wolfgang zu verlängern und für Fußgänger und leichtes Fuhrwerk benutzbar zu machen. Der Protest nützte nichts, der Weg wurde trotzdem erbaut, jedoch in einer Variante, die nur Fußgänger zuließ. Der Weg entlang des Wolfgangsees führt also zu einem Gasthof, der bereits 1350 erstmals als «Gut im Renzenwinkel» urkundlich erwähnt wurde. 1579 erwarb Bartlmä Fürperger das Fischereirecht für den oberen Teil des Sees, das bis heute aufrecht ist. 1708 kam eine neue Einkommensquelle hinzu: Die Fürberger erhielten die Erlaubnis, «eine Pier und Prantweinschank» zu unterhalten, die ausschließlich Bier der gegenüber gelegenen Brauerei in Lueg ausschenken durfte; *«die Einfuhr von Bier aus St. Wolfgang oder sonstigem Ausland ist streng verboten».*[8]

Auch Fürberg profitierte von der Sommerfrische: 1897 entstand eine Mietvilla für Sommergäste, 1904 wurde der Gasthof umgebaut und den zeitgemäßen Ansprüchen angepasst. Der Schriftsteller Richard Beer-Hofmann setzte Fürberg in seinem Buch *Paula* ein Denkmal: «*In Fürberg, an der locker besiedelten Nordseite des Sees – dort wo der Weg längs des Ufers nicht mehr weiter führt – steht ein kleiner Gasthof. Im Bauernhaus daneben wohnen wir – allein, die Sommergäste sind noch nicht da. Am Vormittag hängen wir das kleine graue Flachboot – es gleicht einer plumpen bäuerlichen Gondel – mit einer Kette am verwitterten schlüpfrig-bemoosten Pfahl an, der nahe dem Landungssteg aus dem Wasser ragt. Mit Polstern und Decken lege ich morgens das Boot aus, und von seinem sanften Schaukeln bald in den Schlaf gewiegt, wacht sie [Paula] nicht auf, wenn Wellen des kleinen Dampfers, von der drübern Seeseite bei uns anlangend, stark an die Bootswand schlagen und uns hart ans Ufer drängen. Am frühen Nachmittag, ehe noch aus St. Gilgen gegenüber von uns Sommergäste ins Wirtshaus kommen, sind wir schon auf einem kleinen Wiesenhang abseits, der sanft zum Ufer sich senkt, hinab begleitet von einer dichtverwachsenen mannshohen Hecke aus reichblühendem weißdoldigen Holler, dornigen Berberitzen mit noch hellgelben Blütentrauben, und wilden Rosen, die mit den Spitzen ihrer überhängenden Zweige schon ins Wasser des Sees tauchen. Wenn wir vom Wirtshaus zum Hang hinübergehen, darf ich meinen alten blau-grünen schottischen weichen Plaid und mein Lodencape hinübertragen. Den Plaid breiten wir auf der Wiese aus, sie achtet darauf, daß es nie die gleiche Stelle wie tags zuvor ist, damit die niedergedrückten Halme und Blumen sich wieder aufrichten können, der aufgespannte rote Schirm wird so schräg gestellt, daß er den weißen Polster überschattet, sie schlüpft aus den Holzschuhen und steht, so wenig am Boden haftend, so schwerelos da, als wäre sie nun, da das Gewicht der Schuhe sie nicht mehr am Boden festhält, bereit, dem Seewind, der nachmittags leicht über den Hang streicht, sich zu geben, und von ihm umfangen, in die wolkenlose blaue Helle über uns sich tragen zu lassen.*»[9]

Gasthof Fürberg, um 1930.

Gedenksteine: das Ochsenkreuz ...

An Fürberg vorbei kommt man zu einem kleinen Vorsprung, auf dem sich ein Gedenkstein befindet: das Hochzeitskreuz. Eine Legende aus dem 16. Jahrhundert besagt, dass eine Hochzeitsgesellschaft im Winter auf dem zugefrorenen See tanzte. Plötzlich brach das Eis ein, und viele Leute versanken in den Fluten. Nur das Brautpaar konnte sich ans Ufer retten und ließ als Dank das Kreuz errichten.

Der Blick auf den See fällt auf eine kleine Insel, die ebenfalls eine Geschichte hat: Ein Bauer war mit seinem Ochsen auf dem Weg über den See zum Markt, es war Winter und der See teilweise zugefroren. Das Boot des Bauern kenterte, der Ochse brachte ihn auf eine kleine Insel und rettete so sein Leben. Als Dank stellte der Bauer ein Kreuz auf der Insel auf, das so genannte Ochsenkreuz.

... und das Hochzeitskreuz.

Theodor Billroth

Theodor Billroth[10] war der Chirurgie und der Musik gleichermaßen zugetan. Neben seiner unaufhaltsamen Karriere als Chirurg, die ihn von Berlin über Zürich nach Wien führte, spielte er exzellent Klavier und schrieb auch Konzertrezensionen, immerhin für die *Neue Zürcher Zeitung*. 1867 wurde Billroth nach Wien berufen, das zu seiner wahren Heimat werden sollte. Eine spätere Berufung nach Berlin schlug er mit dem Argument aus, dass ihn sein berufliches Umfeld, sein soziales und künstlerisches Leben und seine enge Freundschaft zu Johannes Brahms und Eduard Hanslick an Wien banden.[11]

1883 kam Theodor Billroth, durch die Erzählungen seines Assistenten Dr. Anton von Frisch neugierig gemacht, nach St. Gilgen, und erwarb noch im selben Sommer einen Besitz. Seine Familie verbrachte dort in den folgenden Jahren die Sommermonate, der Chirurg selbst pendelte zwischen Wien und dem Wolfgangsee und berichtete seinem Freund Johannes Brahms am 28. Juli 1886: «*Die Meinigen sind außerordentlich glücklich in St. Gilgen; Du mußt dort meine Schöpfung auch bald sehen. Ich bilde mir mehr darauf ein als auf meine sämtlichen chirurgischen Werke. Ich bleibe bis Mitte August in Wien, dann in St. Gilgen bis Ende September.*»[12] Der Garten war Billroths ganzer Stolz, wie er wiederum Brahms am 6. November 1890, offenbar in Erinnerung an den vergangenen Sommer, schrieb. «*Ich habe in meinem lieben Garten in St. Gilgen Rosenstöcke in vollster Kraft. Sie tragen wohl 100 Rosen im Jahr. Und wenn ich am Morgen wieder eine neue Knospe erblüht sehe, meine ich, das ist nun die Schönste! Doch dabei tut man den früheren Unrecht. Es gibt eine Kraft der Blüte und Schönheit, wo es kein schön, schöner, am schönsten gibt.*»[13]

Vier Jahre später starb Theodor Billroth am 6. Februar 1894 in Abbazia, die Villa in St. Gilgen wurde 1905 von seinen Nachkommen an Max und Henriette Feilchenfeld verkauft.

Direkt angrenzend an das Billroth'sche Anwesen bauten nach 1912 Eugène und Gabriele Koenig eine imposante Villa, genannt «Neue König-Villa», denn 1906 hatten sie bereits die auf der anderen Straßenseite liegende «Alte König-Villa» erworben.

Die König-Villa.

Die ursprüngliche Villa Theodor Billroths.

Villa Nebrich am Weg nach Lueg. Karl Nebrich stammte aus einer alten Prager Großindustriellenfamilie und stand als Direktor der Poldi-Hütte in engem geschäftlichem Kontakt mit Wilhelm Kestranek.

Die Tonder-Villa wurde 1905/06 vom Prager Rechtsanwalt Ferdinand Tonder erbaut. Architekt war Jan Kotěra, Schüler Otto Wagners und Wegbereiter der modernen tschechischen Architektur.

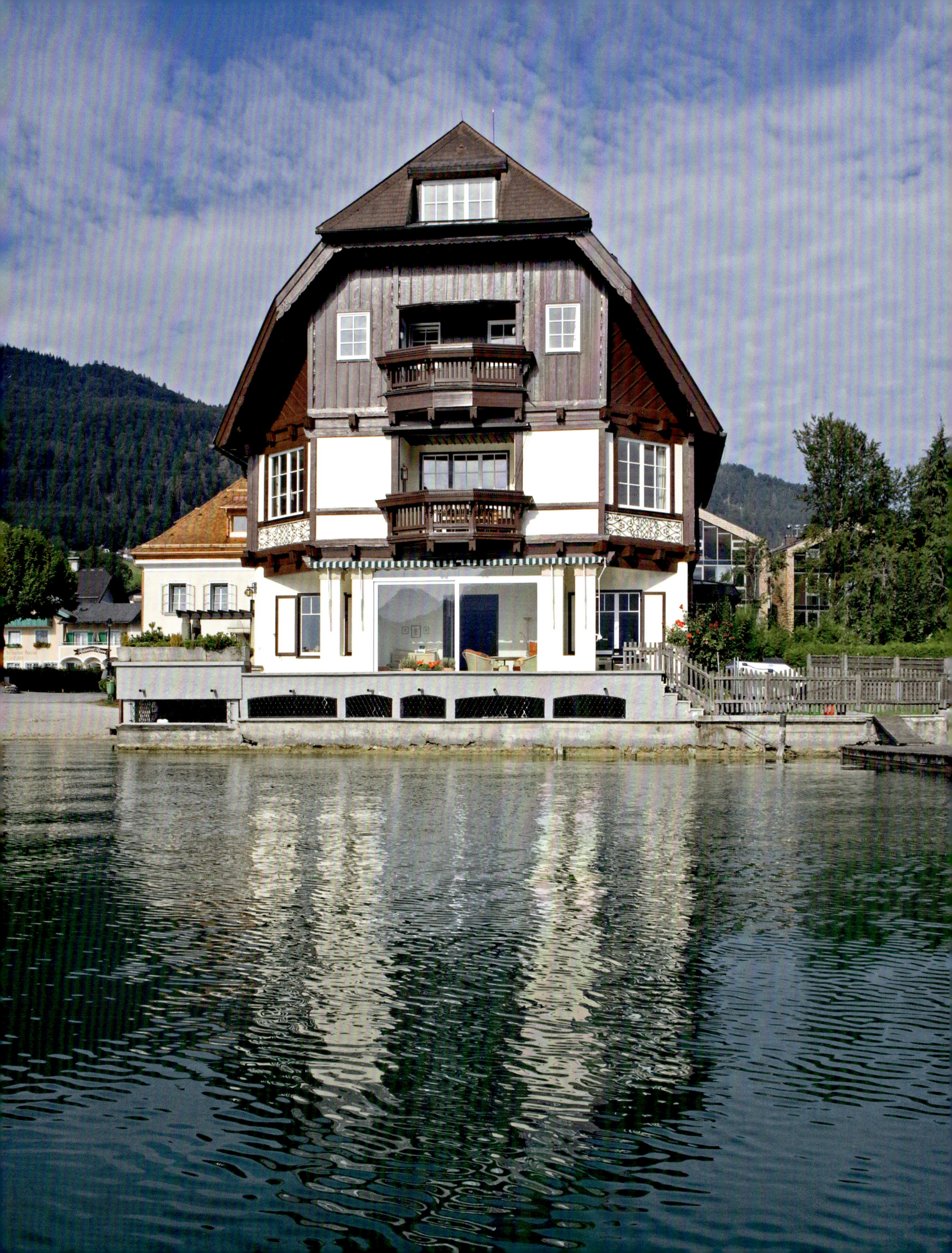

Die Familien Kestranek, Herz und Jehle

Wilhelm, genannt Vilmos, Kestranek[1] zählte als Generaldirektor der Prager Eisenindustriegesellschaft zu den bedeutendsten Industriellen der Habsburgermonarchie. Als junger Ingenieur trat er in die Dienste der Witkowitzer Eisenwerke. Karl Wittgenstein, Generaldirektor der Prager Eisenindustrie-Gesellschaft, berief ihn in die Direktion der damaligen Böhmischen Montangesellschaft in Königinhof, die in den Besitz der Prager Eisenindustrie-Gesellschaft überging – Kestranek wurde als Wittgensteins Nachfolger Generaldirektor dieses Unternehmens. Auch auf politischer Ebene knüpfte Kestranek zahlreiche Kontakte. Nach dem Ende der Monarchie sank sein Stern rasant. Mit Ablauf des Geschäftsjahres 1920 legte er seine Stelle als Generaldirektor der Prager Eisenindustrie-Gesellschaft nieder. In einem Nachruf im *Prager Tagblatt* resümierte der böhmische Fabrikant Rudolf Natscheradetz: «*Ob er ein hervorragender Industrieller, ein tüchtiger Verwalter, ein großzügiger Kaufmann, ein Bahnbrecher auf technischem Gebiete war, diese Frage ist eigentlich niemals verlässlich beantwortet worden. Aber eines war er unter allen Umständen, ein Mann, der immer von sich reden machte, der immer irgendwie im Vordergrund stand, der sich mit sichtlichem Behagen in Affären verwickelte, der den Kampf brauchte und dem der Kampf Selbstzweck war, auch dort, wo es zu einem Kampf oft keinen Anlaß gab.*» Eine schwierige Persönlichkeit also, die keine Konflikte scheut und eher mit dem Kopf durch die Wand ging, als Kompromisse einzugehen. Doch gerade diese Kompromisslosigkeit beschleunigte das Ende seiner Karriere.

«*Die erzwungene Muße und verschiedene Unglücksfälle in der Familie – so hat ein Sohn Kestraneks voriges Jahr in Südamerika Selbstmord begangen – haben den reckenhaften Mann vorzeitig zur Strecke gebracht.*» So ist in einem weiteren Nachruf des *Prager Tagblatts* zu lesen. Der Tod ereilte ihn plötzlich am 19. Mai 1925: «*Er befand sich mit seiner Frau im Gebäude der Niederösterreichischen Eskomptegesellschaft, um eine Behebung vorzunehmen, und ging dann die Direktionsstiege hinauf, um Direktor Stransky zu besuchen. Auf der Stiege wurde er von einem Schlaganfall getroffen und starb nach drei Minuten, ohne das Bewusstsein wieder erlangt zu haben.*» Seine Frau Marie (geborene Lenk) überlebte ihn nur um einen Tag.[14]

Die Kestranek-Villa.

Als erfolgreicher Industrieller konnte sich Kestranek einen standesgemäßen Sommersitz leisten und entschied sich für St. Gilgen, wo er sich 1908 eine prachtvolle Villa samt Boots- und Gärtnerhaus errichten ließ. Architekt war Emanuel von Seidl, der unter anderem auch die Villa Richard Strauss' in Garmisch geplant hatte. Seidl meinte, *«ich wollte aber doch ein Haus bauen, das schließlich allenfalls auch zu Kniehosen passen und in dem Komfort mit bodenständiger Behaglichkeit zusammenkommen könnte»*.[15]

Die Villa Kestranek wurde zu einem Anziehungspunkt für Familie, Freunde, Industrielle, Politiker und Künstler. Auch Max Feilchenfeld, als Präsident der Niederösterreichischen Escompte-Gesellschaft ein wichtiger Geschäftspartner Kestraneks, ließ sich in St. Gilgen nieder. Er erwarb die Villa Theodor Billroths, ließ sie abreißen und errichtete zwischen 1906 und 1909 eine neue Villa.

Nicht nur Wilhelm Kestranek siedelte sich in St. Gilgen an: Auch seine Schwestern Anna, verheiratet mit Hans Blaschczik, und Ida, verheiratet mit Eugen Herz, erwarben Villen. Eugen Herz[16], dessen Vorname immer französisch ausgesprochen wurde, fühlte sich zum Theater hingezogen, studierte jedoch Jus und kam 1907 in die Prager Eisenindustrie-Gesellschaft, deren Generaldirektor Wilhelm Kestranek war. Bereits im folgenden Jahr heiratete Herz dessen Schwester Ida[17]. Die Verbindung von Geschäft und Privatleben brachte für alle Vorteile. 1914 wechselte Eugen Herz zu einem weiteren bedeutenden Unternehmen der Stahlbranche, der Alpine Montangesellschaft, der er bis 1936 angehörte. Es waren keine leichten Zeiten: Nach dem Ende des Ersten Weltkrieges musste das Unternehmen völlig neu organisiert werden, um es auch in der kleinen Republik lebensfähig zu erhalten. Die Aktienmehrheiten hielten der Industrielle und Börsenspeku-

Das Ganisl-Haus der Familie Herz.

lant Camillo Castiglioni[18] und später der deutsche Industrielle und Politiker Hugo Stinnes[19]. Ab 1928 war Eugen Herz Generaldirektor des Unternehmens.

Eugen und Ida Herz waren lange auf der Suche nach einem geeigneten Grundstück in St. Gilgen gewesen; erst in den 1930er Jahren wurden sie fündig und erwarben 1931 das Ganisl-Gut, direkt am See gelegen. Sie erbauten eine Villa und daneben ein kleineres Haus für ihren Sohn Stefan.[20]

Die Villa von Idas Schwester Anna Blaschczik lag hoch über dem Ort, mit einem wunderschönen Blick über den See.

Lajos Jehle[21], Wilhelm Kestraneks und Ida Herz' Cousin, war angesehener Kinderarzt in Wien und leitete von 1910 bis 1938 das so genannte «Gutmann-Kinderspital», das einer Stiftung der Brüder Gutmann zu verdanken war; 1938 wurde es geschlossen. Seine Patienten reisten ihm, oft zu seinem Leidwesen, im Sommer nach St. Gilgen nach, wurden hier zu ständigen Gästen und prägten das gesellschaftliche Leben der Sommerfrische mit. Lajos und Lilly Jehle waren schon jahrelang in St. Gilgen eingemietet gewesen, 1916 erwarben sie eine Seeparzelle mit einem Haus, das von Kleinhäuslern bewohnt war. Somit waren die Jehles beinahe die einzigen Sommerfrischler, die keine neue und prunkvolle Villa erbauten, sondern ihr so genanntes Abtenauerhaus langsam ausbauten und adaptierten. Am 6. Dezember 1915 schrieb Anna Blaschczik an ihren Sohn Willy: «*Stell Dir vor, die jungen Jehles haben ihre Kriegsanleihen verkauft, um das kleine Abtenauerhäusl, auf das Herz so reflektierten und sie in diese seine Pläne eingeweiht hatte, zu kaufen. Du kannst Dir den Skandal in der Familie vorstellen.*» Das Abtenauerhaus, 1663 erbaut, wurde 1707 zum ersten Mal in der Dorfchronik erwähnt; wegen Hochwassers stand es oft leer. Oftmalige Besitzerwechsel bis zum Jahre 1916 lassen erahnen, dass die Lage für landwirtschaftliche Tätigkeit alles andere als günstig war, die Bodenbeschaffenheit des Schwemmlandes und die Hochwassergefahr erlaubten gerade noch das Halten von Ziegen, Getreide- oder Gemüseanbau war unmöglich.

Stefan Herz-Kestranek.

Eugen Herz und sein Sohn Stefan Herz-Kestranek, gemalt von Alfred Gerstenbrand.

Villa Anna der Familie Blaschczik.

Hochwasser blieb ein bedrohlicher Teil des St. Gilgner Alltags, so auch im Sommer 1954, wie Maria Winterstein im Fremdenbuch festhielt: *«8. Juli: Hochwasser nach schweren Regenfällen. In der Küche 80 cm Wasser. Konnten das Haus 2 Tage lang nur per Ruderboot verlassen. Wohnten im 1. Stock und Mansarde. Nach 10 Tagen konnten wir die unteren Räume wieder benützen.»*

1920 schrieb Lajos Jehles Cousin Eugen Herz ins Gästebuch, damals noch Fremdenbuch genannt:

*«Fürs Fremdenbuch soll ich was schreiben
Und find nicht das richtige Wort!
Denn: Schmeichelkult zu treiben
Erscheint mir fehl am Ort!
Soll ich Euer Häuschen besingen
Und seine Gemütlichkeit?
Lass ich mein Loblied erklingen
Auf Eure Gastlichkeit?
Ob ich die Wärme preise
Die jeder gleich verspürt,
Der einmal Eure Kreise
– auch flüchtig nur – berührt?
Soll ich den Frohsinn loben
Der Euer Heim durchdringt,
Der Riesen wie Mikroben
Zu guter Stimmung bringt?
Das alles sind nur Ranken
Umschlingend – efeugleich –
Den einen Hauptgedanken:
‹Ich fühl mich wohl bei Euch!›»*

Christl, Maria und Peter Winterstein.

Das Abtenauerhaus der Familie
Jehle-Winterstein.

Die Villa Skrein.

Blick vom Steg der Villa Skrein.

Villa am Weg nach Lueg.

Bauernhaus in St. Gilgen.

Clark Gable mit seiner Frau zu Gast im Ganisl-Haus der Familie Herz-Kestranek.

Der Deutsche Industrielle Otto Wolff von Amerongen, «heimlicher Osthandelsminister» genannt, erwarb 1957 sein Haus in Gschwendt bei Strobl, das vor ihm illustre Besitzer gehabt hatte: Frieda Koritschoner und Emil Jannings.

Helmut und Hannelore Kohl verbrachten viele Sommer in St. Gilgen.

Karl Heinrich Waggerl und Familie Wiesenthal, gemalt von Alfred Gerstenbrand.

Alle Bauphasen St. Gilgens auf einem Bild vereint: Das alte Gericht (l.), heute Mozarthaus, die Tondervilla (r.), Apartmenthäuser aus den 1970er Jahren und die Internationale Schule, die ins 21. Jahrhundert weist.

Das alte Pfleggericht in St. Gilgen.

Skandal in St. Gilgen. Selbstmord 1932

Auch Tragödien spielten sich in St. Gilgen ab. So berichteten die Zeitungen im August 1932 von den schrecklichen Auswirkungen eines Missverständnisses: Ernst Geiringer[22], Vorstand der Filiale Babenbergerstraße des Wiener Bankvereins in Wien, war langjähriger Gast in St. Gilgen und Neffe des Begründers der Wolfgangsee-Schifffahrt, Berthold Curant. Geiringer erhängte sich am 10. August 1932 in der Zelle des St. Gilgner Gefängnisses. Die Umstände waren vorerst nicht ganz klar, wie aus den zahlreichen Zeitungsberichten hervorgeht. So berichtete die *Neue Freie Presse* am 11. August unter der Überschrift «Tragischer Ausgang eines Scherzes. Selbstmord eines Wiener Bankbeamten in der Sommerfrische»[23]: «*G. befand sich gestern in lustiger Gesellschaft und betrat auf dem Heimweg ein Delikatessengeschäft, um sich einen Imbiß zum Nachtmahl zu besorgen. Hiebei bemerkte G., daß der Geschäftsinhaber unvorsichtiger Weise seine Geldlade offenließ und entnahm derselben eine Fünfzigschillingnote. Beim Bezahlen legte G. außer dem Kaufpreis für den Imbiß auch die Fünfzigschillingnote mit den Worten auf den Ladentisch: ‹Geben Sie doch besser auf Ihr Geld acht.› Ein dritter Unbeteiligter, der den Vorfall bemerkte, erstattete die Anzeige, worauf G. von der Gendarmerie verhaftet wurde.*»

Einen Tag später wurde der Name bereits nicht mehr anonymisiert, sondern genannt, und die Berichterstattung wanderte sogar auf die Seite 2 derselben Zeitung[24]: «*Als man ihn verhaftete, soll er geradezu getobt und gedroht haben, diese Schande nicht überleben zu können. Wenn man ihn nicht freilasse, werde er Selbstmord begehen. Man werde ihn am nächsten Tage sicher nicht lebend in der Zelle finden. Ob es nicht ratsam gewesen wäre, sofort einen Arzt zu holen, der seinen Zustand zu untersuchen gehabt hätte, und ob nicht Maßnahmen zu treffen gewesen wären, die seinen Selbstmord verhindern konnten, so daß die Möglichkeit für eine befriedigende Aufklärung des Falles gegeben gewesen wäre, sind Fragen, mit denen sich die Behörde zu befassen haben wird. Als Geiringer in die Zelle gebracht worden war, sollen sich erschütternde Szenen abgespielt haben. Leute der Nachbarschaft erzählen, daß sich Geiringer ans Fensterkreuz geklammert und laut um Hilfe gerufen habe. Stundenlang sollen seine Schreie gehört worden sein. Seine Freunde, zu denen auch Kammersänger Piccaver gehörte, intervenierten beim Gefängnisdirektor und erbaten die Freilassung Geiringers. Aber der Gefängnisdirektor habe nicht eingreifen können, obwohl er dazu bereit gewesen sei, da der Gefängniswärter, der angeblich den Schlüssel der Zelle bei sich gehabt habe, ausgegangen sei und nicht aufgetrieben werden konnte. So mußte der Unglückliche in der Zelle bleiben. Als man sie am nächsten Morgen öffnete, fand man Geiringer mit dem Leintuch erhängt tot auf. Geiringer hinterläßt eine Witwe und einen 20jährigen Sohn.*»

Maler in St. Gilgen: John Quincy Adams, Alfred Gerstenbrand und Adolf Helmberger

Drei ausgesprochen unterschiedliche Maler fühlten sich St. Gilgen sehr verbunden: der Gesellschaftsportraitist John Quincy Adams, der Karikaturist Alfred Gerstenbrand und der «Maler des Salzkammerguts» Adolf Helmberger.

John Quincy Adams, geboren am 23. Dezember 1873 in Wien, war der Ruhm bereits in die Wiege gelegt worden, hatten ihm doch seine Eltern, der aus Boston stammende Tenor Charles R. Adams und die Budapesterin Nina Bleyer, den Namen eines der bedeutendsten amerikanischen Präsidenten gegeben; die Familie war mit ihm aber nicht verwandt. Mit 19 Jahren begann John Quincy Adams' Ausbildung an der Wiener Akademie der bildenden Künste, bereits zwei Jahre später erhielt er erste Preise und setzte seine Studien in München und Paris fort. 1901 heiratete er Stephanie Sobotka; deren Vater Moriz Sobotka[25] war Gesellschafter der Ersten Wiener Exportmalzfabrik Hauser & Sobotka in Wien-Stadlau und kaufte mit seiner Frau Sophie[26] 1903 das Bürglgut bei Strobl, das zum Sommersitz der Familie und Treffpunkt von Freunden und Künstlern wurde. Das Anwesen wurde in den

John Quincy Adams, Aktstudie in Strobl.

Der Maler bei der Arbeit:
John Quincy Adams.

folgenden Jahren auf mehrere Gebäude und Gartenanlagen erweitert, ein Bootshaus wurde errichtet, ebenso ein Gewächshaus und ein Gärtnerhaus. Auch eine Almhütte gehört zu diesem Besitz. Hier verbrachte das junge Ehepaar Adams die Sommermonate.

Adams wurde Mitglied des Wiener Künstlerhauses und zeigte seine Werke in internationalen Ausstellungen. Den Ersten Weltkrieg verbrachte er als Mitglied der Kunstgruppe des k.k. Kriegspressequartiers – ein hochtrabender Name für eine Truppe, die an vorderster Front die Geschehnisse auf Leinwand bannte und so einen wichtigen Beitrag zur Kriegsberichterstattung leistete.

Nach Kriegsende pendelte Adams zwischen Wien und seinem Blockhaus in St. Gilgen, das zerlegbar war und jeden Sommer neu zusammengesetzt und aufgebaut wurde. Nach dem Tod des Malers erwarb Alfred Gerstenbrand das Haus und bewohnte es bis an sein Lebensende; heute steht es fest zusammengefügt in St. Gilgen. Adams war ein passionierter Segler und Mitglied des Yacht-Clubs, seine Sonderklasse «Jugend» mit der Nummer S 41 und sein Drachen «Gladys» sind heute noch auf dem Wolfgangsee unterwegs.

Ab 1906 widmete sich John Quincy Adams vor allem Porträts, die durch Eleganz und ein besonderes Gespür für Atmosphäre bestechen. Nun, nach Ende der Monarchie, wurde Adams zum «Starportraitisten»: Die mondäne Welt ließ sich von ihm abbilden, ob Schauspielerinnen oder Industrielle, Aristokratinnen oder Wissenschaftler. Von den Zeitgenossen wurde er herablassend als «altmodisch» belächelt, doch Arthur Roessler, enger Freund Schieles und Förderer der Moderne, verstand und verteidigte Adams' Malstil: *«Adams ist von Natur aus ein Gesellschaftsmensch, d. h. ein geselliger Mensch. In dem mit Recht hochgeschätzten Sinne von Persönlichkeit ist es wertvoller, eine kleine, aber echte Eigenart zu sein, als eine nur scheinbar große, weil dies doch nur Unart bedeuten würde. Adams ist nun gar nicht klein als Persönlichkeit, denn es hat immer etwas von Größe, wenn man den Mut zu sich selber hat, wenn man sich traut, natürlich zu sein, das zu machen, was einen freut, weil man es kann.»*[27]

1932 wurde die Familie von einem schweren Schicksalsschlag getroffen: Bei einem Autounfall verunglückten beide Töchter des Malers, Harriet überlebte schwer verletzt, für Marion Gladys jedoch, verheiratete Frank[28], kam jede Hilfe zu spät: *«Aus noch nicht festgestellter Ursache, wahrscheinlich infolge Platzens eines Pneumatiks am rechten Hinterrad, überschlug sich der Wagen in voller Fahrt, stürzte von der etwa drei Meter hohen Böschung hinunter und begrub die Insassen unter sich. Frau Frank war sofort tot.»*[29] Marion Gladys Frank hinterließ zwei kleine Töchter, knapp fünf und ein Jahr alt.

Nur wenige Monate später, am 15. März 1933, starb John Quincy Adams in Wien. In Nachrufen erinnerte man sich an die Tragödie seiner Familie, pries jedoch gleichzeitig sein Können, so Siegfried Geyer in *Die Stunde* vom 17. März: *«John Quincy Adams gehörte in die Kunst- und Gesellschaftsrubrik Wiens. Man liebte und verzärtelte ihn wie vor Jahrhunderten elegante höfische Maler adoriert wurden, er stand als Künstler oberhalb der Schichte, der er diente. Liebkind bei den Aristokraten, die ihn auf ihre Schlösser luden. Freund von Erzherzögen und Fürsten, die ihn ganz anders sahen und bewer-*

Die Jäger-Villa.

Kolo Mosers Blick
auf den See.

teten als Dichter, Literaten und sonstige Künstler. Mit zum Wesen seiner Kunst gehörte seine Fähigkeit, schöne Frauen schön zu malen. In seinen Bildern ist eine entschwindende Wiener Epoche aufbewahrt, eine Ära der Noblesse, des Schliffs und des guten Lebens überhaupt.»

Alfred Gerstenbrand[30] zählte zu den St. Gilgner Originalen, auch wenn er 1881 in Wien geboren worden war. Es gibt wohl kaum einen Haushalt in St. Gilgen, in dem nicht eine Zeichnung, ein Bild, eine Karikatur oder ein Gästebucheintrag «Gerschtls», wie er liebevoll genannt wurde, existiert.[31] Die St. Gilgner kollektive Erinnerung enthält viele Anekdoten und Geschichten, beginnend beim Blockhaus, das aus dem Besitz John Quincy Adams' stammte, bis zu Gerstenbrands Ausflügen ins weit entfernte amerikanische Wyoming, von denen er treffende Karikaturen mitbrachte.

Den Beginn seines (Berufs-)Lebens verbrachte Gerstenbrand in Wien, er besuchte ein Semester lang die Kunstgewerbeschule, die er dann in Richtung Finanzministerium verließ – die falsche Entscheidung, möchte man denken, doch sollte dieser Arbeitsplatz den Grundstein für Gerstenbrands weiteren

Lebensweg legen: Seine Kollegen brachten Gerstenbrands karikaturistisches Talent zum Vorschein und inspirierten ihn zu großartigen Momentaufnahmen des altösterreichischen Beamtentums. Durch seine Kontakte aus der Kunstgewerbeschule kam Gerstenbrand auch mit dem Physiker Dr. Gustav Jäger in Kontakt, der ihn in seine St. Gilgner Villa einlud: der Beginn seiner innigen Beziehung zum Wolfgangsee. Gustav Jäger war mit Hertha Mautner Markhof verheiratet; deren Schwester Editha wiederum war die Frau Kolo Mosers, der ebenfalls in der Villa Jäger in St. Gilgen verkehrte.

Die Kunstwelt wurde nun langsam auf Gerstenbrands Zeichnungen aufmerksam; 1908 präsentierte die «Kunstschau» in Wien einige seiner Werke erstmals der Öffentlichkeit. Das Publikumsinteresse an dieser Ausstellung verebbte jedoch rasch, und Josef Hoffmann, einer der Initiatoren, entrierte, dass Karikaturen der ausgestellten Werke in der Sonntagsbeilage der *Zeit* erschienen.[32] Dies war nun Gerstenbrands Chance, sich in diesem Metier zu profilieren: Zwischen 1909 und 1915 erschienen ca. 150 seiner pointierten und treffenden Zeichnungen. In diesen Jahren florierte die so genannte Gebrauchsgraphik, die eine neue Kunstschiene ins Leben rief: Ansichtskarten boten eine Möglichkeit, Kunst «unters Volk» zu bringen – auch Alfred Gerstenbrand nutzte diese Kombination aus Kunst und Kommerz.

Der Ausbruch des Ersten Weltkriegs zwang den Künstler zu einer Veränderung seines Lebens, nicht jedoch seiner Zeichenleidenschaft. Auch an der Front skizzierte er unermüdlich Kameraden und Alltagsszenen. Und er

John Quincy Adams' Holzhaus, das Alfred Gerstenbrand nach dessen Tod erwarb.

Offizierskasino im Hotel Billroth.

Alfred Gerstenbrand, 1970.

machte eine Bekanntschaft, die für ihn noch sehr wichtig werden sollte: Leutnant Mirko Jelusich war Mitarbeiter der humoristischen Zeitung *Die Muskete* und ermöglichte es Gerstenbrand, dort seine Zeichnungen zu publizieren. Das Ende des Krieges brachte auch Gerstenbrands Karriereende im Finanzministerium: Mit nur 38 Jahren trat er in den Ruhestand und erhielt eine Pension, die ihm nun die Basis bot, als freischaffender Künstler tätig zu sein.[33] Er wurde Mitglied der Secession und widmete sich Zeichnungen und Karikaturen.

Ab 1923 verbrachte Gerstenbrand regelmäßig seine Sommer in St. Gilgen und logierte im Gasthof zur Post, doch zog es ihn auch in die weite Welt, und er brachte Zeichnungen aus aller Herren Länder wieder mit nach Hause. Vor allem Wyoming hatte es ihm angetan – dass er dort gut Englisch lernte, sollte 1945 noch sehr hilfreich sein. Während des Zweiten Weltkriegs arrangierte sich Gerstenbrand mit den Nationalsozialisten, erhielt Aufträge, hochrangige Offiziere zu portraitieren, und nahm an Ausstellungen des Künstlerhauses teil. Das Kriegsende erlebte der Maler in St. Gilgen; nun sollten sich seine Englischkenntnisse bezahlt machen. Die vorrückenden Amerikaner

So sah Adolf Helmberger seinen
Heimatort St. Gilgen.

hatten den Befehl erhalten, St. Gilgen zu beschießen, da sich hier versprengte deutsche Soldaten befänden. Gerstenbrand wurde von den St. Gilgnern gebeten, mit dem befehlshabenden Offizier zu verhandeln. Und die Mär berichtet, dass dies nur deswegen gelang, weil zwei Maler aufeinandertrafen – denn auch der Amerikaner widmete sich im zivilen Leben der Kunst.[34]

Nach dem Ende des Krieges ließ sich Alfred Gerstenbrand endgültig in St. Gilgen nieder und managte den «Grizzlies Officers' Club», der für die amerikanischen Offiziere im Hotel Billroth eingerichtet wurde. Bis zu seinem Tod am 7. Jänner 1977 pendelte der Künstler zwischen Wien, Amerika und St. Gilgen – Letzteres war ihm zur wahren Heimat geworden.

Adolf Helmberger[35], genannt der «Maler des Salzkammerguts», wurde 1885 als Sohn des Gemeindearztes in St. Gilgen geboren und blieb seinem Geburtsort zeit seines Lebens eng verbunden – die zahlreichen Ansichten seines Heimatortes, zu allen Jahreszeiten, aus verschiedenen Blickwinkeln und in vielerlei Details legen davon Zeugnis ab. Zum Studium musste er jedoch den Wolfgangsee verlassen und ging nach Salzburg, München und

Wien, wo er an der Akademie der bildenden Künste die Klassen Delug und Griepenkerl besuchte. Doch schon mit 23 Jahren zog es ihn zurück nach St. Gilgen, das ihm genügend Inspiration und Abwechslung für sein Schaffen bot: «*Dadurch, daß ich auf dem Lande aufwuchs, wurde ich frühzeitig zur Landschaft hingezogen, deren Stimmung ich im Miterleben zu erfassen suche. So war ich also sozusagen bisher der Maler meiner eigenen Heimat*»[36], berichtete Helmberger selbst. Seine Werke wurden im Wiener Künstlerhaus ausgestellt – ebenso wie die John Quincy Adams'. Außerdem gestaltete er das Ortsbild St. Gilgens mit Fresken wie beispielsweise dem heiligen Florian am Feuerwehrzeughaus. Helmberger war auch Chronist und Historiker seiner Heimat, viele Zeitungsartikel zeigen seine intensive Beschäftigung mit Land und Leuten. Und er war – ebenfalls eine Parallele zu John Quincy Adams – Mitglied des Yacht-Clubs und Alpinist, als der er auch zu den Gründern des Österreichischen Wintersportverbandes zählte – viele Ansichten der verschneiten Landschaft und der Blick von oben zeigen, dass er auch auf seinen Ausflügen in die Berge seine Leinwand stets bei sich trug.

Der Mozartplatz, noch ohne Mozartbrunnen, gemalt von Adolf Helmberger.

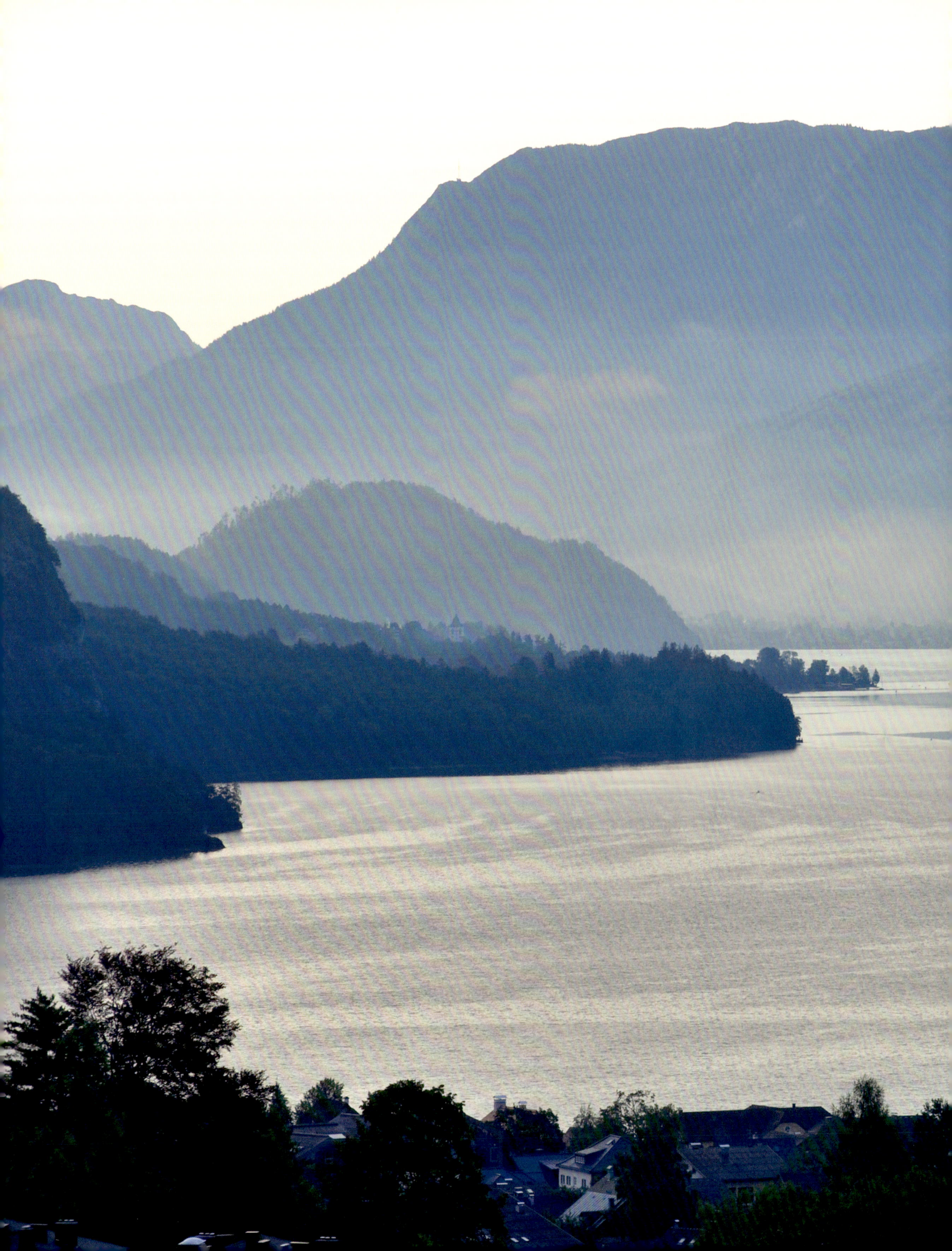

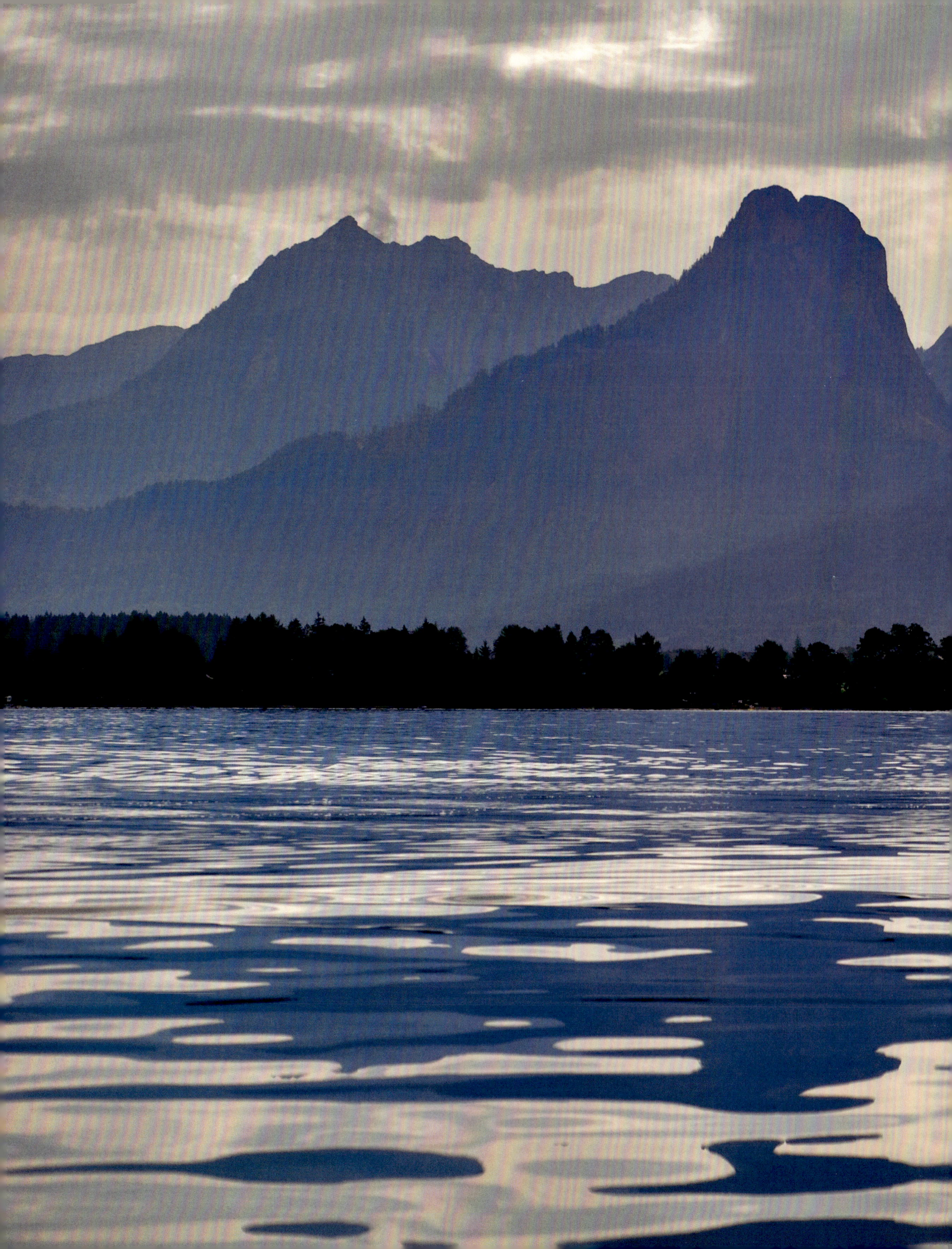

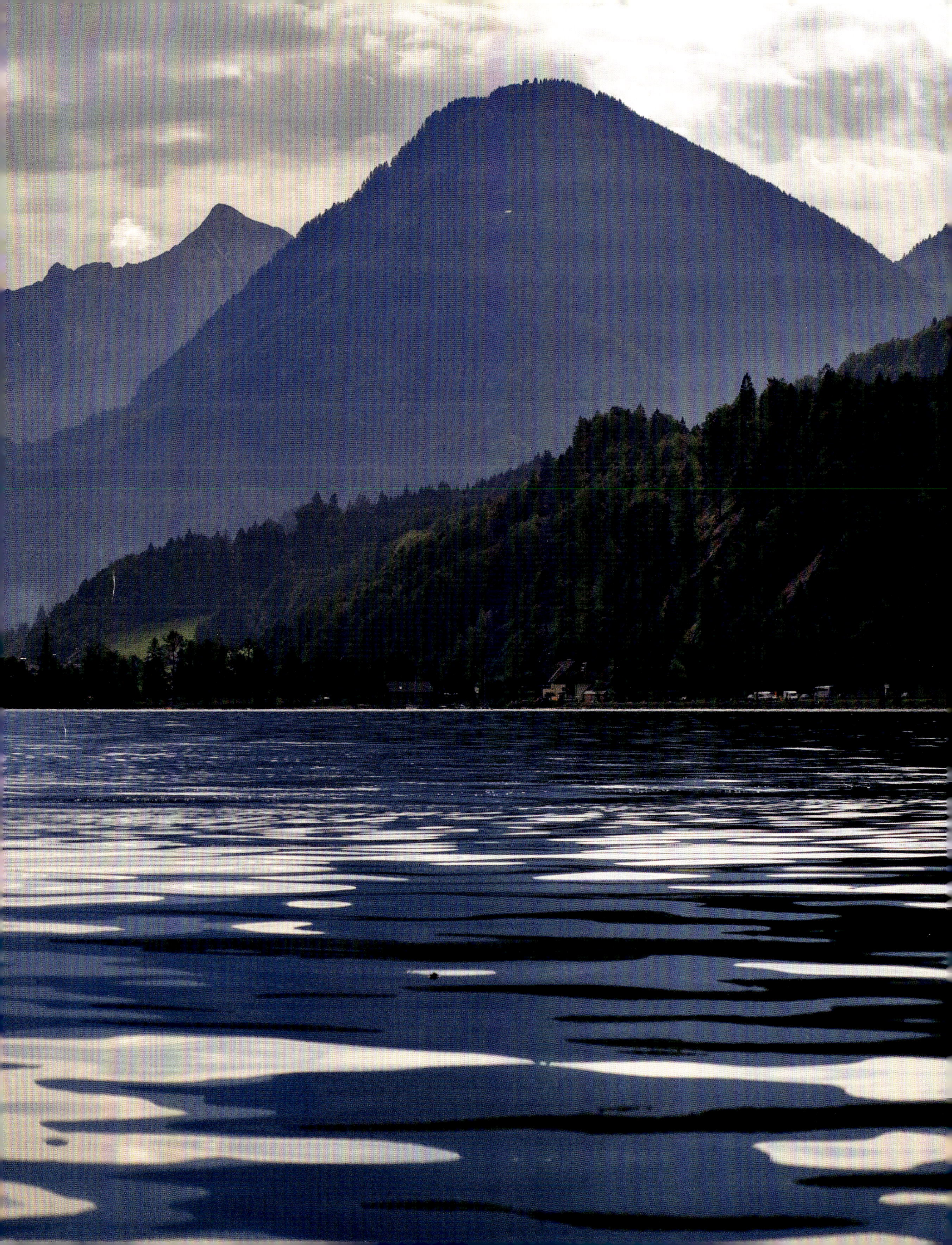

Elisabeth Heller

André Heller
Wie ich lernte, bei mir selbst Kind zu sein

Vater dagegen war aus Eisen. Das einzig Irdische, das ihn umreißen konnte, war der Schwung seines eigenen Zorns. 1955, an einem gewitterschwülen Augustnachmittag, in Fürberg am Wolfgangsee, wo es während der großen Ferien regelmäßig zu «Sommerfrische» genannten Familientreffen kam, blattelte Vater mit Zehngroschenstücken. Das heißt, er versuchte, die Münzen derart geschickt aufs Wasser zu werfen, dass sie abprallten und auf der Oberfläche zwei- oder dreimal weiterhüpften. Dazu sang er mit einer passablen Baritonstimme: «Ich hab das Fräuln Helen baden sehn, das war schön ...» Da schrie Mutter, die sich knapp hinter ihm befand: «Ich bring ihn um. Ich ertrag's nicht mehr.» Dann lief sie ans Ende des hölzernen Stegs und ließ sich mit einem Dirndl, der Dirndlbluse, weißen Stutzen und schwarzsamtenen Silberschnallenschuhen bekleidet in den See fallen. Ihre Arme hielt sie dabei über der Brust verschränkt wie ein tanzender Donkosak. Vater hob den Kopf und drehte ihn sehr langsam nach links und rechts. Dann sagte er beiläufig: «Verreck! Du bist keine Träne wert.» Mutter versank, tauchte wieder auf, schlug um sich und röchelte. Jetzt bestieg Vater bedächtig unser Ruderboot und löste das Tau, mit dem es an einem Ring am Landungssteg befestigt war. Ich dachte, dass er die Ertrinkende trotz seiner bösen Worte retten würde, aber als er endlich auf ihrer Höhe war, schlug er sie mit einem Ruder auf den Kopf. «Verreck! Es ist für alle das Beste.» Dieser Satz vertrieb meine und meines Bruders Erstarrung. Wir sprangen mit Hemd, Lederhose und Schuhen in den See, um Mutter beizustehen, und erst im Wasser fiel mir ein, dass ich nicht schwimmen konnte. «Hilfe!», schrie ich, und dieser Schrei lenkte Vaters Aufmerksamkeit auf mich. Er ließ davon ab, seine Frau zu erschlagen, und streckte das Ruder mir entgegen, damit ich Halt finden konnte. Währenddessen gelang es meinem Bruder, Mutter aus dem See zu bergen, indem er mit einem Rettungsgriff ihre fuchtelnden Arme ruhig stellte. Vater zog mich mit einem Ruck zu sich ins Boot, wie man eine Mütze auffischt, die eine Bö über Bord gerissen hat. Einige Minuten trieben wir schweigend und führungslos auf den flachen Wellen. Vater hielt sein Gesicht zwischen den Händen verborgen, und ich wagte nicht, meine Schuhe auszuziehen, um das darin gesammelte Wasser zu entleeren. Dann sagte er sehr leise und an niemanden gerichtet: «Wie weit herab kann man noch sinken? Die Kriege machen das. Wenn du in ihnen bist, sind sie bald auch in dir. Und wenn sie außen endlich erlöschen, brennen sie in dir weiter, und immer und überall gehörst du wie sie zur Hölle.» Dann ruderte er zum Landungssteg und vertäute das Boot. Wir kletterten an Land. Ich lief zu Mutter, die schluchzend auf dem Uferkies lag. Auch mein Bruder weinte haltlos, wie ich es bei ihm noch nie gesehen hatte. Ich bemerkte, dass er sich einen zwetschkengroßen Stein in den Mund steckte, mit der Zunge in die linke Backe schob und wenige Augenblicke später wieder ausspuckte. Triefend nass und frierend und von niemandem benötigt und wahrgenommen, wollte ich irgendetwas Sinnvolles tun, aber mir fiel nichts ein. So schaute ich auf meine Fingernägel und sah, dass es höchste Zeit war, sie zu schneiden. Im selben Augenblick hörte ich wieder das Geräusch von übers Wasser geworfenen Münzen.

Aus: André Heller: Wie ich lernte, bei mir selbst Kind zu sein
Frankfurt/Main 2008

Kapelle in Abersee.

Zinkenbacher Malerkolonie

Weiter führt der Weg entlang des Sees nach Zinkenbach, zwischen St. Gilgen und Strobl gelegen. Dieser Ort wurde von Arpad Weixlgärtner[37], Direktor der Gemäldegalerie des Kunsthistorischen Museums, «entdeckt»: Er war gemeinsam mit seiner Frau Josefine, geborene Neutra[38], der erste Sommerfrischler auf dem Hof des Adambauern in Zinkenbach. 1918 folgte der Maler Ludwig Heinrich Jungnickel, und 1930 fand sich die Familie Ferdinand Kitts erstmals beim Adambauer ein.[39] Auch Kitts Schwager, der Zeitungsredakteur Maximilian Reich, verbrachte den Sommer in Zinkenbach. Seine Tochter Henriette erzählt: «*Meine Mutter, meine Schwester und ich waren im alten Bauernhof des Adambauers selbst untergebracht. Ich habe zurückblickend fast das Gefühl, dass der Bauer und die Bäuerin uns ihr eigenes Schlafzimmer zur Verfügung gestellt hatten. Natürlich kam auch fallweise mein Vater aus Wien zu Besuch, aber immer nur auf ein paar Tage. Die Kitts hatten ein kleines Häuschen schräg vis-à-vis gemietet.*»[40]

1932 wurde aus einer Freundesgruppe, die gemeinsam den Sommer in Zinkenbach verbrachte, eine Malerkolonie: «*Jetzt haben die Maler Ferdinand Kitt und Ernst Huber Quartier in dem geräumigen Hof des Adambauern aufgeschlagen. An jedem Eck sitzt derzeit mit Pinsel und Stift ein männlicher oder weiblicher Maler. Die Staffeleien wachsen geradezu aus der Erde.*»[41] Auch Alexander von Wunderer, Vorstand der Wiener Philharmoniker, war Mitbegründer der Zinkenbacher Künstlerkolonie, die 27 Mitglieder umfasste, so auch Lisel Salzer, die gemeinsam mit der Schriftstellerin Hilde Spiel während eines Sommers eine Liebelei mit zwei Belgiern erlebte, eine Begebenheit, die die Vorlage zu Hilde Spiels Roman *Verwirrung am Wolfgangsee* lieferte.

Der erwähnte Ernst Huber war ebenfalls von der Landschaft und der Atmosphäre begeistert: «*Es ist viel schöner hier als ich mirs erträumt hab. Mir kam es vor wie guter Waldmüller-Gauermann. Und reizt es zum Vergleich mit Gardasee. Der österreichische Gardasee. Statt Torbole Zinkenbach, statt Riva – St. Wolfgang. Also mit einem Wort es ist wirklich alles sehr schön da. Wälder! Zum See geht ein Weglein schön durch den Wald in einer schwachen Viertelstunde ist man dort. Hirschbach ist schön – aber Zinkenbach ist als Sommer-Ort noch schöner – baden – rudern – fressen. Also hurrah! Kommt gleich!*»[42]

Und noch mehr Maler und Künstler kamen nach Zinkenbach: Aus St. Gilgen stieß Alfred Gerstenbrand hinzu, Sergius Pauser, Georg und Bettina

Blick auf Zinkenbach.

Die Mitglieder der Zinkenbacher Malerkolonie.

Ehrlich, Ernst August von Mandelsloh und Carl Hollitzer erweiterten den Kreis der Kolonie. Das Multitalent Carl Hollitzer[43] arbeitete als Karikaturist, Sänger und Kabarettist an renommierten Bühnen wie dem Cabaret Nachtlicht und dem Kabarett Fledermaus. Er war – wie John Quincy Adams und Adolf Helmberger – Mitglied des Künstlerhauses, seine besondere Liebe galt aber der Karikatur.

Hollitzer, Gerstenbrand und der in Aigen-Vogelhub weilende Schriftsteller Julius Bauer gaben unter anderem das Buch *Wiener Köpfe in der Karikatur. Zeichnungen von Carl Hollitzer und Alfred Gerstenbrand. Worte von Julius Bauer* als Damenspende für den Concordiaball am 6. Februar 1928 heraus – der Kreis wirkte also sowohl in Zinkenbach als auch in Wien gemeinsam.

Der Alltag in der Malerkolonie spiegelt eine unbeschwerte Zeit wider: «*Jochen [Franz-Joachim von Zülow] verlebt dort die glücklichste Zeit seiner Kindheit. Der See hat es ihm angetan. Das Herumgondeln in der Plätte, das Schifferlspielen, die Schwimmversuche im See, und Sonntagvormittag – wie schmecken ihm da immer die Schinkenkipferl und das Fruchteis in St. Wolfgang, wohin wir alle Sonntage zum Frühschoppen gemeinsam in unserer großen Plätte fuhren. Dann der Ausflug mit mir auf die Schafbergalm, das Reiten beim Einbringen der Heuernte, das Leben und Treiben im Haus mit Wolferl Huber, den Kitt-Kindern und den vielen Kindern unserer Bäuerin, der Frau Eisl, die drei jungen Katzerln, die es am Hofe gibt, die vielen Kühe, Pferde und Schweinderln, und die Omeletten in der Riesenomelettpfanne. Auch die vielen täglichen Besucher, meist in Autos.*»[44]

Hilde Spiel machte in Wien Bekanntschaft mit dem Künstlerkreis: «*In einem neuen Zirkel an Freunden, in den ich geraten war, spielte ich in improvisierten Theateraufführungen mit, hörte bei kleinen Hauskonzerten den Komponisten Erich Zeisl ganze Symphonien von Bruckner und Mahler auf dem Klavier simulieren … ich wurde von der Künstlerin Lisel Salzer gemalt und sah das nach dem Anschluss verschollene Bild im Hagenbund ausgestellt …*»[45] Spiel folgte ihrer Freundin Lisel Salzer im Sommer an den Wolfgangsee: «*Tagsüber schwimmt, rudert und aquarelliert man am See, abends beschwört Erich Zeisl auf dem verstimmten Klavier seiner Gastwirtschaft das ganze Instrumentarium der Pastorale herauf, während es draußen zur Begleitmusik donnert.*»[46]

Zinkenbach war jedoch nicht nur Sommerfrische, auch mancher Winteraufenthalt bot neue Blicke auf Berge und Menschen. Der Adambauer freute

Aus dem «Blödelalbum» von Ferdinand Kitt (oben).
Einladung zur Ausstellung in der Galerie Würthle in Wien.

sich über die Wintergesellschaft, die sich die Zeit mit Schi- und Schlittenfahren und Eisstockschießen vertrieb. Die Gesellschaft fuhr mit dem Schlitten in alle umliegenden Ortschaften und hatte Riesenspaß: *«Vorne drinnen stand der Dobrowsky*[47]*, der ein ganz frappantes Profil hatte, aufgemascherlt als Napoleon, und hat alle Leute, die vorbeigegangen sind, so kaiserlich begrüßt. Wir haben Tränen gelacht. Solche Sachen haben die ständig gemacht, solche – Happenings.»*[48]

1938 zerfiel die Zinkenbacher Malerkolonie: Ein Teil der Mitglieder musste vor den Nationalsozialisten flüchten, ein anderer Teil arrangierte sich mit den neuen Machthabern.

Die ganze Truppe am See ...

... und auf einem Ausflug nach St. Wolfgang.

Bettina Ehrlich

Bettina Ehrlich war die Tochter Eugen Bauers, Generaldirektor des Westböhmischen Bergbau-Aktien-Vereines. Dieser hatte am 20. März 1900 im mondänen Nizza eine Frau mit einem ungewöhnlichen Vornamen geheiratet: Lilli Siegfriede Mauthner. Ihr Vater Siegfried war wenige Monate vor ihrer Geburt gestorben, das Kind erhielt als Erinnerung seinen Namen – dass es ein Mädchen war, stellte kein Hindernis dar. Eugen und Lilli bekamen zwei Töchter, die in einem kunstbeflissenen Haus aufwuchsen. Marie, genannt Mira, heiratete 1924 den Industriellen Wilhelm von Gutmann[49], Bettina widmete sich der Malerei.

Die Bauers waren eine schillernde Familie: Bettinas Tanten Therese und Adele heirateten in die Zuckerindustriellen-Familie Bloch ein und änderten ihren Namen in Bloch-Bauer. Adele erlangte als Sujet von Gustav Klimts Gemälde «Bildnis Adele Bloch-Bauer» Berühmtheit und ist auch heute noch in aller Munde.[50]

Schon in früher Jugend verbrachte Bettina viel Zeit in Grado – damals die adäquate Therapie für Kinder mit schwacher Gesundheit. Diese Aufenthalte, die Stimmung der Adria sollten für ihr weiteres künstlerisches Schaffen noch bedeutend werden.[51] Von 1920 bis 1923 studierte sie an der Wiener Kunstgewerbeschule und machte daran anschließend eine graphische Ausbildung in Berlin. Zurück in Wien etablierte sich Bettina Bauer als freie Künstlerin und war von 1935 bis 1938 außerordentliches Mitglied des Hagenbundes, der großen Künstlervereinigung in Wien neben der «Secession» und dem Künstlerhaus. Diese Mitgliedschaft war etwas Besonderes: Der Hagenbund nahm eigentlich keine Frauen auf – nur 13 Künstlerinnen konnten als außerordentliche Mitglieder dieser Künstlervereinigung nahe sein dazu zählte auch Bettina Bauer-Ehrlich.[52]

Am 27. November 1930 hatte sie den Bildhauer und akademischen Maler Georg Ehrlich geheiratet, worüber die Kunsthistorikerin Erika Tietze-Conrat berichtet: *«Er gewann die meiste Sicherheit und das größte Selbstvertrauen durch seine Heirat mit Bettina, die ebenso schön ist wie sie begabt ist – gleichermaßen als Malerin und Autorin. Bettina verbindet die Weitherzigkeit der Bohémienne mit dem Lebensstil einer Frau von Welt. Sie ist eines der seltenen Wesen, die leuchten, gleich, in welchem Kreise sie sich befinden. Der Mann einer solchen Frau wird beneidet.»*[53] Das Wort Autorin fällt in diesem Artikel zum ersten Mal: Bettina Bauer-Ehrlich hatte bereits in den 1930er Jahren begonnen, Kinderbücher zu verfassen und zu illustrieren. Anlässlich einer Ausstellung ihrer Bilder in der Galerie Würthle 1932 wurde dieses Talent gepriesen, hätten doch ihre Bilder *«für Kinder eine nicht unbedeutende Anziehungskraft».*[54]

Bettina Bauer-Ehrlich berührendste Bücher sind die drei Bücher der Cocolo-Reihe, eine Metapher auf Emigration und Neubeginn, erlebt von einem Buben und seinem kleinen Esel, der sich in der neuen Welt vorerst nicht zurechtfinden kann.

Auch hier fließen ihre eigenen Erlebnisse ein: 1938 mussten Bettina und Georg Ehrlich aus Österreich flüchten, in England fanden sie ein neues, erzwungenes Zuhause. Bettina widmete sich vermehrt den Kinderbüchern, die Bedeutung der Malerei nahm ab. Sie unterstützte ihren Mann Georg Ehrlich in seiner Tätigkeit als Bildhauer und setzte sich nach seinem Tod 1966 sehr dafür ein, dass sein Werk nicht in Vergessenheit geriet. Zum Kreis der Ehrlichs in London zählten illustre Freunde wie Benjamin Britten, der Sänger Peter Pears und die Schauspielerin Elisabeth Bergner – von dieser hatte Georg Ehrlich vor dem Krieg ein beachtetes Bronzerelief geschaffen.[55] Bettina Ehrlich starb am 10. Oktober 1985 in London und wurde 1999 im Ehrengrab ihres Mannes am Wiener Zentralfriedhof beigesetzt.

Bettina Ehrlich mit den beiden Ehemännern Hilde Spiels: Peter de Mendelssohn, dessen Kinder und Hans Flesch-Brunningen, 1960.

Eine Illustration und das Cover zu *Cocolo*.

Ferdinand Kitt

Ferdinand Kitt[56] war Mitbegründer und auch Mittelpunkt der Zinkenbacher Malerkolonie, für die er die Bezeichnung «Das Malschiff» prägte. Die Mitglieder rekrutierten sich aus einigen seiner Schüler, da er nicht nur von 1923 bis 1929 Präsident der Wiener Secession, sondern auch von 1927 bis 1947 an der Wiener Frauenakademie unterrichtete, wo unter anderem Lisel Salzer zu seinen Schülerinnen zählte. Kitts Werk umfasst Portraits ebenso wie Landschaftsbilder und Stillleben; stilistisch wandte er sich, vom Expressionismus kommend, in den 1930er Jahren der «Neuen Sachlichkeit» zu.

Seine Einstellung zum Nationalsozialismus war ambivalent, er arrangierte sich mit den neuen Machthabern und passte seine Sujets der Zeit und dem Regime an. 1944 verließ er Wien und übersiedelte mit seiner Familie an den vertrauten Wolfgangsee, wo er sich in Gschwandt ein Haus kaufte. In der Nachkriegszeit wandte sich Kitt einer neuen Art der «Landschaftsgestaltung» zu: Mit Fresken am Kino prägte er das Ortsbild St. Gilgens.

Ferdinand Kitts «Malschiff» …

… und Kühe in Abersee.

Lisl Weil

Bereits mit 16 Jahren veröffentlichte Lisl Weil[57] erste Illustrationen in einigen Wiener Tageszeitungen und auch in der Zeitschrift *Die Bühne*. Daneben besuchte sie die Kunstgewerbeschule und trat gemeinsam mit einer Tanztruppe auf. Nach ersten Ausstellungserfolgen wurde ihre beginnende Karriere durch den «Anschluss» 1938 jäh unterbrochen. Zuerst gelang ihr die Flucht in die Niederlande, wo sie als Bühnenbildnerin arbeitete. Ein Jahr später gelangte sie nach Amerika, wo sie sich nur mühsam mit Hilfe ihrer Schwester und Freunden ihren Lebensunterhalt verdienen konnte. Kurz nach ihrer Ankunft lernte sie ihren späteren Ehemann Julius Marx kennen, der sie auf das weite Feld der Kinderbuchillustrationen aufmerksam machte, ein Genre, für das sie in den folgenden Jahren über hundert Bücher schuf.[58]

Ihre Bekanntheit ermöglichte ihr die Mitwirkung bei den berühmten «Young People's Concerts» der New Yorker Philharmoniker. Diese waren bereits 1924 ins Leben gerufen worden, erhielten jedoch 1958 neuen Aufschwung, als Leonard Bernstein Chefdirigent des Orchesters wurde. Lisl Weil gestaltete parallel zu den Konzerten überdimensionale Bilder, welche die Inhalte der Musik interpretieren sollten. Malerei, Musik und Tanz wurden so zu einer «Performance», zu einem Gesamtkunstwerk zusammengeführt. Diese Aufführungen, die sie dreißig Jahre lang begleitete, waren in zahlreichen Bundesstaaten der USA zu sehen. Auch Filme entstanden, in denen Lisl Weil malte und tanzte. Außerdem moderierte und gestaltete sie 1963 und 1964 wöchentlich eine eigene Kindersendung unter dem Titel «Children's Sketch Book».[59]

Eines der vielen Kinderbücher Lisl Weils.

Lisel Salzer

Die vier Jahre jüngere Lisel (eigentlich Alice) Salzer[60] studierte an der Frauenakademie bei Hermann Grom-Rottmayer und Ferdinand Kitt und stellte von 1931 bis 1938 regelmäßig in der Secession, dem Hagenbund und der Galerie Würthle aus. Von 1932 bis 1936 verbrachte Lisel Salzer die Sommermonate im Salzkammergut: *«So wie viele unserer Freunde gingen auch meine Eltern auf Sommerfrische ins Salzkammergut. Ein Jahr verbrachten wir in Gmunden, ein anderes in St. Gilgen, die meisten Sommer aber in St. Wolfgang. Der Wolfgangsee war uns der liebste von allen Seen und es war wunderbar, darin zu schwimmen. Über den See, St. Wolfgang gegenüber, lag die kleine Ortschaft Zinkenbach. Die beiden Ufer waren einander so nah, daß gute Schwimmer wie Hilde Spiel die See-Enge durchschwammen. Ich brauchte dafür ein Ruderboot.»*[61]

Die Nähe zu Zinkenbach machte Besuche bei den dort weilenden Freunden einfach: *«Meine Freunde Bettina und Georg Ehrlich stießen wiederholt dazu und wohnten während dieser Zeit in den Häusern der Kollegen. Mein früherer Lehrer Ferdinand Kitt und viele seiner Freunde waren dort – eigentlich die besten Maler dieser Generation. All diese Talente auf einem Platz versammelt zu wissen und persönlich zu erleben, war aufregend. Unter die ganzen Maler gesellte sich auch der Dichter Ernst Toller. In den Wäldern blühten wilde Zyklamen und wir hatten wilde Tage. An Zinkenbach hängen lebhafte Erinnerungen.»*[62]

1939 musste Lisel Salzer vor den Nationalsozialisten fliehen und fand in den USA Aufnahme. Bis 1948 lebte sie in New York und verdiente ihren Unterhalt vor allem mit Schnellportraits. 1942 heiratete sie den Arzt Dr. Friedrich Grossmann, 1945 begann sie sich mit der Limoges-Emailtechnik zu beschäftigen, und schuf zahlreiche Fresken in New Yorker Hotels. 1950 übersiedelte sie nach Seattle, vier Jahre später kehrte sie erstmals nach Wien zurück, 1963 nahm sie an der Sommerakademie in Salzburg teil und besuchte die Klasse Oskar Kokoschkas. 1984 besuchte Lisel Salzer ihre Freundin Hilde Spiel ein letztes Mal in St. Wolfgang.[63]

Weiter führt die Reise dem See entlang bis zur Engstelle, wo Hilde Spiel den See durchschwamm. Hier befand sich nicht nur eine Bootsüberfuhr, sondern auch die Villa Artaria, die 1923 von Julius und Frieda Koritschoner gekauft wurde.

Lisel Salzer in Seattle, 2006.

Seit dem 17. Jahrhundert bildeten viele Landschaftsmaler den Wolfgangsee ab. Heute tut dies der italienische Starfotograf Massimo Vitali aus einem zeitgenössischen Blickwinkel mit seiner Kamera und hält «Alpine Strände» rund um den Wolfgangsee fest. August 2008.

Der Meister bei der Arbeit.

Frieda Koritschoner,
um 1920.

Frieda Koritschoner und ihr Salon

Julius und Frieda Koritschoner können als Skandalpaar des Wolfgangsees gelten, hatten sie doch beide eine ziemlich bewegte Lebensgeschichte. Julius studierte Geologie und war während des Ersten Weltkrieges für die Erzbeschaffung zuständig. Nach Kriegsende trat er als leitender Direktor in die Montana-Bergbau-Industrie GmbH ein, um dann ein eher unstetes Leben weiterzuführen: Er soll für ein Tiefseeforschungsinstitut in Neapel gearbeitet und eine Baumwollplantage in Afrika betrieben haben.[64] Durch Spekulationsgeschäfte gelangte er zu enormem Reichtum und ließ sich von seinem Cousin, dem Architekten Franz Singer, und der Designerin Friedl Dicker[65] ein Palais auf der Wieden in der Johann-Strauß-Gasse 20 einrichten, wo er große Künstlerfeste veranstaltete.

Frieda Koritschoner, «*eine attraktive, von gesellschaftlichem Ehrgeiz besessene Dame*»[66], heiratete 1923 nach ihrer Scheidung vom Schriftsteller Paul Frank den wesentlich jüngeren Julius Koritschoner – «*Morphium hat dabei eine große Rolle gespielt*»[67], mutmaßte die Erfolgsautorin Gina Kaus. Dies bestätigt auch Julius Koritschoners Bruder Hans, der Julius in seinen Lebenserinnerungen ein Kapitel widmet[68]: «*Der Hintergrund des Kreises und das Band, das ihn zusammenhielt, war Morphium. Frau Frank war eine notorische Morphinistin, und sie war es, die Julius süchtig gemacht hatte. Frieda war sehr exzentrisch. Sie konnte kein Tageslicht ertragen, daher war die Wohnung, in der Julius und seine Frau lebten, prächtig durch künstliches Licht beleuchtet. Der Beginn seiner Sucht war nicht sehr angenehm, wie Julius uns selbst später erzählte – seine Familie ahnte einige Jahre nichts von seiner Sucht. Die österreichische Inflation hatte ihn reicher als je zuvor gemacht und sein leicht nervöses Verhalten wurde seiner Überarbeitung zugeschrieben.*»

Julius ermöglichte Frieda einen luxuriösen Lebensstil und erwarb 1923 für sie die 1902 erbaute Villa Artaria in Gschwendt Nr. 102 am Wolfgangsee, vis-à-vis von St. Wolfgang gelegen. Er verkehrte nun fast ausschließlich in Künstlerkreisen und las seiner Frau jeden Wunsch von den Augen ab: «*Er kaufte ihr ein Auto, einen Nerzmantel und schließlich die schöne Villa in St. Wolfgang, die sie bis dahin nur gemietet hatte. Es besteht kein Grund anzunehmen, daß sie ihn nicht wirklich liebte. Er war offenbar sehr allein, er akzeptierte ihren ganzen Kreis, und er wurde akzeptiert.*»[69] In der Villa war «*bei ihren festlichen Veranstaltungen Prominenz aus Literatur, Theater und Film zu Gast. Ihr bevorzugter Freund war der Schriftsteller und Theaterkritiker Alfred*

Villa Artaria.
Ansichtskarte, 1918.

Polgar, der fast immer eine große Schar von Anhängern mitbrachte, darunter die Operettendiva Fritzi Massary und deren Gatten Max Pallenberg, Emil Jannings, die Soubrette Mimi Kött und den im nachbarlichen St. Wolfgang angesiedelten Alexander Lernet-Holenia.»[70]

Gina und Otto Kaus zählten ebenfalls zum Kreis der Koritschoners, doch kannte Gina den See bereits aus früheren Zeiten, besaßen doch die Eltern ihres ersten, jung gefallenen Mannes Josef Zirner eine Villa in St. Gilgen. Nun jedoch war sie *«hingerissen von St. Wolfgang. Hier waren Wälder, wirkliche, natürlich gewachsene Wälder, die Berge waren keine geometrisch gerundeten Kegel, sie hatten wilde Formen, allerlei Formen. Jeder Spaziergang hier war eine Wonne.»*[71]

Auf einer Reise machten Gina und Otto Kaus Station bei Frieda Koritschoner: *«Es war spät im Sommer, Anfang September, und alle anderen Gäste waren bereits abgefahren – nur die unvergleichliche Massary und ihr Mann, der unvergleichliche Pallenberg, waren noch da. Frieda Koritschoner hatte einen Kreis, der sich im Winter im Café Central und im Sommer in St. Wolfgang traf. Es waren durchwegs angesehene Männer, ein Universitätsprofessor, ein Musikkritiker, kleinere Bankbesitzer, Schriftsteller – beinahe ausschließlich Junggesellen. Das wesentlichste Mitglied dieses Kreises war Alfred Polgar, der glänzende Schriftsteller und bezaubernde Mann, dessen geistige Überlegenheit alle stillschweigend anerkannten. Frieda erzählte mir, daß sie einmal ein vorübergehendes Verhältnis mit ihm gehabt habe, das aus irgendwelchen Gründen nicht richtig funktioniert hätte. Jetzt, nachdem er längst offiziell eine Geliebte hatte, war er täglich mit Frieda beisammen, in Wien im Kaffeehaus, im St. Wolfgang in ihrem Haus, und ich glaube, keiner zweifelte daran, daß sie die wichtigste Person in seinem Leben war.»*[72]

Ein exzentrischer Kreis, dessen Mittelpunkt Frieda war, die ihre Freunde mit immer neuen Ideen überraschte: *«Zwei Jahre lang war sie angeblich tuberkulös gewesen, das hatte sie dann aufgegeben. Einen Sommer lang amüsierte sie alle damit, daß sie sich taufen ließ, täglich zum Pfarrer ging und sich eingehend mit ihm besprach. Schließlich kaufte sie sich ein Grab auf dem Friedhof in St. Wolfgang. Einmal stahl sie etwas in einer reichen Villa, wo sie mit den andern eingeladen war, und es musste unter Entschuldigungen zurückgebracht werden. Sie war völlig unmoralisch: sie las jedermanns Briefe, wenn sie sie fand, und erzählte dem einen, was der andere über ihn gesagt hatte. Jeder verzieh ihr alles, als sei sie ein Kind.»*[73], wie Gina Kaus berichtete.

Morphium war in diesem Kreis ein großes Problem. Julius und Frieda Koritschoner waren ihm ebenso verfallen wie Koritschoners dritte Frau Mia Hasterlik, die Schwägerin Heimito von Doderers, und die Operettensoubrette Mimi Kött, die aus ihrer Bad Ischler Villa oftmals zu den Kortischoners an den Wolfgangsee kam. Am 10. Februar 1931 verübte Mimi Kött Selbstmord; der große Kritiker und Theaterkenner Ludwig Hirschfeld schrieb in der *Neuen Freien Presse* einen berührenden Nachruf: *«Wer Mimi Kött näher kannte, der wusste, daß diese ebenso begabte wie unglückliche Frau eines*

Gusti Hasterlik (verheiratet mit Heimito von Doderer), Mia Hasterlik (verheiratet mit Julius Koritschoner) und Max Peter, um 1925.

Gusti Hasterlik, um 1925.

Tages Schluß machen werde. Ihre letzten Jahre waren eigentlich ein chronischer Selbstmordversuch, eine immer wieder unternommene verzweifelte Flucht aus vielfachen Enttäuschungen in die giftige Betäubung. Mimi Kotts Schicksal ist nicht das der gealterten, verblühten Soubrette. Sie hat ein Alter erreicht, in dem andere noch sehr beherzt und erfolgreich jung sind. Aber durch ein exaltiert hemmungsloses Wesen, durch ihren unseligen Hang zum Morphinismus ist sie vorzeitig gealtert und verfallen. In dem mageren, gelben Gesicht schienen nur mehr die dunklen unsteten Augen zu leben. Dieselben Augen, die einst so herausfordernd übermütig, so witzig gescheit lachen konnten. Zwei ganz verschiedene Gesichter, zwei ganz verschiedene Menschen: die vom Morphium gezeichnete kranke Frau und die junge Soubrette, die eines Abends voller Leben und Temperament auf der Operettenbühne stand. Mimi Kött war schon ein hoffnungsloser Fall, bevor sie zum letzten Mal das Gift nahm. Wie so viele, starb sie durch Veronal, nachdem sie an ihrer unglückseligen Natur schon längst zugrunde gegangen war.»[74]

Milan Dubrovic, Chronist der Wiener Gesellschaft, berichtet über den unseligen Einfluss Julius Kortischoners: «*Der von der Damenwelt Wiens hef-*

tig umworbene elegante Krösus und Lebemann war kokain- und morphiumsüchtig, er trug wesentlich dazu bei, daß sich dieses Übel als snobistische Mode in der damaligen Wiener Schickeria verbreitete.»[75]

Unberechenbare Handlungen gehörten daher auch zur Tagesordnung, wie Gina Kaus erfuhr: *«Wir kamen zu den verschiedensten Zeiten an den Frühstückstisch, Kaus und ich gewöhnlich als die letzten. Eines Morgens fanden wir die Massary und Pallenberg ziemlich aufgeregt vor: sie hatten die Gastgeberin nicht finden können, und als sie schließlich das Stubenmädchen nach ihnen gefragt hatten, hatte dieses berichtet, die Herrschaften seien am Morgen mit dem Auto nach Wien gefahren. Polgar war bereits vor zwei Tagen abgereist, alle Entschlüsse lagen also bei uns. Keinem von uns war es jemals begegnet, daß er eingeladen war und die Gastgeber abgereist waren. Für die Massary war es gar nicht möglich, abzureisen, denn sie erwartete nachmittags einen wichtigen Mann, der aus Ischl herüberkommen wollte, um gewisse Details einer neuen Operette mit ihr zu besprechen. Nach drei Tagen kamen die Koritschoners zurück, ohne sich auch nur zu entschuldigen. Morphinisten haben ihre Eigenheiten. Ich nehme an, das Morphium war ihnen*

Stars zu Gast am Wolfgangsee: die unvergleichliche Fritzi Massary und ihr Mann, der große Max Pallenberg, karikiert von Alfred Gerstenbrand in seinem «Raritäten- und Wachsfiguren-Kabinett», 1931.

Julius Koritschoner mit seiner
Tochter Giulia, 1926.

ausgegangen, sie hatten sich in St. Wolfgang keines beschaffen können und waren nach Wien gefahren, um sich dort damit zu versorgen.»[76]

Vergeblich bemühten sich Friedas Freunde, sie von der Morphiumsucht zu befreien. Gina Kaus berichtet vom tragischen Ende: *«Wenn sie auch keine höheren Dosen Morphium vertrug, so nahm sie doch ihre tägliche kleine Spritze. Einige Jahre später, als mehrere ihrer Proselyten schon in Heilanstalten waren, mit dem täglichen Leben kaum mehr zurecht kamen oder ihrem Leben selbst ein Ende gesetzt hatten, spritzte sich Frieda unter lebhaftem Protest ihrer anwesenden Freunde ihre kleine Dosis Morphium durch die Kleider. Sie war eine schlampige Frau und nahm sich niemals die Mühe, die Injektionsnadel zu desinfizieren, bekam eine Blutvergiftung und starb unter furchtbaren Qualen. ... Nach ihrem Tod verlief sich ihr Kreis.»*[77]

Frieda selbst bestimmte in ihrem Testament die Zukunft ihres Hauses, das sie ihrer Schwester Vera vermachte: *«Sie soll es womöglich in meinem Sinne weiterführen und all meine Freunde im Sommer einladen. Vor allem Polgar. Auch wenn er nicht allein hier wohnt, sondern mit seiner Freundin. Das ist selbstverständlich.»*[78] Nach Friedas Tod am 22. Juni 1927 verkauften ihre Geschwister jedoch das Anwesen, bestehend aus acht Parzellen, um 75.000 Schilling.

Julius Koritschoner überlebte Frieda nur um eineinhalb Jahre und endete am 17. Dezember 1928 als Krimineller. Missglückte Börsenspekulationen hatten zu Millionenverlusten geführt. Als er mit seiner Verhaftung rechnen musste, floh Julius über Budapest nach Konstantinopel und erschoss sich im Hotel Bristol. In einem Nachruf in der *Neuen Freie Presse* wird die Tragik noch einmal deutlich: *«Koritschoner hatte Wien vor einigen Wochen verlassen und sich nach Budapest gewendet. Von dort kündigte er seinen Selbstmord an. Er fuhr von Budapest nach Konstantinopel, da er ursprünglich die Absicht hatte, bei der türkischen Regierung in Angora, wohin er sehr gute Empfehlungen hatte, Geschäftsverbindungen anzuknüpfen. Koritschoner, der seit einigen Jahren ein schwerer Morphinist gewesen ist, hat wiederholt in seinem Bekanntenkreis Selbstmordabsichten geäußert, doch wurden diese Drohungen, da er diese Stimmung gewöhnlich wieder überwand, nicht ernst genommen. Schließlich hat er doch in einem Zustand tiefer Depression Hand an sich gelegt, und zwar wurde dieses Stimmung dadurch ausgelöst, daß er zum achtenmal in seiner Leidenschaft zum Morphium rückfällig geworden ist. Der erst 38 Jahre alte Mann, der nach dem Kriege über ein großes Vermögen verfügt hat, hinterlässt eine Gattin und eine Tochter. Seine Leiche dürfte nach Wien überführt werden.»*[79]

Doch ein so abenteuerliches Leben konnte nicht so einfach zu Ende gehen: Hartnäckig hielten sich Gerüchte, der Selbstmord sei nur vorgetäuscht gewesen und Koritschoner habe sich nach Australien abgesetzt.

Das Hotel am See, ein «Fremden-Refugium».

Strobl – das «Strandbad Bad Ischls»

«Nie drückt Schwüle in diesem Strandbad mit seiner neuen vorbildlichen Anlage. Ein frisches Lüftchen, aus den Bergen herausgeweht, gleicht Hitze und Kühle zum Angenehmen aus. Wer erst mit dem See gut Freund geworden ist, wird auch den anderen Reichtum Strobls entdecken: idyllische Winkel, stille Wanderpfade. Kurze Bahnfahrten, 25 Minuten von Bad Ischl, bringen den Fremden an das Strandbad.»[80]

So idyllisch lautet eine Beschreibung Strobls aus dem Jahr 1934 – und weist gleichzeitig auch auf die gute Lage und hervorragende Anbindung an Bad Ischl hin: Strobl, auch genannt das «Ostende des Salzkammergutes»[81], war der Vorort der großen Welt, die sich in Bad Ischl traf, und daher auch ein begehrter Ort für die Aristokratie, die sich nahe dem Kaiserhof, aber doch nicht direkt in Bad Ischl ansiedeln wollte.

Schon um 1330 findet sich am damaligen Abersee die Familie Strobl, die Gastgeber und Eisenniederleger waren und das Amt des «domkapitlischen Amtsmannes» erblich bis 1800 innehatten[82]. Wolf Strobl erwarb 1533 das Gut Schober, genoss hohes Ansehen und stand am Anfang der Dominanz dieser Familie, der erst 1765 durch Joseph Sigmund Berchtold zu Sonnenburg ein Ende gesetzt wurde. Doch hatte sich der Name Strobl im Volk eingebürgert und wurde so zum Ortsnamen des östlichen Seeufers. 1835 entstand dort der so genannte «Platzlhof», das Wirtshaus zur Post mit der Station der Thurn- und Taxis'schen Postlinie. Schon ab 1877 erlebte Strobl eine Hochblüte, als zusätzlich zum florierenden Postwagenverkehr Fiaker ihre Gäste aus Bad Ischl an den Wolfgangsee brachten. Die Eröffnung der Salzkammergut-Lokalbahn 1890 brachte zusätzlichen Aufschwung: *«Kaum vermögen die von Ischl kommenden Züge die Zahl derjenigen zu fassen, welche in den grünen Wellen des schönen Abersees Abkühlung suchen. Städter eilet nach Strobl!»*[83]

Auch in diesem Ort kam es zu einer regen Bautätigkeit, Villen entstanden, die ganz dem Typus des «Schweizerhausstils» entsprachen und sich an der Landschaft orientierten: Entweder richteten sich die Häuser mit Blick zum See oder passten sich dem umliegenden Garten oder Park an. Die Villen waren Bestandteil der Landschaft und ließen diese auch durch Balkone und Veranden zu einem Teil des Wohngefühls werden – die Überdachung der Veranden ermöglichte auch die Benützung bei Regenwetter, ein nicht unwesentlicher Aspekt des Salzkammergutsommers.[84] Auffallend sind gerade in Strobl die vielen «heimatverbundenen» Villennamen, die sonst rund um den Wolfgangsee nicht zu finden sind. So gab es die Villen Alpenheim, Daheim oder Bergfrieden.

Nicht nur Villen wurden für die Sommergäste errichtet, auch ein exklusives Hotel gehörte zu den Selbstverständlichkeiten: *«So besitzt das kleine Strobl im ‹Hotel See› ein Fremden-Refugium, das sich nicht nur einer pittoresk schönen Lage rühmen darf, sondern das auch in seinen inneren Einrichtungen dem Reisenden allen und jeden Comfort bietet. Als Landeplatz der auf dem See verkehrenden Dampfboote entfaltet sich in dem schön gepflegten Vorgarten des Hotels während des Tages bei Ankunft und Abfahrt der Schiffe ein sehr reges, gesellschaftliches Leben, da sich fast alle Sommergäste Strobls hier Rendezvous geben.»*[85]

Familien Gečmen-Waldek und Fürstenberg

Die Familie Gečmen-Waldek war durch die Industrialisierung zu großem Reichtum gelangt und besaß in Wien ein hochherrschaftliches Palais in Hietzing und große Besitzungen in Böhmen. 1911 erwarb Baron Vinzenz Gečmen-Waldek den Platzlhof in Strobl, wo während der Sommeraufenthalte Kaiser Franz Josephs in Ischl Hocharistokratie und Großbürgertum verkehrten. Sein Sohn Alphons heiratete Elisabeth Marischka, die Tochter Hubert Marischkas, Direktor des Theaters an der Wien und Operettenstar, und Enkelin des großen Librettisten Victor Léon.

Das Anwesen wurde zu einem herrschaftlichen Landhaus mit etlichen Nebengebäuden umgebaut; Kapelle, ein Rauchpavillon und ein Stall zählten dazu – Letzterer wurde zu einem eigenständigen Wohnhaus gestaltet. Doch nicht nur in den eigenen Besitz wurde investiert, auch der Ort wurde miteinbezogen: Familie Gečmen fühlte sich Strobl sehr verbunden – unter anderem ließ sie die zum See führende Allee anpflanzen.

Das Ledererschlössel in Strobl.

Anton Edthofer und seine Frau, Max
Reinhardts Witwe Helene Thimig, vor
ihrem Haus in Strobl, 1960er Jahre.

Innen- und Außenansichten des
Platzlhofes in den 1930er Jahren.

Auch die Familie Fürstenberg ließ sich bereits früh in Strobl nieder: 1908 erwarb Prinz Carl Emil von Fürstenberg das Rabinggut, das bereits 1520 erstmals erwähnt und um 1789 von Sigmund Berchtold zu Sonnenburg zu einem Landhaus umgebaut wurde. Zu dem Besitz gehörten auch ein Pförtnerhaus und eine Kapelle im Park. 1912 kaufte Fürstenberg auch den so genannten Hubertushof, der ursprünglich als Jagdhof ebenfalls zum Rabinggut gehört hatte. Viele Gäste aus Politik, Wirschaft und Kultur gingen am Hubertushof ein und aus – 1951 gab es auch Sommerfestspiele der anderen Art: Unter der Regie der großen Helene Thimig, deren Mann Max Reinhardt Shakespeares *Sommernachtstraum* in einzigartiger Art und Weise im Jahr 1935 für den Film adaptiert hatte, führten Studenten des Reinhardt-Seminars ebendieses Stück auf: Karl Terkal, gelernter Tischler und später erfolgreicher Tenor, sorgte für die Kulissen, Otto Schenk spielte den Zettel, wobei sich ein Problem ergab: Ihm passte keiner der vorhandenen Eselsköpfe. Die Regisseurin schlug vor, einen solchen maßanfertigen zu lassen – natürlich auf Kosten des Schauspielers, dessen Freude enden wollend war. Thimig fand jedoch das schlagende Argument: «*Dafür dürfen Sie ihn behalten! So was kann man ja immer brauchen!*»[86]

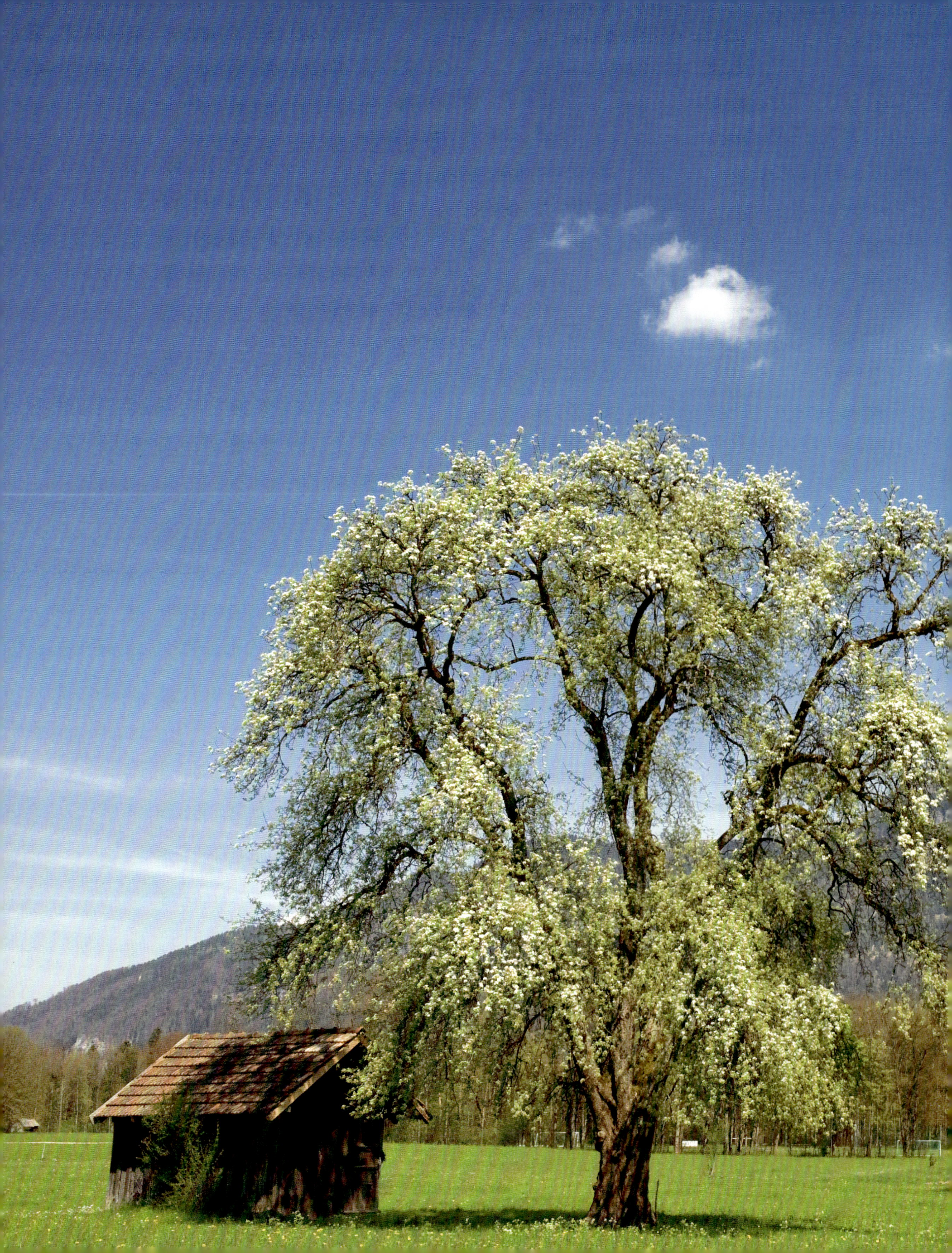

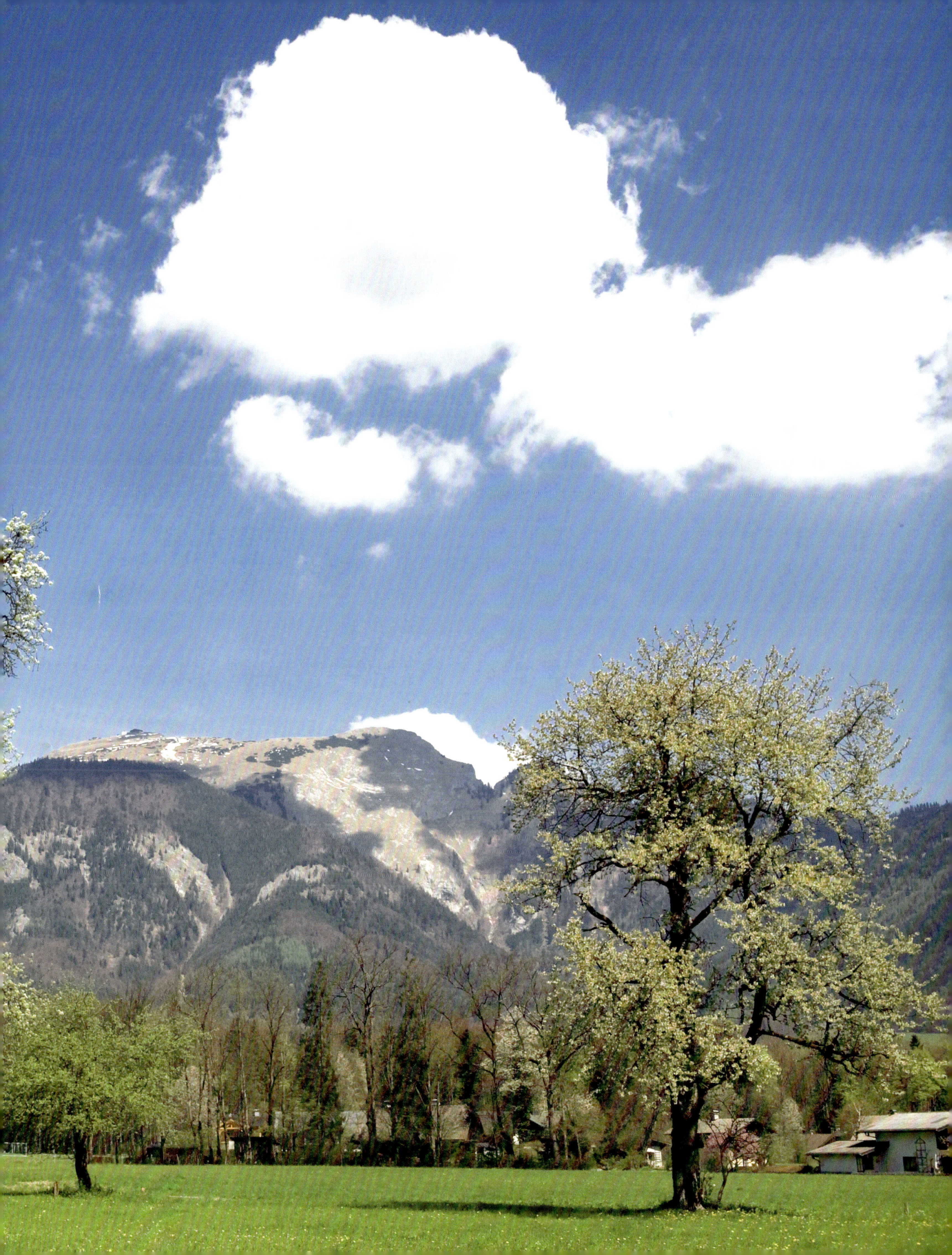

Hugo von Hofmannsthal

Rund um den Bürglstein befand sich das Bürglgut, das – wie schon erwähnt – 1903 vom Industriellen Moriz Sobotka erworben wurde und zu einem Treffpunkt von Freunden und Verwandten wurde. Hier fanden zahlreiche Lesungen statt, zu denen auch die Bevölkerung eingeladen war. Zu den Gästen, die dort aus ihren eigenen Werken vortrugen, zählte auch Hugo von Hofmannsthal, der sich Strobl sehr verbunden fühlte, oft aber auch in St. Gilgen am Plomberghof bei seinen Verwandten, der Familie Schereschewsky[87], zu Gast war. 1892 verfasste Hofmannsthal einen Prolog für ein Feuerwehrfest in Strobl:

«Wenn wir, fröhlich im Erinnern,
Von der Heimat unsrer Sommer
Von dem kleinen Strobl sprechen –:
Was bedeutet uns der Name?
Nun: ein Nest von sonnengrellen
Kleinen weiss- und -braunen Häusern
Ausgestreut auf grünen Wiesen
Längs des dunkelblauen Wassers.
Und dies Nest von kleinen Häusern
Und die großen grünen Wiesen
Und das dunkelblaue Wasser
Sind erfüllt von hübschen Dingen:
Duftig hellen Sommerkleidern
Und dem Lachen kleiner Kinder
Und dem Plätschern grüner Wellen
Und Musik verwehten Singens
[…]
Dieses Strobl ist das unsre.
Doch es gibt auch noch ein andres
Keine Sommerheimat sonnig,
Farbig und erfüllt mit Lachen
Nein, ein Alltagsort, die Heimat
Eines ganzen Menschenlebens.
Was uns heute hergerufen
Ist dies Strobl aller derer,
Die stets bleiben, wenn wir gehen.
Die nicht nach der rätselhaften
Blauen Schönheit dieses Wassers
Nicht nach Duft und Grazie schauen
Sondern nach dem kümmerlichen
Wachstum ihrer magren Ähren
Nach der Frucht der kleinen Gärten
Nach der Speise ihres Lebens;
Die den Sturm, den wilden, schönen
Fürchten, denn er könnte Funken
Werfen in die trocknen Scheunen;
Denen diese Kirchturmglocke
Deren sanftes Abendläuten
Uns am See ein stimmungsvoller
Und poetischer Effekt ist:
Hochzeit, Tauf' und Tod bedeutet.
Dieses Strobl ist's, für das wir
Heute bettelmusizieren.»[88]

Hugo von Hofmannsthal.

Julius Bauer in Aigen-Vogelhub

«Parapluiemacher war mein Vater,
Meine Mutter einst Nähmamsell,
Von ihr hab' ich das Stocheln,
Vom Vater das Gestell.

Die beste Mutter und Gattin
Erschloß das Gymnasium mir,
Indem sie den Brautschmuck versetzte
Für Bücher und Einschreibgebühr:

Ein Ringlein samt Broche und Kette
Und samtgebunden in Blau
Ihr silberbeschlagen Gebetbuch –
Sie war eine fromme Frau!»[89]

So schildert Julius Bauer sein Elternhaus, in das er 1853 in Györ (Raab) als Sohn des Schirmmachers Carl Bauer und dessen Frau Fanny, geborene Jonas[90], hineingeboren wurde. Er war Journalist, Kritiker und Librettist und, wie in einem Nachruf auf den «ältesten Journalist Wiens» in *Die Zeitung* zu lesen ist, eine «eigentümliche Figur»: *«Jeder, der als Gast nach Wien kam oder in Wien arbeitete, kannte, schätzte, fürchtete und liebte Bauer, dieses kleine Männchen. Sein Kopf war ein lebendiges Konversations-Lexikon. Die ganze Geschichte Österreichs seit 1870 schien darin aufgestapelt zu sein. Und Julius Bauers sprühender, hinreissender Witz liess uns alles neu erleben. Er war eine der populärsten Figuren Wiens.»*

Mit zwanzig Jahren ging Julius Bauer nach Wien und begann Medizin zu studieren, wandte sich jedoch bald dem Journalismus zu. Er war freier Mitarbeiter der *Österreichischen Bürgerzeitung* und von 1875 bis 1876 bei der humoristischen Zeitung *Neuer freier Kikeriki*, kam dann zur Zeitung *Die Tages-Presse* und zur Zeitschrift *Der Floh*.[91] 1879 bis 1928 war Bauer Redakteur und später Chefredakteur des *Illustrirten Wiener Extrablatts* und schrieb gefürchtete Theaterkritiken. *«In dieser vielgelesenen Zeitung erschienen seine ‹Wiener Spazierreime›, die später in verschiedenen andern Blättern herauskamen. Nicht zufällig hatte er für seine gereimten Wochenchroniken den Titel ‹Wiener Spazierreime› gewählt in Anlehnung an den ‹Wiener Spaziergänger› Daniel Spitzers. Während langer Jahre war der alternde Bauer als einer der gefürchtetsten Kritiker des Wiener Burgtheaters tätig. Man hatte heillose Angst vor seiner boshaften Zunge.»*

Bauer war auch führend im Presseclub «Concordia» tätig, dessen Ehrenmitglied er 1928 wurde. 31-mal schuf er für den Concordia-Ball die Damenspende: Mit dem Maler Alfred Gerstenbrand, der in St. Gilgen lebte und Mitglied der Zinkenbacher Malerkolonie war, gestaltete Bauer Bücher,

Der «älteste Journalist Wiens»:
Julius Bauer.

in denen Journalist und Karikaturist humorvoll die Wiener Gesellschaft in Wort und Bild karikieren. Anlässlich der Ernennung zum Ehrenmitglied gab die «Concordia» ein Büchlein heraus, in dem Bauer gewürdigt wurde: *«Den Meister journalistischen Schrifttums, der Vordersten einer unter den dem jüngeren Geschlechte vorbildlichen Könnern, die den weithin hochgeachteten Wiener Zeitungsstil geschaffen haben, den Spender unerschöpflichen, zündenden und sprühenden, in Vers und Prosa leichtbeschwingten Witzes, den geistvollen Beurteiler des Theaters, der tiefeindringende Sachkunde und feines Kunstgefühl in unbeschwerte Form zu gießen weiß, den Bühnenautor voll sprudelnden Einfalls, der als Textdichter zu der unverwelklichen Musik eines Johann Strauß, eines Millöcker, eines Lehár seinen Namen mit der ersten Glanzzeit der Wiener Operette untrennbar verbunden hat, den zuverlässigen, liebenswerten Kollegen Julius Bauer haben Vorstand und Ausschuß des Wiener Journalisten- und Schriftsteller-Vereines ‹Concordia› in der Sitzung vom 17. Oktober 1928 einstimmig, wie unsere Satzung es verlangt, zum Ehrenmitglied ernannt ...»*[92]

Bauers Sprachwitz machte ihn zu einem begehrten Librettisten für Millöcker, Lehár und Johann Strauß. Er schrieb jedoch nicht nur unter seinem Namen, sondern verwendete auch Pseudonyme wie Sebastian Brant der Jüngere oder Eugen Vogelhub – dies ist auch eine seiner Verbindungen zum Wolfgangsee, verbrachte er doch zahlreiche Sommermonate in Aigen-Vogelhub, einem Ortsteil von Strobl, und zählte zu den jährlichen «Teilnehmern» der «Operettenbörse» in Bad Ischl. *«Auch in allen Nachkriegssommern war Bauer Ischl, das inzwischen seinen einstigen Glanz verloren hatte, dennoch treu geblieben. Als einer seiner vielen Bekannten ihn im Sommer 1935 auf der Esplanade traf und die Bemerkung fallen liess, dass die Gesellschaft in Ischl von Jahr zu Jahr schlechter werde, antwortete Bauer, der sich gern als den ‹ältesten Ischler› bezeichnete, trocken: ‹Das finde ich auch. Heuer ist schon die Gesellschaft vom nächsten Jahre hier.›»*[93]

1880 heiratete Julius Bauer Jenny Kastner, im selben Jahr kam ihre Tochter Berta zur Welt.[94] Er verkehrte in den Kreisen des jüdischen Großbürgertums, wie zahlreiche gedruckte Tischreden und Hochzeitsansprachen bezeugen: Bei Baron und Baronin Philipp Schey hielt er am 9. August 1908 in Bad Ischl eine Tischrede, zum 40. Hochzeitstag von Moritz und Jeanette Bauer, den Eltern von Adele Bloch-Bauer, am 14. Oktober 1903 verfasste er einen Trinkspruch. Er verkehrte auch mit dem Großindustriellen Isidor Mautner, dessen Frau Jenny eine anerkannte Kunstmäzenin war. Besonders zu erwähnen sind auch die Polterabend-Scherze für das Brautpaar Isabella Geiringer[95] und Victor Herz, die am 17. März 1894 vom großen Alexander Girardi vorgetragen wurden.

Julius Bauer aus der Sicht seines Freundes Alfred Gerstenbrand.

Terrasse des alten Clubhauses.

Der Golfplatz

1933 wurde an der Haltestelle Aschau zwischen Bad Ischl und Strobl der Golfplatz des Salzkammergut Golf Clubs angelegt – der erste seiner Art in den Bundesländern Oberösterreich und Salzburg und ein neuer und beliebter Treffpunkt der guten Gesellschaft, die den Sommer am Wolfgangsee verbrachte. Begründer waren demnach auch Villenbesitzer aus Bad Ischl, Strobl und St. Wolfgang sowie Hoteliers wie Ludwig Koch vom Hotel Post in Bad Ischl und Hermann Peter vom Weißen Rössl in St. Wolfgang. Der Platz wurde als Genossenschaft geführt, für die alle Mitglieder einen Beitrag für die Errichtung leisteten. Außerdem gab die Sparkasse Bad Ischl ein Darlehen.

Initiator war der Industrielle Felix Mandl, das Gründungskomitee stand unter der Leitung von Oskar Inwald-Waldtreu, erster Präsident war Karl Emil Fürstenberg, der bereits 1908 das Rabinggut in Strobl erworben hatte – Vorbesitzer war die Familie Heine-Geldern; und Heinrich Heine-Geldern übernahm auch die Bauleitung des neuen Platzes.[96] 2600 Meter lang war der 9-Loch-Platz, dessen Gelände hügelig ist und von einem Bach durchzogen wird.[97]

Prominent waren nicht nur der Vorstand, sondern auch die Benützer des Platzes: Der Prince of Wales, nachmaliger Herzog von Windsor, war ein Freund von Erwein Baron Gečmen-Waldek und als solcher oftmals zu Gast in Strobl, so auch 1937: *«Der April stand im Zeichen des Herzogs von Windsor. Obwohl der Platz zufolge der schlechten Witterung noch nicht in großer Form* ist, hat sich seine Königliche Hoheit sehr wohl gefühlt. Es beweist dies sein oftmaliges Spiel. Der Herzog spielte vom 5. bis 24. April fast täglich. Seine Königliche Hoheit nahm täglich Tee im Clubhaus und widmete dem Sekretär-Ehepaar bei seinem Abschied ein Bild mit Autogramm. Seit der Abreise trauert der ganze Platz um den – trotz seiner hohen Stellung – so warmfühlenden, netten und herzlichen Gast.»[98]

Doch war die erste Blütezeit des Salzkammergut-Golfplatzes bald zu Ende: Von den 51 Mitgliedern des Jahres 1937 galten nur zehn im Sinne der Nationalsozialisten als «Arier». Als kommissarischer Leiter wurde am 20. Mai 1938 Adolf Lemmerer eingesetzt und auch gleich zum Geschäftsführer ernannt. Eine seiner ersten Taten war ein Rundschreiben an alle Mitglieder, um herauszufinden, wer denn wirklich ein Jude war. Außerdem forderte er die Genossenschafter auf, zugunsten der Sparkasse auf ihren Anteil zu verzichten, da mit einer schlechten Saison zu rechnen sei. Vier Briefe kamen ungeöffnet zurück. Adressat verzogen, Adresse unbekannt. Lemmerer schloss daraus: *«Anzunehmen ist, dass diese vier Genossenschafter beim Umbruch das Weite gesucht haben.»*[99] Einzige Genossenschafterin war nun die Sparkasse Bad Ischl – und der Betrieb des Golfplatzes wurde bis 1945 eingestellt. Der Sekretär Franz Weissberger wurde als «Halbjude» entlassen.

Die Mitglieder im Jahr 1937 waren:
Oskar Inwald-Waldtreu, Industrieller, Wien I, Operngasse 8
Emil Ritter von Gutmann, Bankier, Wien I, Fichtegasse 10
Hermann Peter, Hotelier, Weißes Rössl, St. Wolfgang
Lucie Spiegl von Thurnsee, geb. Freiin von Goldschmidt-Rothschild, Private, Bad Ischl, Engleiten
Vinzenz Baron de Tuyll, Privatier, Promeckhaus, St. Wolfgang
Salzkammergut Hotelierverein, Bad Ischl
Otto Pick, Industrieller, Wien III, Rainerstraße 40
Leopold Steinreich, Bankdirektor, Wien I, Schottengasse 10
Hermann Peter, Grand Hotel Wolfgang, St. Wolfgang
Zauner-Seeauer, Hotel Elisabeth, Bad Ischl
Ludwig Koch, Hotel Post, Bad Ischl
F. R. Sanderson, Privatier, Strobl
Felix Mandl, Direktor, Wirling bei Bad Ischl
Alexander Krämer, Architekt, St. Wolfgang
Hans Petschek, Industrieller, Bürglgut Strobl
Prinz Karl Emil Fürstenberg, Privatier, Hubertushof, Strobl
Hans Baumgartner, Hotelier, Strobl
Hübner, Hotel Bauer, Bad Ischl[100]

Erst 1958 startete eine Initiative zur Wiederbelebung des Salzkammergut-Golfplatzes. Béla Kutschera, der in Wien und Strobl ansässig war, der Musikverleger Armin Robinson, der ehemalige Sekretär Weissberger und Oscar von Kohorn setzten sich für die Neugründung ein; neuer Präsident wurde Hans Igler. Bis heute zählt der Club zu den erfolgreichsten in Österreich.

Angrenzend an den Golfplatz befindet sich der Haidenhof in Aigen-Vogelhub, ehemals im Besitz von Armin L. Robinson[101]. Dieser, geboren 1900 in Wien als Sohn des Kaufmanns Béla Lackenbach und von Regina Robinson, gab als erfolgreicher Musikverleger in seinem Berliner ALROBI-Verlag die erfolgreichsten Operetten und Lustspiele der Zwischenkriegszeit heraus: *Der blaue Engel* zählte ebenso dazu wie Paul Linckes Operette *Frau Luna* oder Paul Abrahams *Viktoria und ihr Husar*. Robinson war auch selbst Librettist und verfasste unter anderem für Paul Abraham, Ralph Benatzky

Nur das «R» blieb übrig.

Wie Robinsons Haidenhof heute aussieht.

und Robert Stolz Texte zu Operetten und Schlagern[102]. Außerdem wandte er sich auch dem neuen Medium Film zu. Er heiratete die Berliner Soubrette Trude Lieske, die ihrerseits ihre eigene Beziehung zum Wolfgangsee hatte: In der Uraufführung des *Weißen Rössl* am 8. November 1930 in Berlin spielte sie die Rolle der Ottilie Giesecke.[103] 1938 musste Robinson vor den Nationalsozialisten nach Amerika flüchten. Er kehrte nach dem Krieg nach Österreich zurück und ließ sich wieder auf seinem rückgestellten Haidenhof nieder. Robinson starb 1985 in Bad Ischl, seine Frau 1992; den großen Besitz erbte die Stadtgemeinde Bad Ischl. Heute liegt der Haidenhof im Ortsgebiet Haiden von Bad Ischl und erlebte 2008 ungewollte Popularität: Das Sturmtief «Emma» fügte dem Anwesen enormen Schaden zu.[104] Das beeindruckende Anwesen steht heute leer und verfällt. Nur ein schmiedeeisernes R in der Eingangstür erinnert an die Besitzerfamilie.

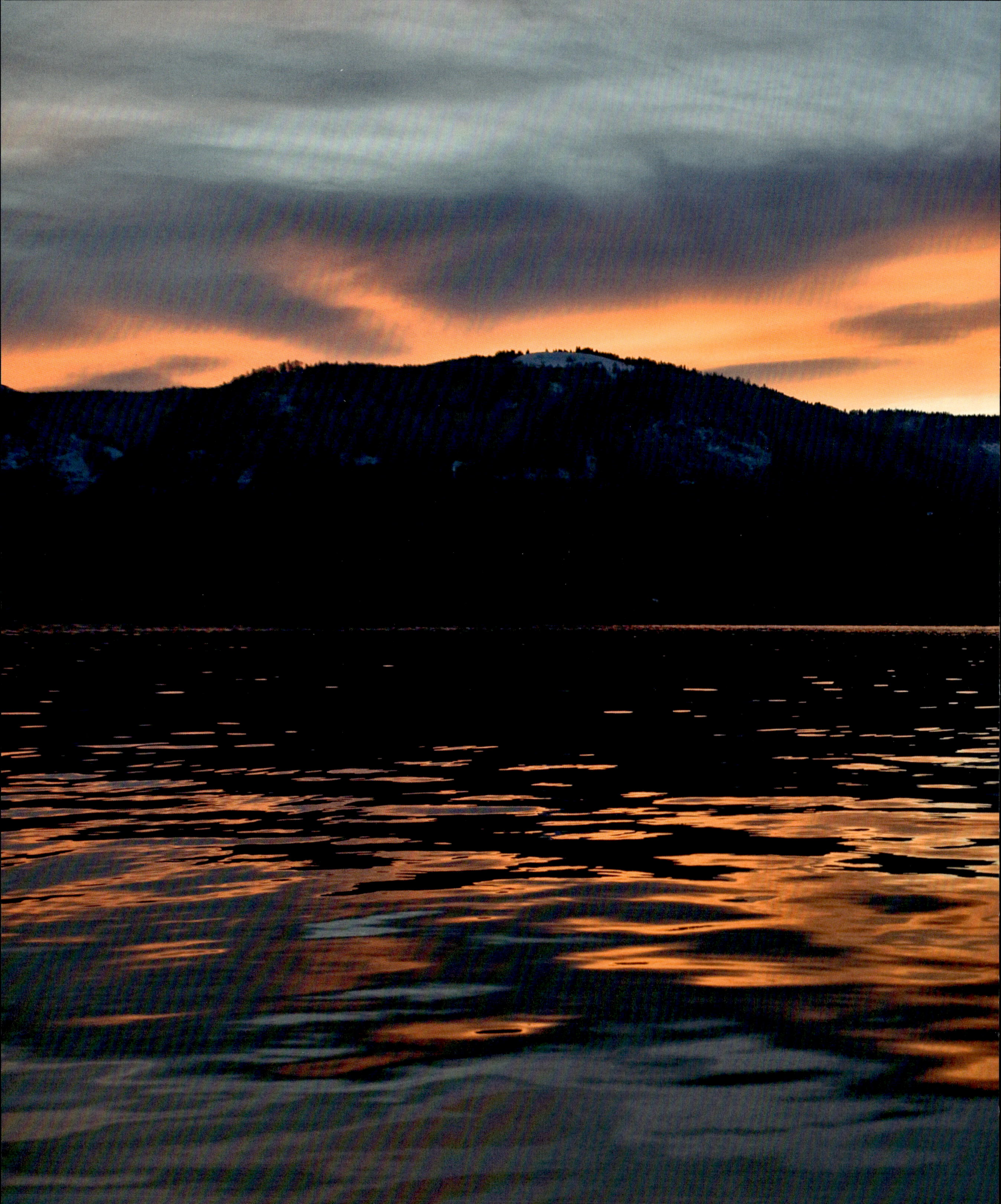

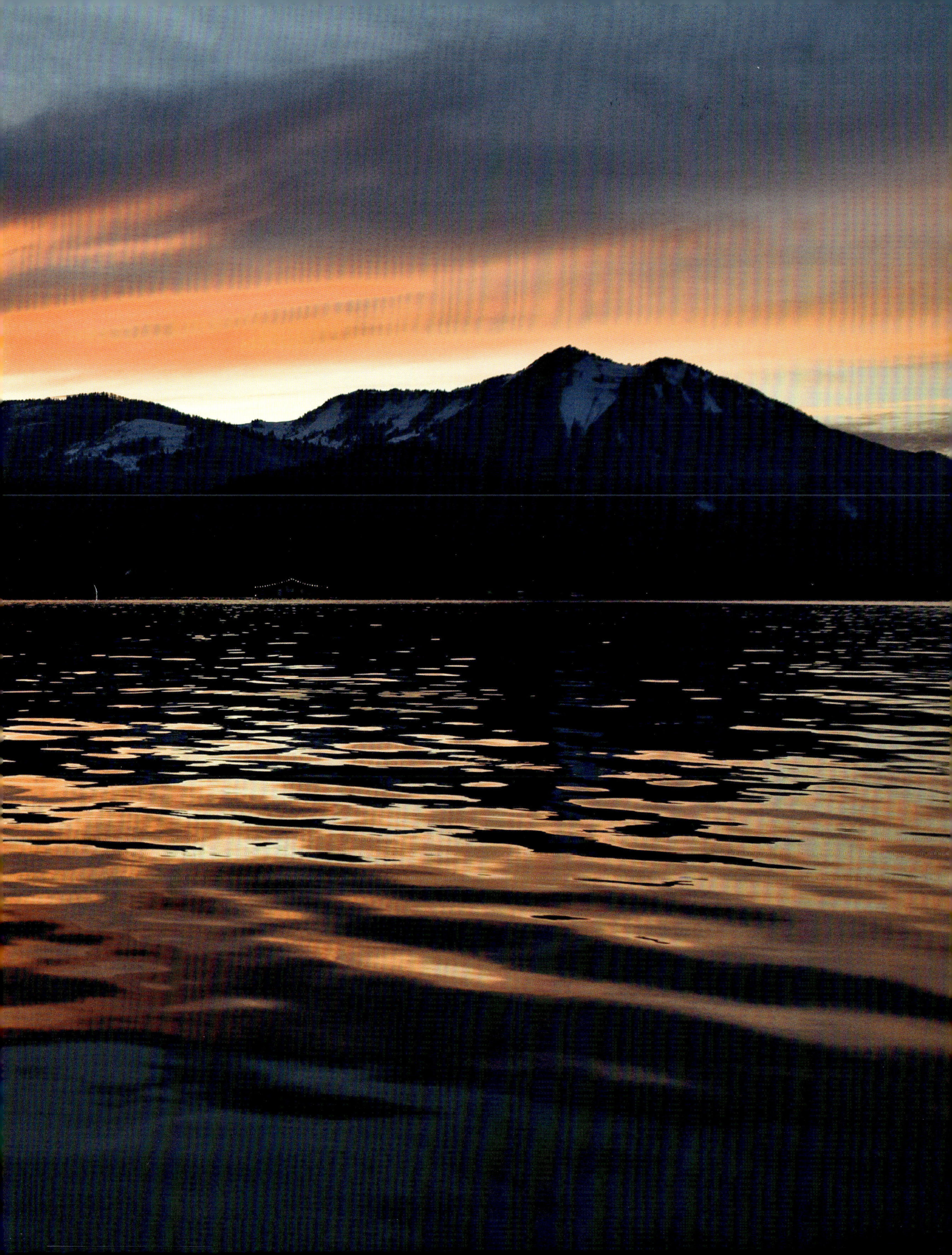

St. Wolfgang – Pilger, Literaten und das Weiße Rössl

Der Ort verdankt seinen Namen Bischof Wolfgang von Regensburg, der sich 976/977 in seinem Eigenkloster Mondsee aufhielt, um hier seine bereits in Regensburg begonnenen Reformen fortzuführen. Vor allem die wirtschaftliche Führung des Klosters lag dem Bischof am Herzen, war doch das Land wegen der Ungarn-Einfälle in einem erbärmlichen Zustand. Und so ist es auch zu verstehen, dass sich der Bischof selbst um die Besitzungen des Klosters Mondsee, die sich bis zum Nordufer des Abersees erstreckten, kümmerte. Hier entstand eine der schönsten Heiligenlegenden: Bischof Wolfgang und ein Mitbruder zogen sich in die Einsamkeit des Falkensteins zurück, wo sie in einer Höhle Zuflucht und Schutz vor Wind und Wetter fanden. Der Mitbruder litt an Durst, daraufhin entsprang einem Stein, den der Bischof mit seinem Stab berührte, eine Quelle.

Der Bischof predigte von der Falkensteinwand zu den Fischern, die auf dem Abersee bei der Arbeit waren, und gewann Bekanntheit und Beliebtheit, was den Teufel auf den Plan rief, der den Bischof in Versuchung zu führen suchte. Dazu gibt es verschiedene Versionen: Die eine berichtet, dass der Teufel die Felsen in Bewegung setzte, um Wolfgang zu vertreiben. Dieser widersetzte sich mit Gebeten und seinem Kreuz – und es gelang, die Berge aufzuhalten. Aus Dankbarkeit für die Rettung beschloss Wolfgang, sein Beil zu werfen und an der Stelle, wo es landete, eine Kirche zu bauen. Die Flugbahn des Beiles war weit – erst ein paar Tage später fand es der Bischof auf einem Felsen am See, wo er die Johanneskirche erbaute.

Die andere Version erzählt, dass Wolfgang zuerst den Entschluss fasste, eine Kirche zu erbauen. Nach der Festlegung des Ortes – wieder mit Hilfe des Beilwurfes – bediente er sich der Hilfe des Teufels, der als Gegenleistung die Seele des ersten Lebewesens forderte, das die fertige Kirche betrat. Natürlich kam kein Mensch zu Schaden: Ein Wolf war es, der dem Teufel geopfert wurde. In jeder Vision spielt jedenfalls das Beil eine wichtige Rolle – es ist im Hochaltar eingemauert.

Ein erster Nachweis der Kirche in St. Wolfgang findet sich im Jahre 1183 unter der Regentschaft von Papst Lucius III. Viele Pilger besuchten den Ort – St. Wolfgang zählte während des Mittelalters zu den vier wichtigsten Pilgerstätten Europas: Zwischen 60.000 und 100.000 Personen galt es aufzunehmen, unterzubringen und zu verpflegen. Daher wurde zwischen 1314 bis 1318 ein großes Pilgerhaus errichtet, das in den folgenden Jahrhunderten erweitert wurde, um für die immer weiter zunehmenden Pilgerströme Platz zu schaffen. Heute ist von dieser Geschichte nur mehr wenig bekannt; übrig geblieben ist Michael Pachers beeindruckender Marien-Altar von 1481, der auch den Abersee mit seiner Umgebung abbildet. Er ist nun zur neuen Pilgerstätte geworden – wohl viel öfter aus kunsthistorischen denn aus religiösen Gründen. Der Barockaltar von Thomas Schwanthaler zu Ehren und mit den Reliquien des heiligen Wolfgang verbannte den ersten Namenspatron der Kirche, den heiligen Johannes, über den Altar. Und auch ein einheimischer Barockbildhauer durfte die Kirche

Die Falkensteinkapelle.

mitgestalten: Meinrad Guggenbichler schuf einen Schmerzensheiland und die Kanzel.[105]

Die Pilgerströme nahmen ein abruptes Ende, als Kaiser Joseph II. daran ging, die Klöster aufzuheben. Auch das Kloster Mondsee fiel seinem Reformeifer zum Opfer und wurde aufgelassen, Wallfahrten passten in das aufgeklärte Weltbild des Kaisers nicht mehr hinein. St. Wolfgang geriet in eine prekäre wirtschaftliche Lage und drohte zu verarmen. Daher wurde eine Petition an Kaiser Leopold II., Josephs Bruder und Nachfolger, mit der Bitte, Pilger aus dem Ausland wieder zuzulassen, gerichtet. Dieser Bitte wurde vom Kaiser entsprochen, und Pilger aus Bayern und Salzburg durften wieder nach St. Wolfgang kommen. Doch war dies nur ein schwacher Abklatsch der früheren Menschenströme, und die wirtschaftliche Lage spitzte sich zu.[106] St. Wolfgang musste noch einige Zeit warten, bis neue «Pilger» kamen: diejenigen, die die Landschaft genießen wollten und der Natur verbunden waren. Schon im 18. Jahrhundert hatte der Abersee viele Maler fasziniert, die mit ihren Darstellungen den See und seine Umgebung bekannt machten.

Der berühmte Pacher-Altar.

Jakob Alt, Der Wallfahrtsbrunnen in St. Wolfgang im Salzkammergut. Aquarell, 1846.

Ferdinand Georg Waldmüller, Blick vom Kirchhof in St. Wolfgang. Öl auf Holz, 1835.

Neugierig geworden, kamen Freunde der Natur in die Gegend und waren begeistert von der Schönheit der Landschaft und vom prachtvollen Pacher-Altar.

«St. Wolfgang ist nicht nur der bedeutendste, sondern auch der merkwürdigste Ort am St. Wolfgangsee. Seine pittoreske Lage, die alterthümliche Bauweise seiner Häuser und die hochinteressante Kirche machen ihn höchst sehenswert. Außerdem ist der Markt St. Wolfgang in neuerer Zeit eine Sommerfrische ersten Ranges geworden», beschrieb Josef Rabl in einem Reiseführer von 1883 den Reiz des Ortes.

Ab dem 19. Jahrhundert brachte dann die nahe gelegene sommerliche Kaiserresidenz in Bad Ischl enormen Aufschwung: St. Wolfgang mit seiner berühmten Kirche übte große Anziehung auf die Gäste aus Nah und Fern aus. Viele Literaten weilten während der Sommermonate in diesem Ort: Hilde Spiel, Gina Kaus, Hans Flesch-Brunningen, Alexander Lernet-Holenia und Leo Perutz sind nur einige der prominenten Namen.

Im weißen Rössl. Mythos und Realität

«Und dann treibt's mich hinauf in die Berge, in den flüsternden Wald hinein! Und wenn ich dann so durch den stillen Morgen gehe und das Auge so offen wird für all das Schöne – da fange ich an, ihn zu fühlen, den Reisezauber. Und alles, was noch vor kurzem mir so wichtig erschienen ist und mich so gedrückt hat, es kommt mir auf einmal so kleinwinzig vor, von da oben! Wie vergessen und verschollen ist alles, was unten liegt. Ich kann mich nicht mehr besinnen, welchen Wochentag wir haben, und welches Datum ...»[107]

Ralph Benatzkys Operette *Im weißen Rössl* brachte dem Ort unglaubliche Popularität, die bis in die 1960er Jahre anhielt: St. Wolfgang wurde zu einer beliebten Filmkulisse und zog Prominente an. Hinlänglich bekannt ist, dass das ursprüngliche «Weiße Rössl» nicht am Wolfgangsee, sondern in Lauffen bei Ischl stand und Oscar Blumenthal dort einkehrte, mit dem Oberkellner Leopold Freundschaft schloss und die Rösslwirtin als genialen Lustspiel-Typus erkannte. Das erfolgreiche Lustspiel gleichen Namens von Oscar Blumenthal und Gustav Kadelburg ging 1897 erstmals über die Bühne und wurde zu einem Dauerbrenner. Doch der Wolfgangsee war noch längst nicht vorgesehen. Erst die Vertonung und vor allem die Umarbeitung zur modernen Form der Revue machte einen Schauplatzwechsel notwendig: Und plötzlich wurde das ebenfalls «Weißes Rössl» genannte Wirtshaus in St. Wolfgang zum geeigneten Ort, um das Spiel spektakulärer in Szene setzen zu können: Der See mit seinen zum Teil leicht bekleideten Badegästen trug ebenso dazu bei wie die imposante Gestalt des Raddampfers Kaiser Franz Joseph (dessen Anlegestelle schon in Blumenthals und Kadelburgs Lustspiel vorkam) und des namengebenden Kaisers. Federführend am Erfolg beteiligt war die St. Wolfganger Rösslwirtin Antonia Drassl, die die Gunst der Stunde nützte und unermüdlich durch Europa tingelte, um für ihr Haus zu werben. Die Touristen wollten an den Ort des Geschehens reisen und die Schicksale der Protagonisten selbst erleben. Ein erster Erfolg war die Verfilmung des Stückes 1926 – als Stummfilm, aber bereits mit dem großartigen Max Hansen in der Rolle des Leopold. Auch in der Uraufführung der Operette sollte Max Hansen den Leopold darstellen – der Kellner wurde zu seiner Lebensrolle, die er mehr als 2000-mal in verschiedenen Sprachen spielte.[108]

Oscar Blumenthal, der Schöpfer des *Weißen Rössl*, im Park seiner Villa in Lauffen bei Ischl, 1917.

Ein Gesamtkunstwerk: Das große Schauspielhaus in Berlin wurde anlässlich der Uraufführung des *Rössl* als Hotel dekoriert, 8.11.1930.

Das Ensemble der Uraufführung: Paul Hörbiger, Otto Wallburg, Willi Schaeffers, Marianne Winkelstern, Siegfried Arno, Käte Lenz, Walter Jankuhn, Trude Lieske, Max Hansen, Camilla Spira und Gustl Stark-Gstettenbaur. Trude Lieske war der Wolfgangsee vertraut: Sie besaß gemeinsam mit ihrem Mann Armin Robinson den Haidenhof in Strobl.

Dein Herz, das hast Du verloren: Im «Weißen Rössl» am See! So frivol war die Operette 1936 in New York in den Kostümen von Ernst Stern.

Der Stummfilm hatte Schwächen und Stärken; diese lagen da, *«wo die Bühne versagen muss: Im Szenischen. An ‹historischer› Stätte aufgenommen, im begnadeten Salzkammergut selbst, werden der herrliche Sankt-Wolfgang-See und der Kranz der gigantischen Berggruppen, wird das idyllisch gelegene Dorf mit seinen schmalen, ansteigenden Gässchen zur berückend schönen natürlichen Kulisse.»*[109]

Am 8. November 1930 wurde Musikgeschichte geschrieben: Die Premiere von Ralph Benatzkys Singspiel *Im weißen Rössl* im Berliner Großen Schauspielhaus stand am Beginn einer fast beispiellosen Erfolgsgeschichte. Der Direktor und Choreograph Erik Charell hatte buchstäblich aufs richtige Pferd gesetzt und schon die Uraufführung zu einem Gesamtkunstwerk werden lassen, das seinesgleichen suchte: Der legendäre Salzkammergut-Schnürlregen wurde mit Hilfe einer Sprinkleranlage anschaulich dargestellt, doch war dies nicht die einzige technische Meisterleistung. 700 Personen wirkten an der Aufführung mit, die Ausstattung allein hatte angeblich eine halbe Million Mark verschlungen. Die Attraktion der neuen Operette wurde auch nach außen getragen: Die Fassade des Großen Schauspielhauses wurde als Gasthof verkleidet, in den Gängen und Foyers lagen Gepäckstücke herum, die Billeteurinnen trugen natürlich Dirndl. Und auch auf der Bühne wurde die Illusion aufrechterhalten: Um die Stickereien auf den Dirndlschürzen auch aus der Entfernung zu erkennen, wurden diese aus Aluminium gestanzt. Dass sich das Operettenorchester mit diversen Volksmusikgruppen und einer Jazzband

Dichtung u. Wahrheit: Wie man sich den «Herrn Ober» vorstellt — und wie er ist —

Im Weißen Rössl am Wolfgangsee, da steht das Glück vor der Tür und ruft Dir zu: Guten Morgen, tritt ein und vergiß Deine Sorgen! Max Hansen (l.) in seiner Lebensrolle als Leopold.

Ein narrischer Mensch, der Leopold.
Oberkellner im *Weißen Rössl*.

mischte, trug noch weiter zum Gesamtkunstwerk bei. Und der Erfolg stellte sich nach der umjubelten Premiere lang andauernd ein: Allein in Berlin fanden in den ersten anderthalb Jahren über 400 Vorstellungen mit ca. zwei Millionen Besuchern statt. Kein Wunder bei den phantastischen Rezensionen, die das Publikum mit Kommentaren wie «*orkanartige Ovationen*» oder «*Erfolg, der in Tobsucht ausartet*» neugierig machte.[110] Der Siegeszug setzte sich durch die deutschen Städte und ganz Europa fort und hält auch heute noch an – sicherlich eine der erfolgreichsten Produktionen, die es jemals gegeben hat.

Legenden verklärten die Entstehungsgeschichte und machten gleichzeitig auch einen enormen Teil der Pressekampagne aus: Erik Charell hatte angeblich von Emil Jannings auf der Terrasse des Weißen Rössls erstmals von Kadelburgs und Blumenthals Stück gehört – eine eher unwahrscheinliche Anekdote. Vielmehr wollte Charell wohl den Superstar und Oscar-Preisträger Jannings als Wilhelm Giesecke für das Projekt engagieren, dies scheiterte jedoch an einem Filmprojekt, für das Jannings bereits zugesagt hatte: *Der blaue Engel*, der die später ebenfalls am Wolfgangsee urlaubende Marlene Dietrich, zum Star machen sollte.[111]

Das *Weiße Rössl* war allgegenwärtig, auch in St. Wolfgang, von wo ein Jahr nach der Premiere der Berliner Kritiker Erich Urban berichtete: «*St. Wolfgang im Juni: Aus allen Grammophonen, aus den geöffneten Fenstern der Hotels dudelt es von morgens bis abends: ‹Im Salzkammergut, da kann man gut lustig sein!›, oder: ‹Im Weißen Rössl am Wolfgangsee›, und man glaubt, wieder im Großen Schauspielhaus zu sein, wo die Berge noch höher waren und die Einheimischen weitaus stilechter aussahen als hier, in natura. [...] ‹Erik the great› hat mit seinem ‹Rössl› mehr Unheil angerichtet als er überhaupt ahnt, er hat die Natur ausgeknockt, und dem lieben Gott scharfe Konkurrenz gemacht ...*»[112]

Programmheft der Produktion des *Weißen Rössl* im Neuen Wiener Stadttheater in der Regie von Karl Farkas, 1931.

Robert Gilbert schrieb 1953 eine Fortsetzung des *Weißen Rössl* mit dem Untertitel «Roman von Verliebten und anderen seltsamen Leuten».

Die legendäre *Rössl*-Fassung der Berliner Bar jeder Vernunft, 1996: Meret Becker als Klärchen und Ursli Pfister als Sigismund.

Grand Hotel und Weißes Rössl

Das Grand Hotel gehörte zum Imperium der alteingesessenen Familie Peter, die seit 1711 im Besitz einer Brauerei in St. Wolfgang war und zuerst vom Pilgerstrom und später von der aufkommenden Sommerfrische profitierte. Paul Peter machte sich im Besonderen verdient um die Infrastruktur des Ortes und des Fremdenverkehrs: Er zählte zu den Initiatoren des örtlichen Verschönerungsvereins. Er legte die Brauerei still und baute stattdessen das Petersbräu zu einem Hotel aus, das den Ansprüchen der Sommergäste entsprach. Eine erste Erweiterung erfolgte durch den Neubau des Hotels Peter, 1906 wurde gegenüber der Talstation der Schafbergbahn ein mondänes neues Hotel errichtet, das Grand Hotel. Es verfügte über hundert Zimmer und alle Schikanen für die verwöhnten Gäste: Tennisplätze und Stege für Badende und Boote zählten genau so dazu wie Autogaragen und Einrichtungen für regnerische Tage: Musik-, Billard-, Lese- und Schreibsalons boten den Sommergästen allen erdenklichen Komfort für ihren Aufenthalt.[113] 1912 erwarb Peter das Hotel Weißes Rössl, mitten im Ortszentrum direkt am See gelegen, und erweiterte dieses durch den Zukauf umliegender Gebäude – das Lustspiel und vor allem die Operette brachten dem Haus eine bis heute andauernde Popularität.[114]

Das beeindruckende Grand Hotel.

Die Terrasse des Weißen Rössl, 1935.

Hotel Weißes Rössl und der
Raddampfer «Franz Joseph», 1935.

Hilde Spiel, Hans Flesch-Brunningen, Leo Perutz und Alexander Lernet-Holenia

Hilde Spiel[115] hatte die berühmte Schule von Eugenie Schwarzwald besucht, wo unter anderen Arnold Schönberg, Adolf Loos und Oskar Kokoschka unterrichteten. *«In ihrer Schule beginnt denn meine Menschwerdung, spinnen sich lebenslange Freundschaften an»*, stellte Spiel später fest. Mit siebzehn Jahren begann ihre Zeit als Literatin im Café Herrenhof, wo die Avantgarde verkehrte: Sie lernte Ernst Polak, Ernst Stern, Karl Kraus und viele andere kennen und veröffentlichte, inspiriert durch die anregenden Gespräche, 1929 in der «Neuen Freien Presse» ihre erste Kurzgeschichte *Der kleine Bub Desider*. Ab 1930 studierte Spiel Psychologie und Philosophie bei Moritz Schlick, 1933 erschien ihr erster Roman *Kati auf der Brücke*. 1935 verarbeitete sie ihren Sommeraufenthalt, den sie gemeinsam mit Lisel Salzer und zwei Belgiern in St. Wolfgang verbracht hatte, in ihrem Roman *Verwirrung am Wolfgangsee*. Zu dieser Zeit wurde Spiel bereits heftig von Peter de Mendelssohn, ihrem späteren Mann, umworben – und obwohl sie wusste, dass er «ganz gewiß der Mensch für mich sei», den sie heiraten würde, brauchte sie Abstand und fuhr nach St. Wolfgang, *«wo der Musiker Erich, die Juristin Susi und die Malerin Lisel sich in verschiedenen Pensionen eingemietet haben. Das ist eine beruhigende Gesellschaft. Am 16. August – ich finde es hübsch, mir durch diese genauen Daten die Wirklichkeit des Geschehens bestätigen zu lassen – lernen Lisel und ich zwei Belgier kennen, den Wallonen Paul Delpire und den Flamen Richard de Kriek. Sie kreuzen in einem kleinen Ford, von der Jugend damals so chic und lustig gefunden wie dreißig Jahre später der ‹Mini›, in Begleitung des viel älteren Monsieur Byloës in Europa umher und durch Zufall unsere Wege. Es entwickelt sich in wenigen Tagen ein merkwürdiges Wechselspiel der Gefühle, ein stetes ‹Changez les dames› und auch ‹les messieurs›, das mit ebensoviel Leichtigkeit vor sich geht wie ein Ballett, wenn auch in gewissen Augenblicken nicht ganz ohne Wehmut. Die Belgier fahren nach Wien, kommen zurück, wir verbringen einen Abend in Salzburg, dann sind sie fort, wir meinen, für immer. Für mich traf das nicht zu. In Wien sind die Verwicklungen ernsthafter. ‹Beide Männer weinten›, steht auf dem Kalenderblatt. Wir waren doch alle gemütsbewegt in jenen Jahren!»*[116]

Hilde Spiel, Lisel Salzer und die beiden Belgier Paul Delpire und Richard de Kriek, *«ein stetes ‹Changez les dames› und auch ‹les messieurs›»*.

Auf der Terrasse von Hilde Spiels
Haus am Bach (oben).
Hilde Spiel und Thomas Bernhard:
*«Er trifft gewöhnlich gegen elf Uhr ein,
wir gehen spazieren, essen gemeinsam
auf der Terrasse, trinken nach der
Mittagsruhe Tee, gegen Abend ent-
fernt er sich wieder.»*

1936 heiratete Hilde Spiel Peter de Mendelssohn und emigrierte mit ihm nach London. Nach dem Ende des Zweiten Weltkrieges kehrte Hilde Spiel nach St. Wolfgang zurück – vieles hatte sich verändert, doch kamen nun *«die Ausgestoßenen zurück, nicht nur aus London, sondern aus der Wüstennähe Kaliforniens und Israels, Salzkammergut-trunken seit eh und je, und schon lange vergeblich dürstend nach frischer Höhenluft, nach dem Geruch von Zirbelholz und Zyklamen, vor allem aber nach Regen, jenem würzigen Regen, der die Landschaft so reinwäscht, daß sie am ersten folgenden Sonnentag herrlicher blitzt als alle pinienbesteckten Hügel, alle silbergrauen Olivenhaine, schläfrigen Meere und ewig blauen Himmel Italiens. In diesem August, nun schon zum zweiten Mal in der Villa Tyrol am See etabliert, haben wir Perutz im Haus von Alexander Lernet-Holenia kennengelernt. Gleich ihm stürzen wir uns in die Vergnügungen und Begegnungen des Salzkammergutes, treffen einander vormittags in der Imbissstube Furian, tafeln abends mit der bunten Runde im ‹Weißen Rößl› oder naschen noch spät nachts in der Konditorei Wallner Zwetschkenfleck und Himbeereis.»*[117]

1954 erwarb Hilde Spiel das «Haus am Bach», das zu ihrem Lebensmittelpunkt wurde. Hier etablierte sie einen literarischen Salon, zu dem nicht nur die ansässigen Schriftsteller zählten, sondern so unterschiedliche Besucher wie Heimito von Doderer und Thomas Bernhard. Ihre Schilderung der Abholzung des benachbarten Grundstücks Alexander Lernet-Holenias ist wohl ein bedrückendes Zeugnis der Zerstörung einer vermeintlich heilen Welt.[118] Danach verkaufte Hilde Spiel ihr Haus.

1972 heiratete Hilde Spiel Hans Flesch-Brunningen[119]. Der Schriftsteller war ebenfalls in London im Exil gewesen, wo er sich langsam etablieren konnte und seine Texte auf Englisch publizierte. Er arbeitete für die BBC als Sprecher, Übersetzer und Autor und für den «Freien Deutschen Kulturbund». 1958 kehrte Flesch-Brunningen nach Österreich zurück. Phantasie prägt seine Texte – und sein großer Kollege und Freund Heimito von Doderer schrieb anlässlich seines 65. Geburtstages in der *Frankfurter Allgemeinen Zeitung*: *«Er sieht so aus, wie er schreibt. Immer in Fahrt, immer den Bug in die Fahrt gehoben, immer Schaum drum herum, und immer wird nach neuen Inseln ausgespäht. Der Expressionismus glaubt an neue Inseln. Mehr als das: er weiß, daß man auch die alten, und seien sie noch so schön, nicht mehr sieht, wenn man die neuen nicht sucht, nicht an sie glaubt. Der Expressionismus, in spezifischer Form seiner Euphorie, ist ein allerletzter Nachklang des Zeitalters der Entdeckungen. Flesch stellt diesen Nachklang als konkreten Menschentypus dar, und da er Künstler ist, auch als solchen.»*[120] Hans Flesch-Brunningen starb 1981 in Bad Ischl.

24 Jahre zuvor war in Bad Ischl ein anderer großer Schriftsteller gestorben, der ebenfalls viele Sommermonate in St. Wolfgang verbracht hatte: Leo Perutz[121], studierter Versicherungsmathematiker und freier Schriftsteller, zählte in den 1920er Jahren zu den erfolgreichsten österreichischen Schriftstellern. Nach dem Ersten Weltkrieg schrieb er mehrere erfolgreiche Romane, die auch verfilmt wurden. 1928 erschien *Wohin rollst du, Äpfelchen …* in der *Berliner Illustrirten Zeitung* als Fortsetzungsgeschichte. Er verkehrte wie die dreißig Jahre jüngere Hilde Spiel in den Literatencafés Wiens, zu seinem Kreis zählten Peter Altenberg, Hermann Bahr, Oskar Kokoschka und Alfred Polgar. 1915 erschien sein erster Roman *Die dritte Kugel*, 1916 der Roman *Das Mangobaumwunder*, den er zusammen mit Paul Frank geschrieben hatte. Dessen Frau Frieda heiratete später Julius Koritschoner und wohnte ab 1923 vis-à-vis von St. Wolfgang in Gschwendt (siehe Seite 45).

Die Zeiten wurden schwieriger, 1933 fiel der deutsche Absatzmarkt weg, Perutz' Bücher wurden verboten. Er arbeitete zeitweilig mit Alexander Lernet-Holenia zusammen, der in St. Wolfgang seine Sommer verbrachte und später ganz dorthin ziehen sollte. 1938 musste Perutz vor den Nationalsozialisten nach Palästina fliehen, wo er unter dem Verlust seines kulturellen Umfeldes litt und nur wenig Neues schreiben konnte. Nach dem Ende des Krieges verbrachte er die Sommermonate in St. Wolfgang, wo er wieder mit Alexander Lernet-Holenia zusammentraf.

Die Persönlichkeit Alexander Lernet-Holenias[122] beschrieb der Kritiker Hans Weigel treffend: Die österreichische Literatur bestehe aus zwei Hauptfiguren, dem «Lernet» und dem «Holenia». Als versnobt wurde er bezeichnet, als Grandseigneur der österreichischen Literatur hofiert. Lernet-Holenia war ein Relikt aus einer anderen Zeit und Welt: Er nahm sich kein Blatt vor den Mund, war unangepasst und wollte auch nicht Teil «seiner» Zeit sein. Seine konservative Einstellung ließ ihn vor allem nach 1945 nicht mehr in den Literaturbetrieb passen, doch war er einer der wenigen Autoren, die die Zeit des Zweiten Weltkrieges in Österreich verbracht und einen Widerstandsroman geschrieben hatten: *Mars im Widder* war 1941 erschienen, jedoch sogleich verboten worden; erst 1947 konnte der Roman neu aufgelegt werden. Carl Zuckmayer beschrieb Lernet-Holenias Haltung zum Nationalsozialismus: *«Das tausendjährige Reich blieb für ihn eine Welt des Abscheus und der Schande, mit der es nicht den Schatten eines Kompromisses geben konnte, nur schweigende Verachtung.»*[123]

«Eigentlich wäre mein Lebensproblem gelöst, wenn ich ein kleines Haus bauen könnte, von dessen vorderen Fenstern man die Omarmoschee sieht und von den hinteren den Kahlenberg.» Leo Perutz (l.), zerrissen zwischen Israel und Österreich.

Alexander Lernet-Holenia blickt aus seinem Bootshaus auf den Wolfgangsee.

Lernet-Holenias Villa.

Seine Wutausbrüche waren legendär, sein Faible für Damen ebenso. Und doch hatte er das Auftreten eines Kavaliers der alten Schule – damit konnten nur wenige Menschen etwas anfangen, Lernet-Holenias literarisches Werk wurde daher nach seinem Tod fast völlig ignoriert.

Bereits 1926 war Lernet-Holenias Mutter Sidonie in eine Villa nach St. Wolfgang gezogen, wo der Schriftsteller unter anderem mit Carl Zuckmayer, der in Henndorf am Wallersee lebte, verkehrte: Um diesen zu besuchen, fuhr er 45 Kilometer per Fahrrad. Gemeinsam verbrachte man auch viele Abende bei Emil Jannings, von denen, wie Zuckmayer bewundernd schrieb, *«Du mit Deinem Einbaum lautlos über den nächtlichen See verschwunden bist, bevor sie ins Stur-Besoffene ausarteten».*[124]

In St. Wolfgang war Lernet-Holenias Welt, wie sie Hilde Spiel beschrieb: *«Eine Welt der stillen großen Räume des Landadels, in denen die Sonne durch herabgelassene Jalousien auf Kirschholzmöbel scheint, vor dem Haus die bemooste Gartenmauer, der verwaschene Stein-Neptun, die silbrige Fontäne; eine Welt der grüngoldenen Salons und der blutigen Schlachtfelder, auf denen die starren, reichbestickten Embleme des versunkenen Kaiserreichs blitzen.»*[125]

Séancen in St. Wolfgang. Eine Oper entsteht

Eine Oper verdankt ihre Entstehung einer spiritistischen Sitzung in St. Wolfgang: Der Komponist Gian-Carlo Menotti besuchte 1936 eine solche Sitzung gemeinsam mit Samuel Barber und bekam so die Idee zu seiner Oper *Das Medium*, die 1947 uraufgeführt wurde. Barber und Menotti wohnten von 15. Mai bis zum 1. November 1936 in St. Wolfgang, eine Zeit, die Barber als die pure «Perfektion» bezeichnete und auch Menotti beglückte: «*Man muss in der Mitte des Tages innehalten und zu sich selber sagen: Das ist zu schön.*»[126] Nicht nur Menotti holte sich Inspiration, auch Barber fand Zeit und Muße, um sein Streichquartett op. 11 zu komponieren.

Doch ist dies nicht der einzige Hinweis auf eine Séance in St. Wolfgang. Ernst Hauser, Enkel des Besitzers des Bürglgutes Moriz Sobotka und Neffe von John Quincy Adams, legte man das Verschwinden von Edith Hilling, deren Familie eine Villa in St. Wolfgang besaß, zur Last. Hauser behauptete in einer Séance, ihren Tod gesehen zu haben. Wenige Tage später wurde die Frau tatsächlich tot aufgefunden – die näheren Umstände wurden niemals aufgeklärt, Ernst Hauser nicht angeklagt. Dies war bereits der zweite Todesfall, in den Hauser verwickelt war: Der frühe und plötzliche Tod seiner Frau Susanne, einer Tochter des Schauspielers Max Devrient, veranlasste seine Schwiegermutter, eine 80-seitige Anklageschrift im Eigenverlag drucken zu lassen.[127] Doch auch diese Vorwürfe zogen keine Anklage nach sich: Ernst Hauser starb 1956 als angesehener Chemiker.[128]

Gian-Carlo Menotti.

Samuel Barber.

Der Leuchtturm in St. Wolfgang, errichtet 1845, diente weniger den vorbeifahrenden Schiffen als der Vergnügung der Sommergäste. Der Wiener Großhändler Adolf Grohmann bezeichnete dieses Bauwerk als Lusthaus – die Bezeichnung als Leuchtturm bürgerte sich später im Volksmund ein. 1961 wurde das baufällige Gebäude abgerissen.

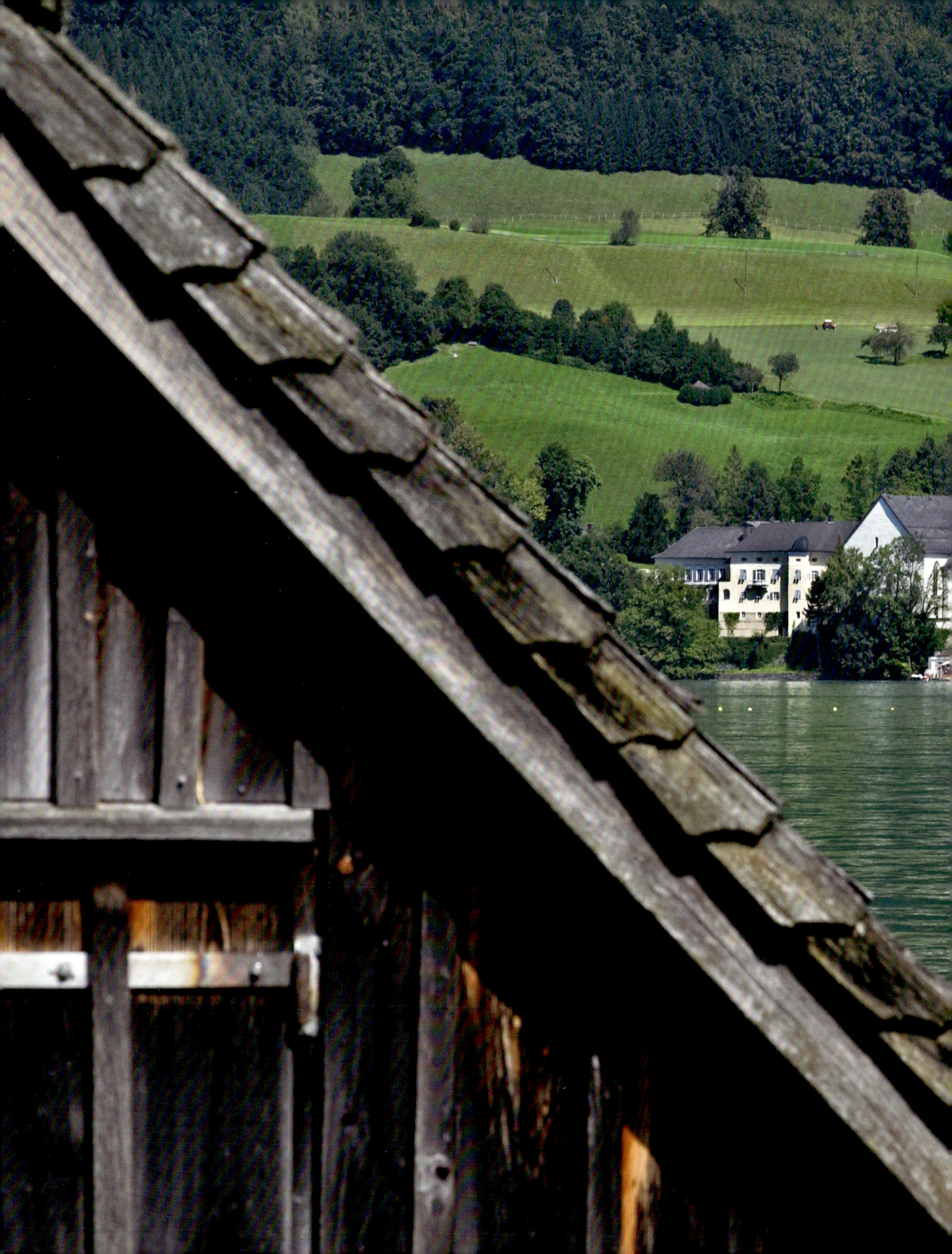

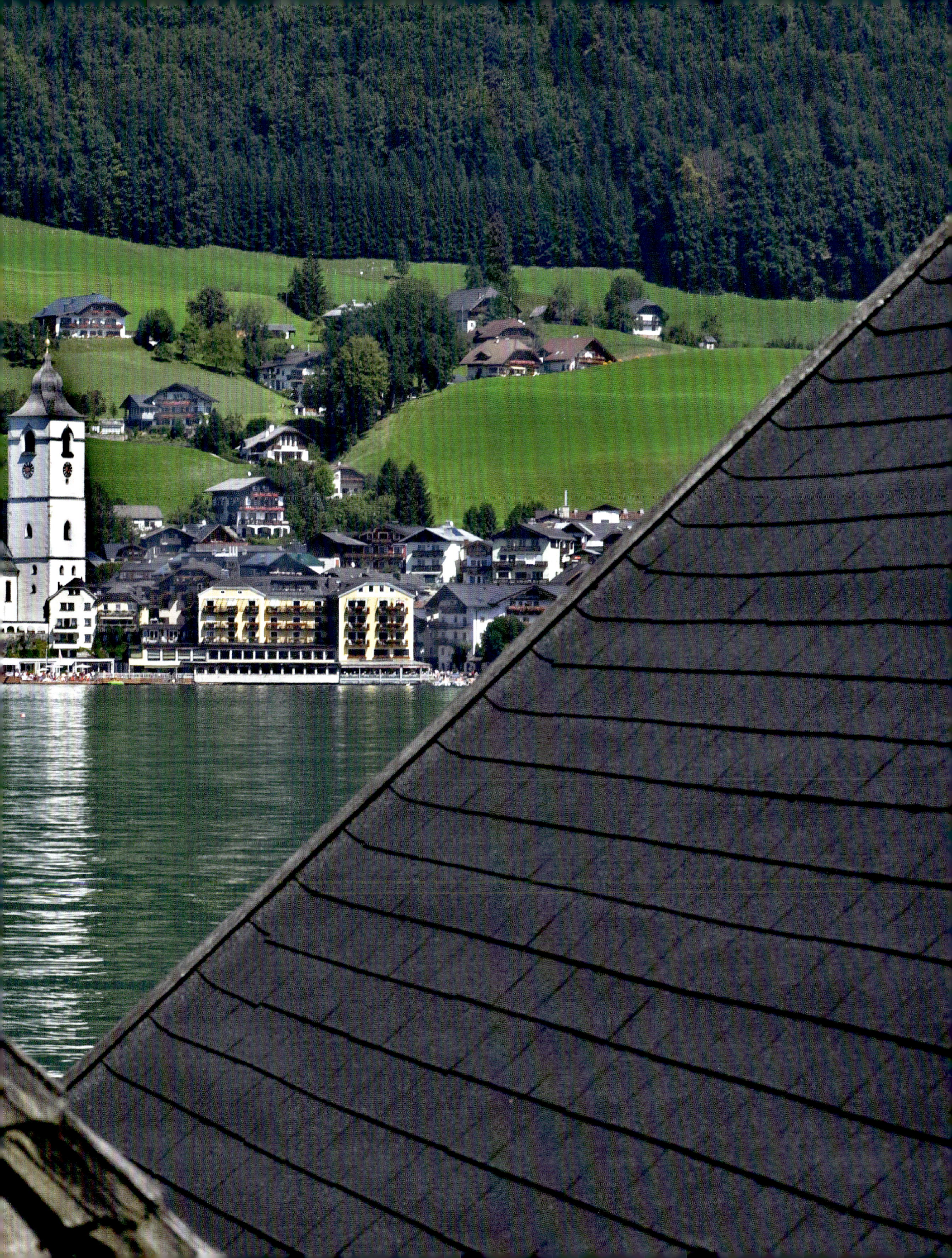

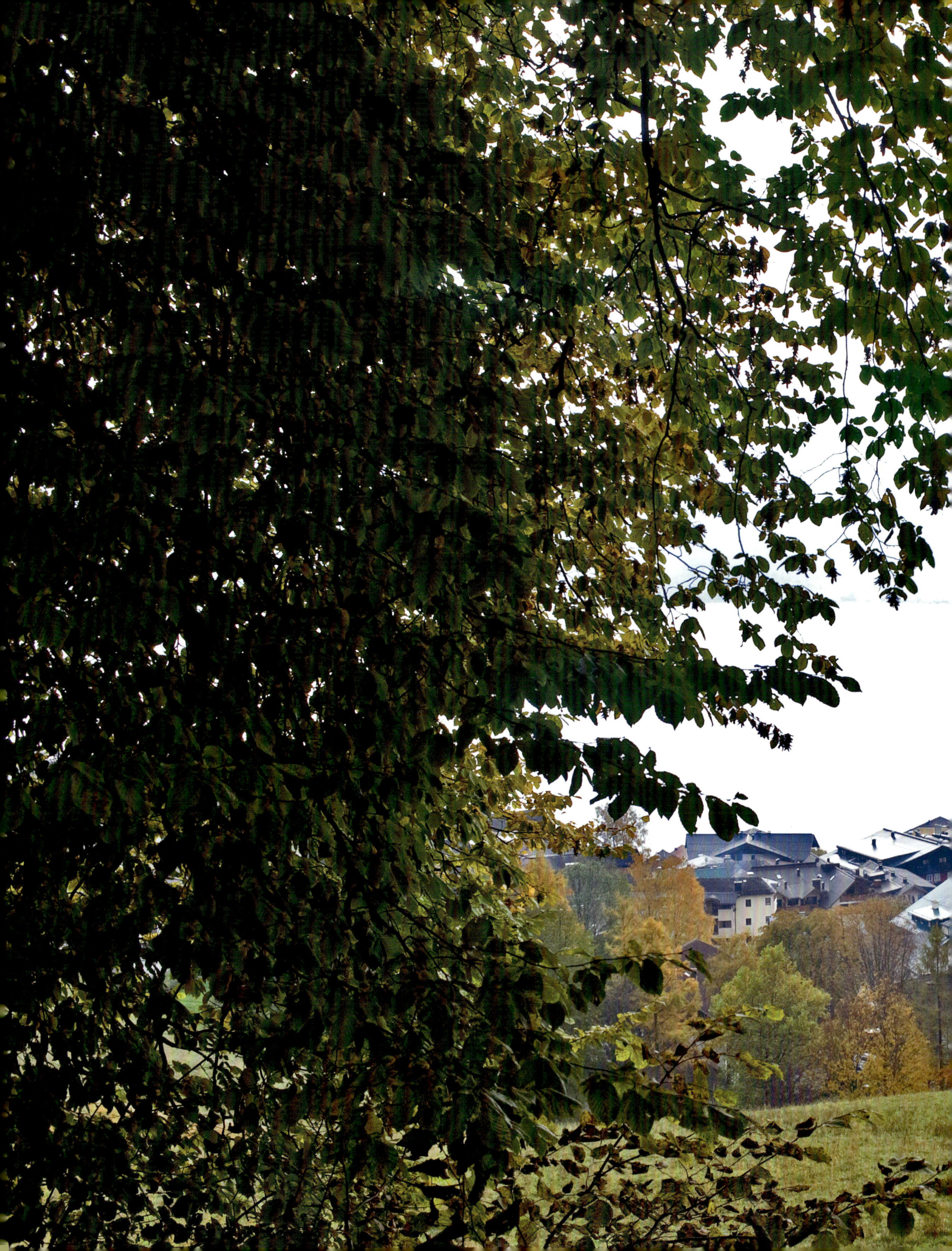

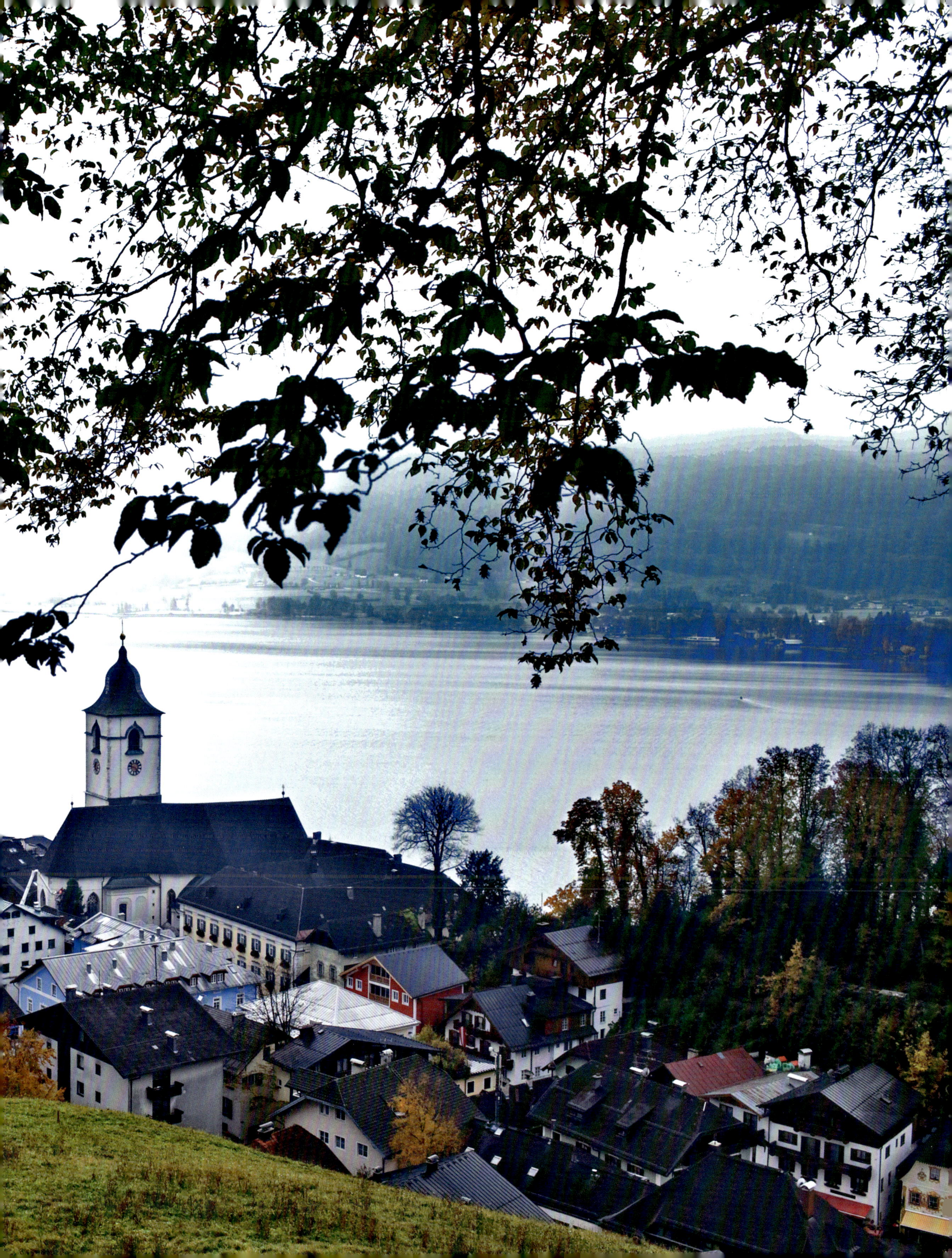

Ferienhort in Ried.
Eine Erfolgsgeschichte
seit 120 Jahren

«Ferienhort für bedürftige und würdige Gymnasialschüler», 1970.

Dort, wo die Autostraße aus St. Wolfgang und der Fußweg über den Falkenstein und die St. Wolfgang-Kapelle zusammentreffen, liegt der Ferienhort auf St. Gilgner Gemeindegebiet.

Der Verein «Ferienhort für bedürftige und würdige Gymnasialschüler» entstand 1888 in Wien; federführend war dabei der Laryngologe Dr. Leopold Schrötter von Kristelli[129], der im selben Jahr auch Gründungsmitglied des Union Yacht-Clubs Traunsee war. Schrötter war eine Koryphäe seines Fachs, mit prominenten Patienten wie Anton Bruckner und einer starken sozialen Ader, die ihn zum Bau der Lungenheilanstalt in Alland bewog. Er wollte Wien nicht nur zur schönsten, sondern auch zur gesündesten Stadt machen – die Lebensbedingungen der Großstadt trugen nicht unbedingt dazu bei, und so wurde beschlossen, bedürftigen Gymnasialschülern *«einen leib- und geisterquickenden Aufenthalt in gesunder und schöner Gegend inmitten gleichaltriger Genossen zu verschaffen und als verdienten Lohn strenger Jahresarbeit darzubieten».*[130] Die Konfession spielte keine Rolle. Erst nach einem Umweg über Wildalpen und den Hallstätter See siedelte sich der Verein 1910 in der Liegenschaft Frauenstein am Wolfgangsee an – diese liegt im Gemeindegebiet von St. Gilgen, geographisch jedoch näher beim Ortszentrum von St. Wolfgang. Immerhin fast 280.000 m² umfasste der Besitz mit der Villa Frauenstein, Wirtschaftsgebäuden und einem Bootshaus. Durch weitere Zukäufe wurde das Areal auf 40 Hektar erweitert – beeindruckend für einen privaten Verein, der sich ausschließlich sozialen Angelegenheiten verpflichtet fühlte. Doch ohne entsprechende Unterbringungsmöglichkeit konnte der Zweck des Vereins nicht erfüllt werden: Ein Haus für 500 bis 600 Schüler musste erbaut werden, allein der Festsaal hatte 720 m², der Speisesaal 500 m². Bereits ein knappes Jahr nach Baubeginn konnte der Betrieb aufgenommen

«Leib- und geisterquickender Aufenthalt in gesunder und schöner Gegend», 1970.

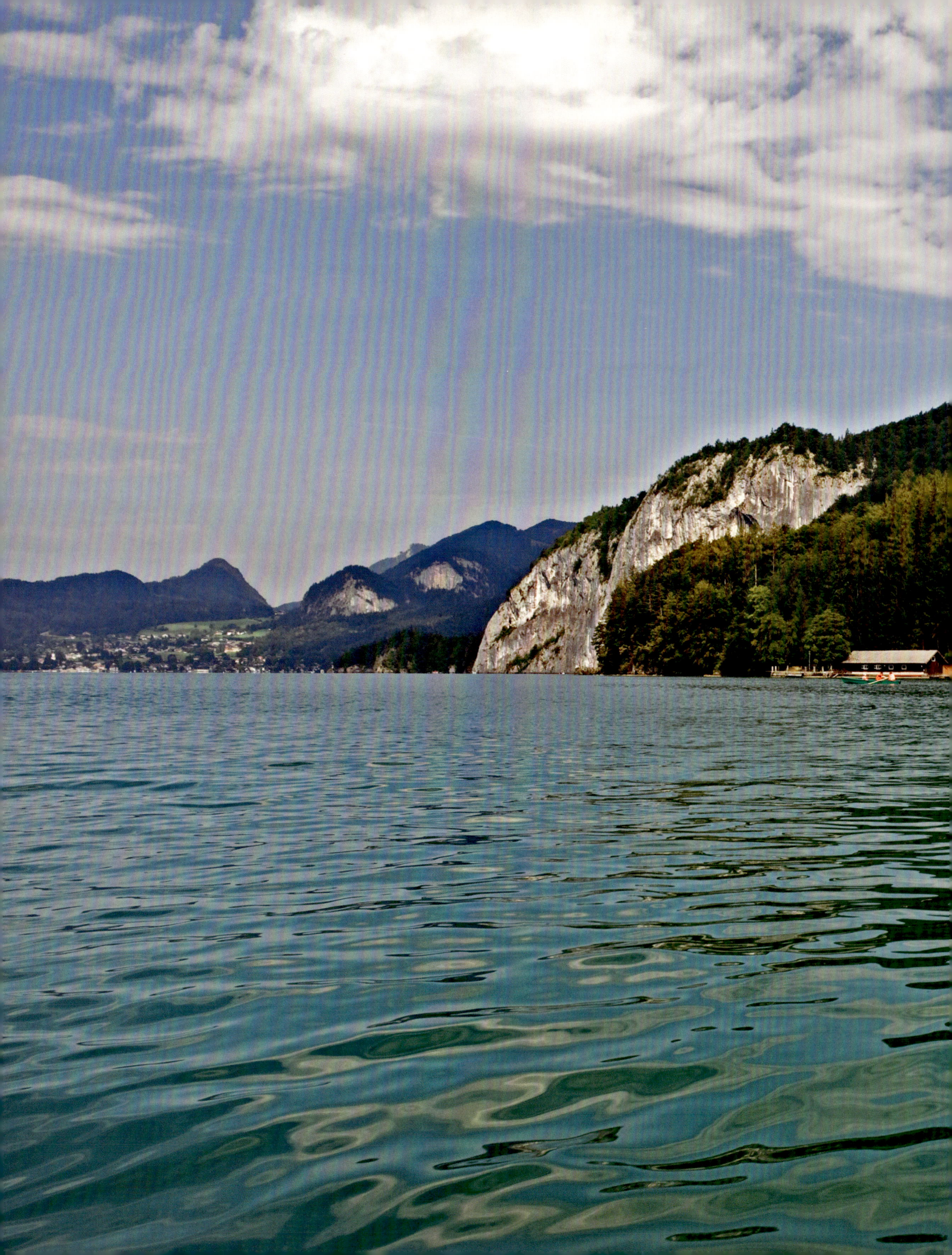

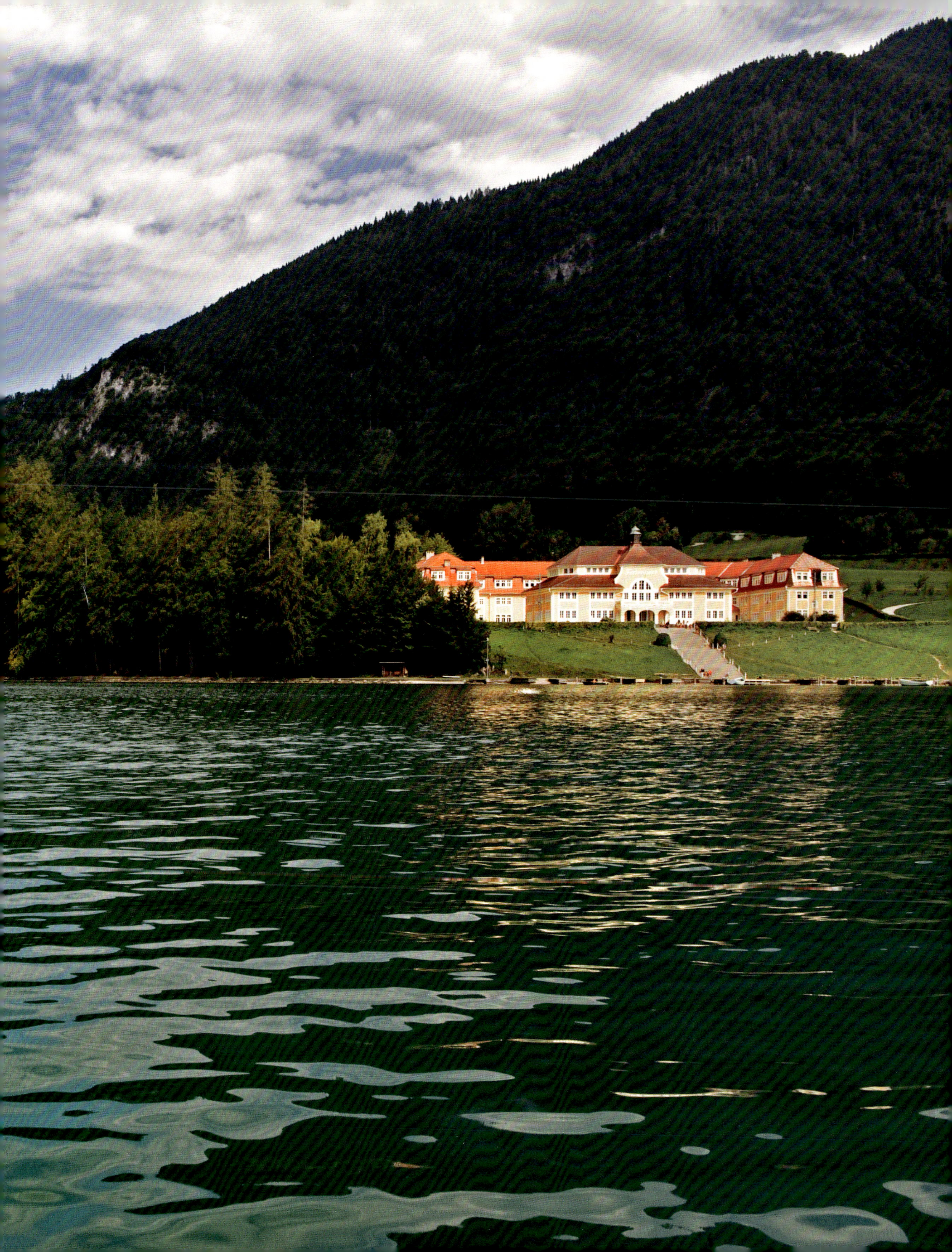

werden: Die Geschichte des Ferienhorts am Wolfgangsee beginnt am 19. Juli 1911[131]. Nur drei Jahre später musste der Betrieb eingeschränkt werden, denn der Erste Weltkrieg forderte seinen Tribut. Statt mittelloser Gymnasiasten fanden nun Marine-Schüler in den Sommermonaten Unterkunft und die Möglichkeit, Übungen abzuhalten. Die Zeiten änderten sich, das Ziel des Vereines aber nicht: Auch in der Zwischenkriegszeit verbrachten Gymnasiasten den Sommer am Wolfgangsee. Nach 1938 wurde der Besitz enteignet und der NSV (Nationalsozialistischen Volksfürsorge), die bereits andere Villen wie die Villa Herz in St. Gilgen beansprucht hatte, übergeben. Nun waren es BdM- und HJ-Gruppen, die den Ferienhort im Sommer bevölkerten. 1941 kam es dann zu gravierenden Veränderungen: Die Kriegsmarine wurde Mieter und veränderte durch bauliche Maßnahmen das Erscheinungsbild. Und auch der Name «Ferienhort» verschwand: «Marineschule» lautete die neue Bezeichnung, die den ursprünglichen Vereinszweck nachhaltig aus dem Gedächtnis der Menschen verdrängte. Nach dem Ende des Krieges waren hier amerikanische Truppen untergebracht; 1947 wurde der Besitz dem wiedererrichteten Verein rückgestellt und sofort konnten Schüler wieder den Sommer am Wolfgangsee verbringen, unter schwierigen Umständen in einem devastierten Haus. Aber der Aufschwung der Nachkriegszeit verhalf auch dem Ferienhort, seinen ursprünglichen Intentionen folgend, zu neuem Leben. Die Boote, die aus den Anfangsjahren stammten, blieben erhalten und zählen auch heute zu den Fixpunkten des Lebens am Wolfgangsee.

Andacht im Ferienhort.

Die Mole mit den beeindruckenden Booten des Ferienhorts.

Ansichtskarte des Ferienhorts und seiner Umgebung.

Der Raddampfer «Franz Joseph» vor dem Sparber.

Technische Innovation

Wolfgangseeschifffahrt

Bereits 1838 war auf dem Traunsee das erste Dampfschiff in Betrieb gegangen – da es noch keine direkte Straße von Gmunden nach Ebensee gab, war dies die einzige Möglichkeit, Menschen und Güter zu transportieren. 1869 folgte der Dampfer «Ida» auf dem Mondsee und vier Jahre später war es auch am Wolfgangsee so weit: Der 225 Personen fassende Raddampfer «Kaiser Franz Joseph I.» fuhr am 20. Mai 1873 erstmals von St. Gilgen nach St. Wolfgang. Die Eröffnungsfestlichkeiten waren ein Beitrag zu Kaiser Franz Josephs 25-jährigem Regierungsjubiläum. 1888 folgte das Dampfschiff «Kaiserin Elisabeth» – den beschwerlichen Transport des Schiffes illustrieren einige Zahlen: Ein Gespann von 36 Pferden beförderte das 18 Meter lange Schiff auf einer Strecke, die zum Teil ziemliche Steigungen zu überwinden hatte. Die Transportkosten beliefen sich auf 2500 Gulden, dazu kamen die Anschaffungskosten mit 7000 Gulden. Vor allem das Gefälle zum See hinunter stellte die Transporteure vor enorme Schwierigkeiten.

Während des Ersten Weltkrieges kamen der Fremdenverkehr und damit auch die Schifffahrt zum Erliegen. Doch bereits 1923 war ein neues Schiff, die «Austria», auf dem See unterwegs. Und nach dem Zweiten Weltkrieg folgten weitere Schiffe für den ständig zunehmenden Strom der Sommergäste: 1950 die «St. Wolfgang», 1959 die «Falkenstein» und 1973 die «Salzkammergut».

Landungsplatz und Restauration Ramsauer, 1904.

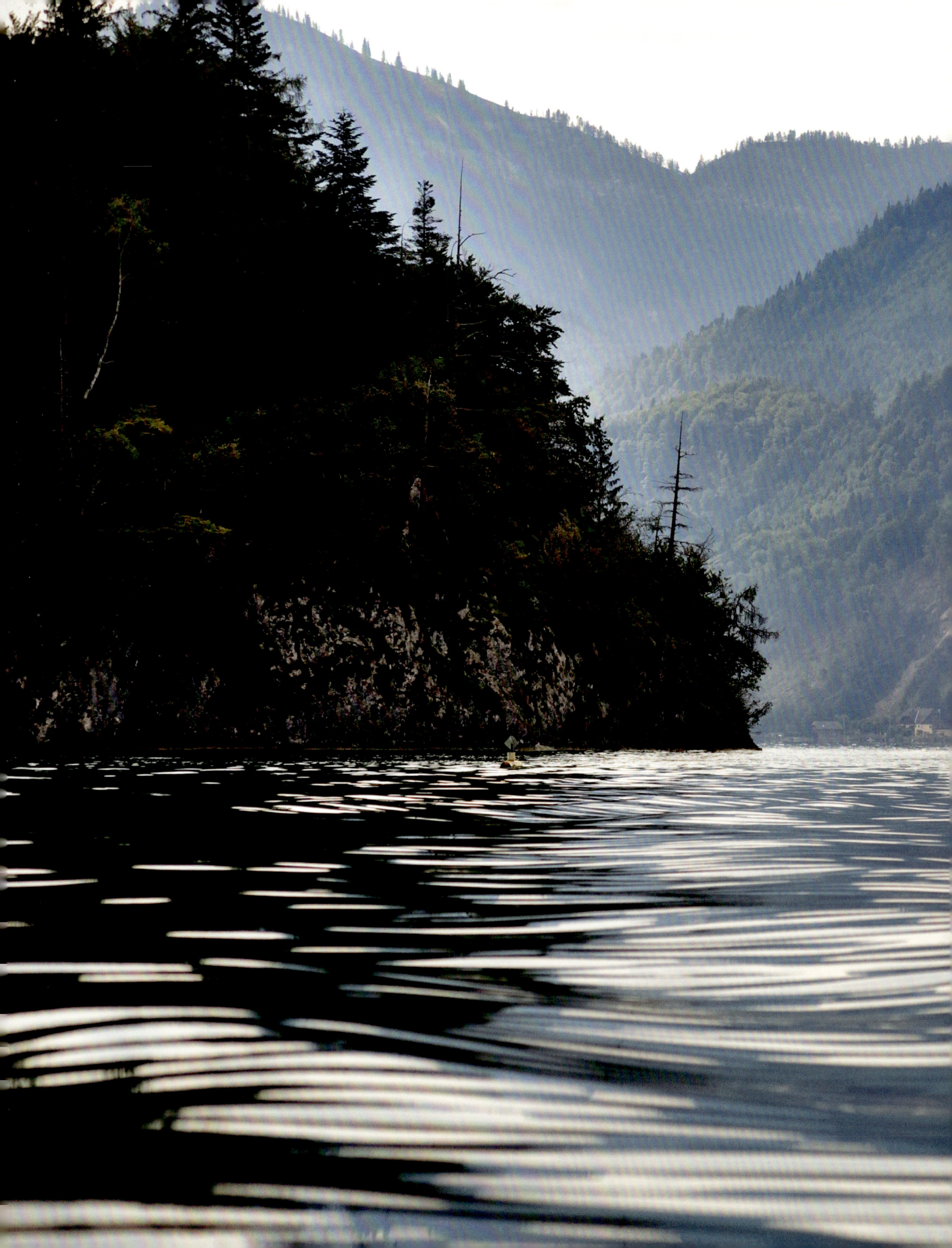

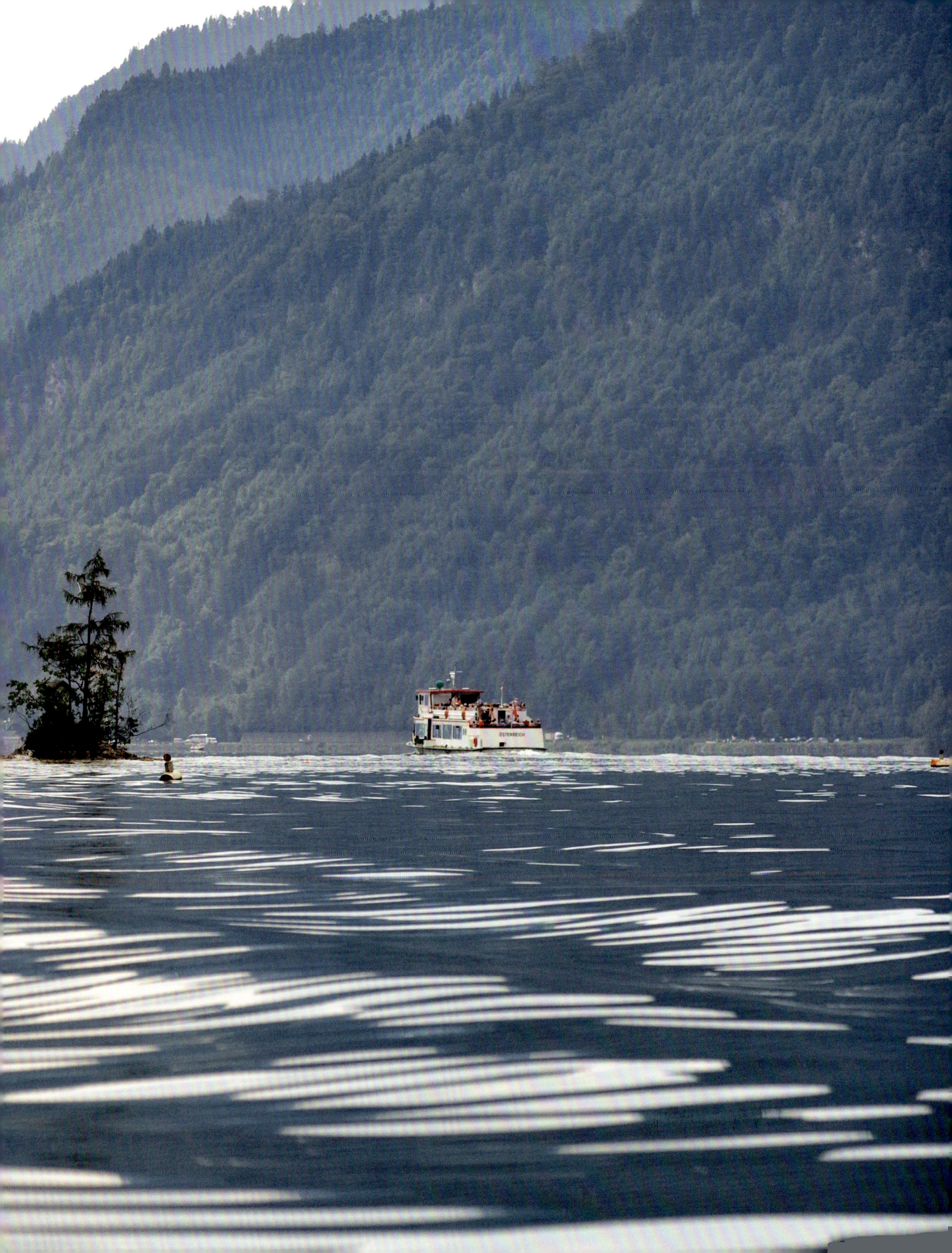

Salzkammergut-Lokalbahn

1890 begann mit kaiserlicher Genehmigung ein großes Vorhaben: Salzburg und Bad Ischl wurden durch eine Schmalspur-Eisenbahn, die Salzkammergut-Lokalbahn, verbunden. Im Jänner 1890 erhielt Wilhelm Michel gemeinsam mit dem Bauunternehmen Stern & Hafferl in Wien von Kaiser Franz Joseph I. eine Konzession «*zum Baue und Betriebe einer als schmalspurige Localbahn auszuführenden Locomotiveisenbahn von Ischl über Strobl, St. Gilgen und Mondsee nach Salzburg*». Die Konzessionäre erhielten außerdem die Genehmigung, «*eine von der Hauptlinie abzweigende, als Zahnradbahn auszuführende Localbahn auf den Schafberg herzustellen*»[132] – dieses Gesamtvorhaben wurde auch in die Tat umgesetzt. Zuerst wurde mit dem Teilstück Ischl – Strobl begonnen, es folgte die Strecke Salzburg – Mondsee, die am 28. Juli 1891 erstmals befahren werden konnte: «*Die Waggons dieser neuen Localbahn zeichnen sich durch große Bequemlichkeit aus und sind nach dem Muster der neuesten französischen Bahnen gearbeitet.*»[133] In, wie es heißt, «*sieben Viertelstunden*» gelangten die Fahrgäste von Salzburg nach Mondsee, «*in durchaus romantischer Gegend*». Um von Mondsee weiter an den Wolfgangsee und nach Bad Ischl zu kommen, mussten die Passagiere noch einige Anstrengungen auf sich nehmen: Zuerst wurden Menschen und Gepäck auf einen Dampfer verladen, der die Gesellschaft nach Scharfling brachte. Dort stieg man in einen Pferde-Omnibus um, der nach St. Gilgen fuhr. Ein Teil der Gäste war nun wohlbehalten am Ziel, die anderen mussten mit einem weiteren Dampfer nach Strobl, wo die zweite fertig gestellte Strecke der Lokalbahn die Gäste bis nach Bad Ischl brachte.

Das letzte und schwierigste Teilstück zwischen Hüttenstein und Mondsee wurde in Angriff genommen: 1893 gelang der Tunneldurchbruch für das Mittelstück bei Hüttenstein, das schwierigste Bauwerk auf der Trasse zwischen dem Mondsee und Wolfgangsee, und die Verbindung Salzburg – Bad Ischl war vollendet. Damit lagen St. Gilgen und Strobl in das Verkehrsnetz eingebunden und eine Reise von Wien war kein eine allzu große Anstrengung mehr. Die Bahn wurde somit zu einem der wichtigsten Verkehrsmittel für die Sommerfrischler. Selbstverständlich weihte Kaiser Franz Joseph selbst die neue Bahn ein: Am 12. Juli 1893 reiste er von Salzburg nach Bad Ischl; sein Salonwaggon war mit blauem Brokat ausgeschlagen. Viel Promi-

Ankunft der Sommergäste, um 1910.
«*Wie Puppenspielzeug gruppieren sich die sauberen Häuschen um den schlanken Kirchturm, betten sich die reizenden Villen ins Grün.*»

«... eine liebe kleine Eisenbahn ...»

nenz wartete entlang der Bahnstrecke, so Fürst Otto von Wrede in Mondsee und Theodor Billroth in St. Gilgen – ihm wurde die Ehre zuteil, eine gleichnamige Station oberhalb seiner Villa eingerichtet zu bekommen. Ein zeitgenössischer Reiseführer beschreibt die Begeisterung der Fahrgäste: «*Nach kurzer Fahrt ein allgemeiner Ausruf des Entzückens; alles eilt zu den linksseitigen Fenstern, auf die Plattform der Wagen: der erste Anblick des Aber- oder Wolfgangsees mit St. Gilgen. Ich habe noch keinen Menschen gesehen, der bei dem wahrhaft überwältigend schönen Ausblick gleichgültig geblieben wäre. Wie Puppenspielzeug gruppieren sich die sauberen Häuschen um den schlanken Kirchturm, betten sich die reizenden Villen ins Grün. Bei der Haltestelle Billroth schiebt sich zum letzten Mal harzduftender Tannenwald zwischen Bahn und Seelandschaft. Der Zug fährt in den hübschen Bahnhof von St. Gilgen ein. Die große Menge von aus- und zusteigenden Reisenden zeigt an, welche Bedeutung dieser reizende Markt als Sommerfrische besitzt.*»[134]

Die Bahn war auch Inspiration für Komponisten: Das Lied *Zwischen Salzburg und Bad Ischl* ist auch heute noch populär, in Vergessenheit geraten ist hingegen Rudi Gfallers Operette *Der feurige Elias*.

Knapp nach St. Gilgen führte die Bahntrasse am Steilabfall des Zwölferhorns vorbei, mit einem schmalen Streifen zwischen Felswand und Ufer, den sich Bahn und Straße teilen mussten. Bei der Haltestelle Lueg führte die Strecke der Salzkammergut-Lokalbahn kurioserweise durch den Gastgarten des Hotels.

In Lueg bestand bereits seit dem 15. Jahrhundert eine Brauerei, die 1902 von der Salzburger Stiegl-Brauerei gekauft wurde. Diese errichtete 1903 ein neues Gasthaus mit Hotel, das bei den Sommerfrischlern sehr beliebt war. Hugo von Hofmannsthal schrieb am 24. August 1906 aus Lueg: «*Mir hat der Wirt eine schöne, neue Tischbank in den hochstämmigen, hellbelaubten Wald über der Straße machen lassen und obwohl da unter mir alles vorübertreibt, Radfahrer, Fußgänger, Automobile, und ich über den See hin eigentlich das Leben und Treiben von Hunderten von Menschen höre, badende, spielende Kinder, Segelfahrer, Arbeiter und was noch alles, so fließt dies alles in eine sommerliche Melodie zusammen und stört mich nicht im allmählichen Aufbau meines neuen Stückes.*»[135]

Der Postautobus erreichte St. Gilgen zwar bereits 1913, doch war seine Bedeutung auf Grund der parallel geführten Lokalbahn eher gering. Erst nach deren Einstellung im Jahre 1957 stieg die Bedeutung des Autobus-Verkehrs.

Unfälle waren selten, die Bahn trotzte auch Schnee und Eis.

Der Postbus wird zur Konkurrenz.

Die Trasse führte durch den Gastgarten in Lueg. Ansichtskarte, 1912.

«Zwischen Salzburg und Bad Ischl ...» Das berühmte Lied von Albin Ronnert (Text) und Heinz Musil (Musik).

Zahnradbahn auf den Schafberg

Entsprechend dem Auftrag zum Bau der Salzkammergut-Lokalbahn und einer Zahnradbahn plante der Eisenbahnpionier und Ingenieur Berthold Curant, diese Zahnradbahn auf den Schafberg zu errichten. Ein erstes Projekt entstand bereits 1871, doch wurde es mehrmals überarbeitet und völlig verändert. So gab es verschiedene Ideen für die Trassenführung, eine davon plante die Talstation in Winkl bei St. Gilgen. Das Gelände wäre günstig gewesen und die Kosten daher geringer, doch interessierten sich auch Bad Ischl und St. Wolfgang für das Projekt der Schafbergbahn. 1878 war es dann endlich so weit. Curant legte ein neues Projekt vor, das auch verwirklicht wurde: Am 31. Juli 1893 fuhr der erste Zug auf den Schafberg, im ersten Monat ihres Bestandes wagten 12.000 Besucher die Fahrt auf den Gipfel des Schafberges.

Schon viele Jahrzehnte zuvor, im Jahr 1836, hatten Bauern auf der Schafbergalpe eine notdürftige Unterkunft für Alpinisten errichtet und auch ein Transportservice angeboten: Sesselträger brachten die Fremden auf den Schafberg, damit alle die Natur und den Ausblick genießen konnten. So berichtet auch Karl von Frisch über seinen Großvater Franz Exner, dessen Tochter Marie gemeinsam mit ihrem Mann Anton von Frisch Brunnwinkl als Familiensitz begründet hatte, von einem Ausflug im Jahre 1843: «*Gleich am Morgen des ersten Tages machten sie sich auf, um den Schafberg zu besteigen. Frau Hartenstein ließ sich tragen, die Männer gingen zu Fuß. Nach 3 ½ Stunden war der Gipfel erreicht. Da ließen sie sich Braten, Kuchen und Wein trefflich schmecken und studierten nach der Karte die herrliche Fernsicht.*»[136]

In St. Wolfgang hatte sich schon früh der Beruf des Sesselträgers etabliert. Sie bildeten eine geachtete Berufsvereinigung von 20 bis 30 Mann mit eigener Tracht, fixen Tarifen und einem Standplatz auf dem Marktplatz vor der Kirche, der auch als Informationsbörse fungierte: Hier wurden die Aufträge entgegengenommen und auf Schiefertafeln notiert, wer gerade mit welchem Gast auf welcher Strecke unterwegs war.[137]

Die Veranda des Schafberg-Hotels. Ansichtskarte, 1901.

Schneeräumung an der Trasse der Schafbergbahn, um 1895.

Der typische schwarze Rauch ist auch vom See aus deutlich zu erkennen.

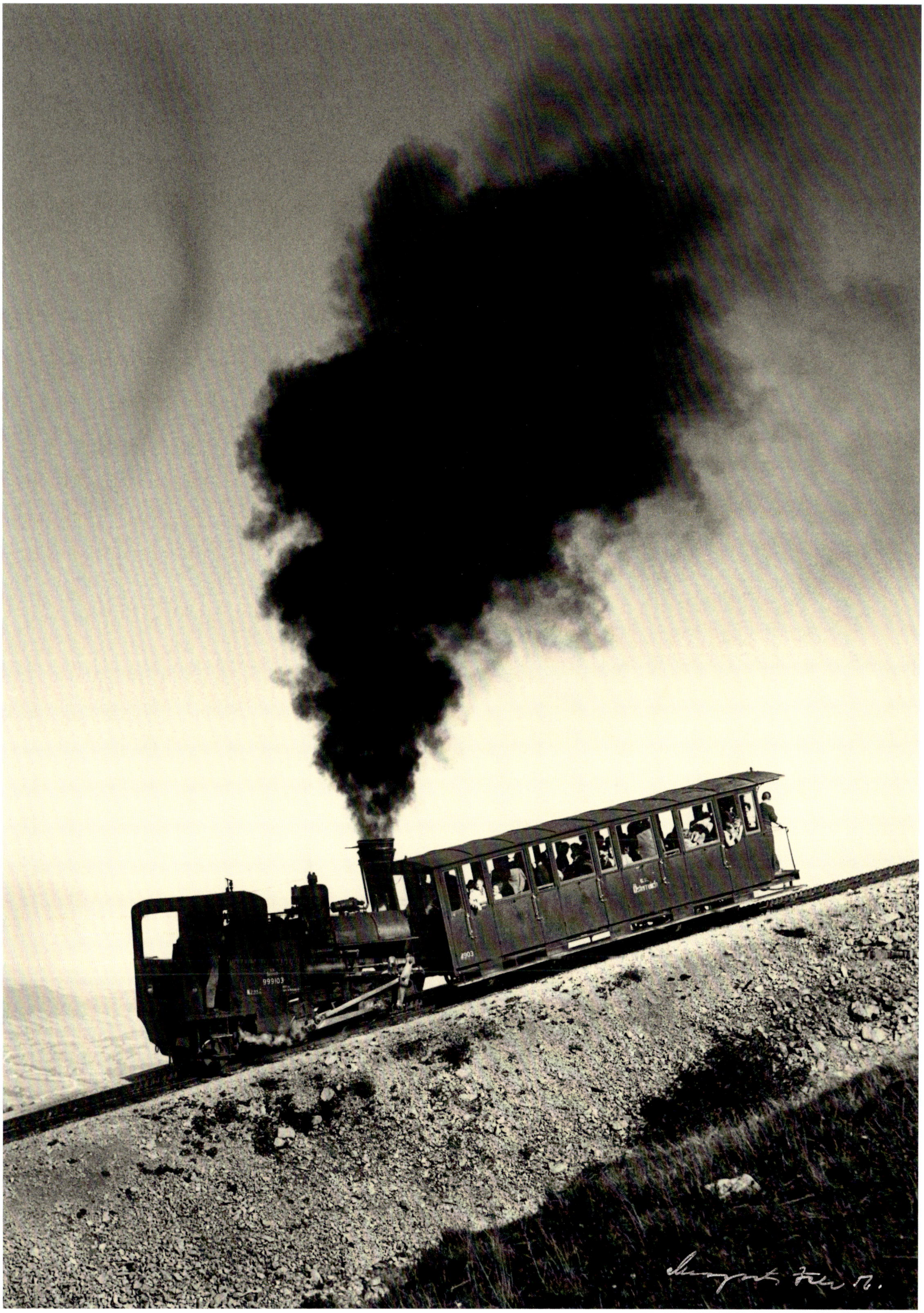

Die Schafbergbahn «*durchfährt hart am Felsabhang gegen den Atter- oder Kammersee einen 100 m langen Tunnel und erreicht in einer Höhe von 1730 m nach 1187 m absoluter Erhebung die Endstation der Schafbergspitze mit einem aus Stein gemauerten Aufnahmegebäude*».

«*Von diesem führt auf die Spitze des Schafberges ein kurzer, bequemer Weg zu dem Grömmer'schen Schafberghotel, das neben vollständigem Restaurationsbetrieb in 24 Zimmern etwa 60 Betten enthält.*» (Robert Assmus in: *Leipziger Illustrierte Zeitung*, 10.6.1893)

Flugverkehr anno 1925.

Das erste Kraftwerk

Die Firma Stern & Hafferl zählte zu den technischen Pionieren der Habsburgermonarchie: Nach der Errichtung der Salzkammergut-Lokalbahn und der Schafbergbahn baute sie auch das erste Kraftwerk Oberösterreichs. Ein Dampfkraftwerk am Fuße des Schafbergs sorgte für die elektrische Versorgung des Hotels auf der Schafbergspitze, das am 15. August 1894 erstmals elektrisch beleuchtet erstrahlte.[138] Doch auch die St. Wolfganger Bevölkerung profitierte von dieser enormen Innovation, die den Ort ebenfalls mit Elektrizität versorgte. Am 22. Juni 1898 berichtete die *Linzer Zeitung* stolz: «*Seit gestern abends ist der Alpencurort St. Wolfgang elektrisch beleuchtet und erscheinen die Hotels und Gasthöfe, sowie die größeren Geschäfte, Straßen und Plätze im elektrischen Licht.*»[139]

Flugverkehr

Die 1920er Jahre boten sogar eine Flugverbindung zwischen Wien und St. Wolfgang, ausgeführt von Wasserflugzeugen. Vom 2. bis zum 24. August 1925 hatten betuchte Sommerfrischler die Gelegenheit, per Flugzeug des Typs Junkers F 13 mit dem Namen «Stieglitz» an den Wolfgangsee zu reisen. Doch von wirtschaftlichem Erfolg war das Unternehmen nicht gekrönt: Auf 15 Flügen wurden 23 Passagiere transportiert. Parallel gab es noch einen zweiten «Vogel» namens «Zeisig», der vom «Oberösterreichischen Verein für Luftschiffahrt» betrieben wurde und die Passagiere von Wien oder Linz zu Salzkammergut-Zielen ihrer Wahl brachte: Gmunden, Hallstatt, Unterach und St. Wolfgang wurden angesteuert. Die Flugzeit war attraktiv, von Wien über Linz dauerte die Reise nur eineinhalb Stunden, doch die Gefahren waren groß: Nachdem ein Flugzeug auf dem Hallstätter See einen Schwimmer touchiert hatte und zu Bruch gegangen war, wurde der Flugverkehr wieder eingestellt.[140]

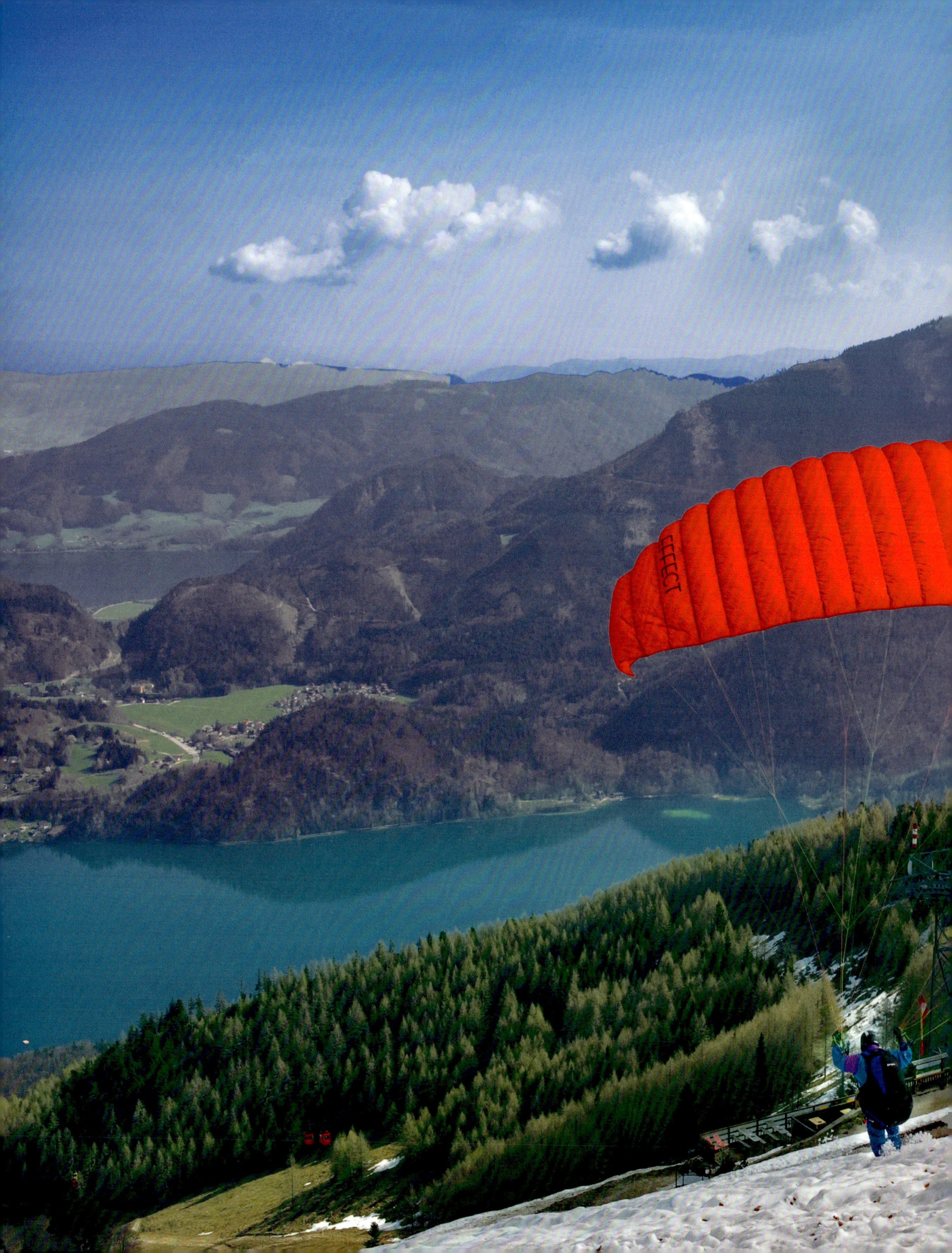
EFFECT

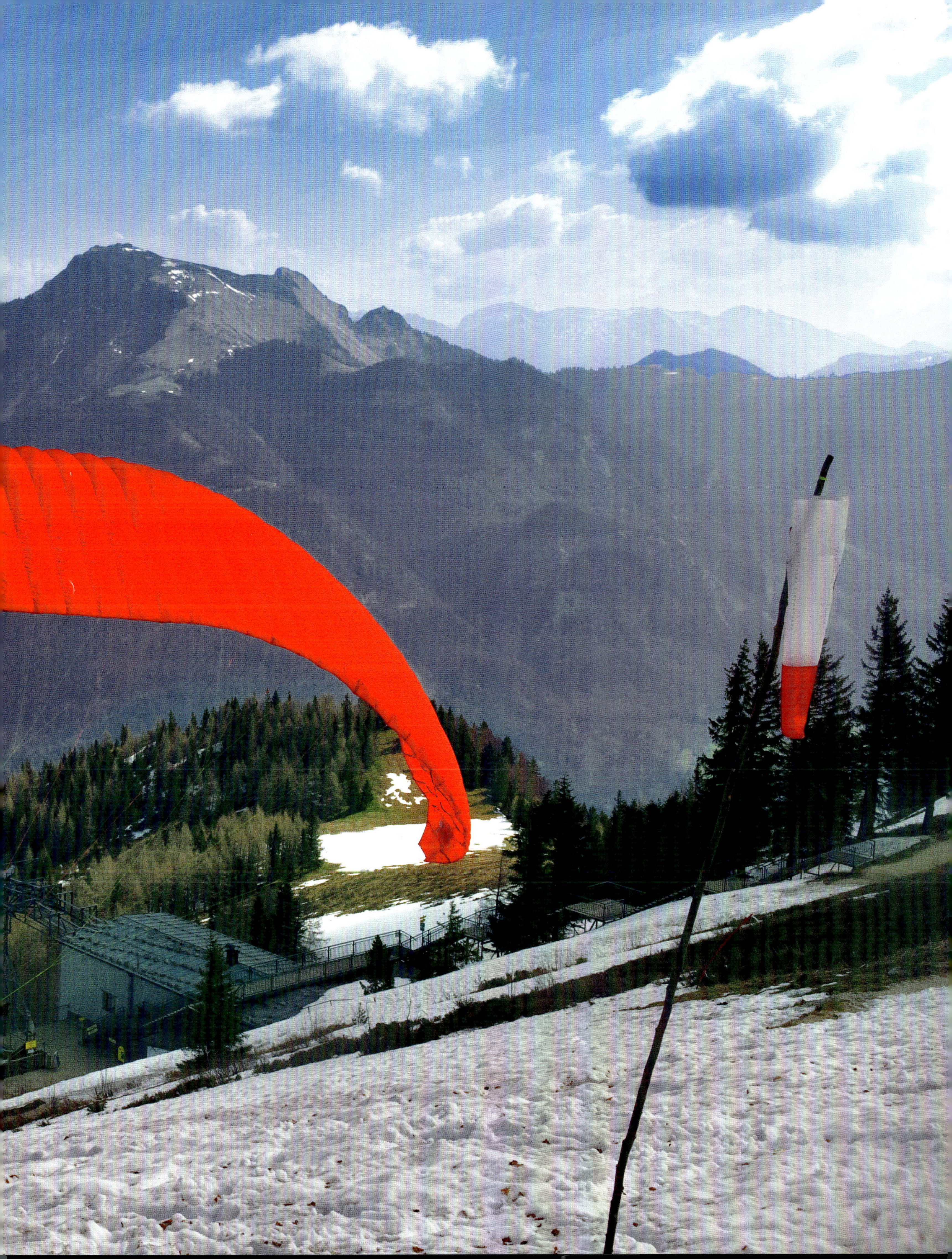

Seilbahn auf das Zwölferhorn

Am 30. Juni 1957 wurde eine weitere technische Attraktion eröffnet: die Seilbahn auf das Zwölferhorn, deren rote und gelbe Gondeln das St. Gilgner Ortsbild bis heute prägen. Ursprünglich war sie gebaut worden, um Schifahrer auf den Berg zu befördern und dadurch dem Wintertourismus einen neuen Impuls zu geben. In den letzten Jahren jedoch wurden die Schilifte auf dem Zwölferhorn immer spärlicher, doch die Bedeutung der Gondelbahn für den Sommertourismus wuchs. Neben Wanderern sind es vor allem Paragleiter, die den Sprung von oben wagen. In 16 Minuten überwindet der Fahrgast 900 Meter Höhendifferenz – für die Erbauungszeit eine wahre Pionierleistung.

Blick vom Zwölferhorn auf St. Gilgen. Eine Attraktion für Wanderer im Sommer und Schifahrer im Winter.

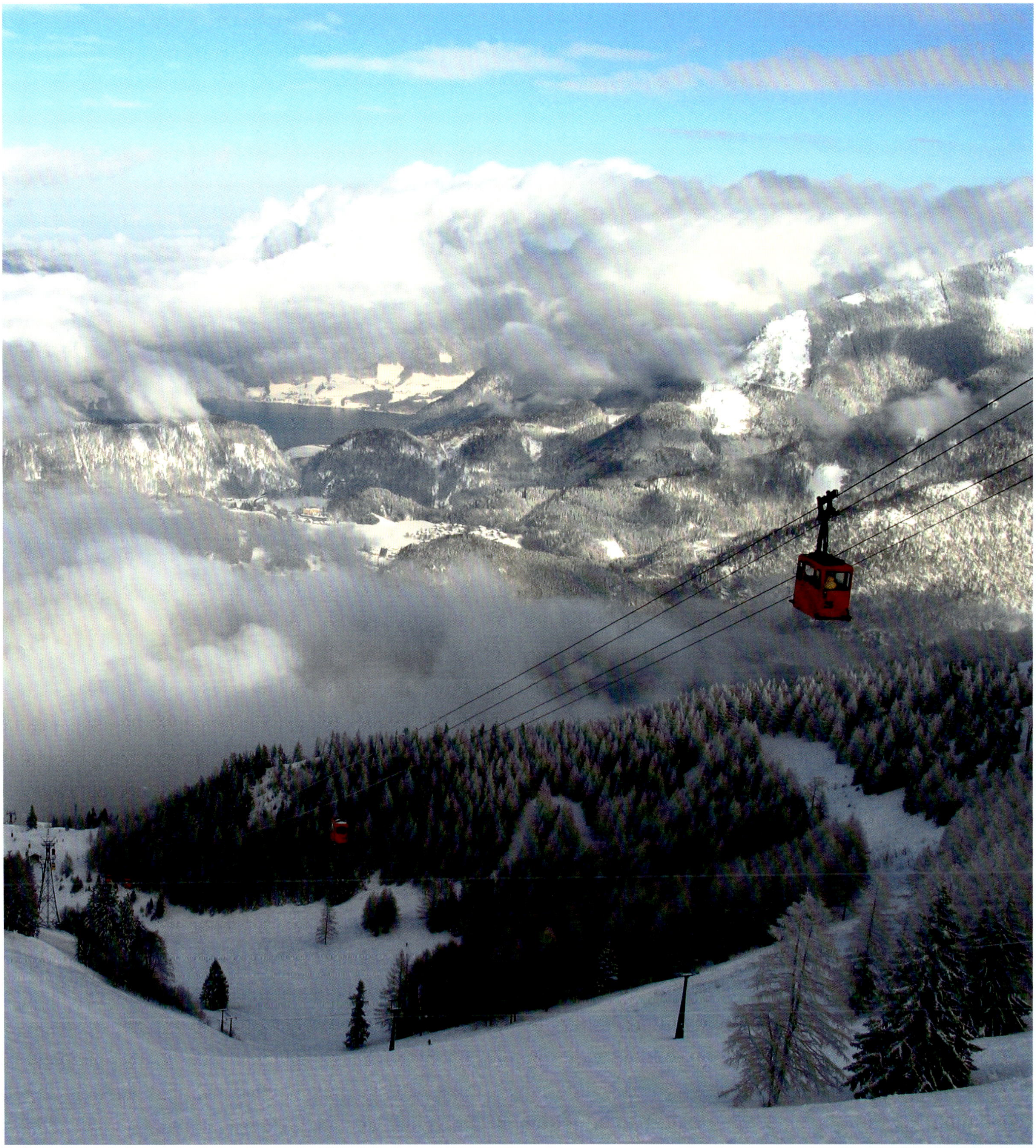

Sport am See

Das Motorboot gehörte einst Hugo von Hofmannsthal – auch Marlene Dietrich erkundete damit den Wolfgangsee.

Sport gehörte als selbstverständlicher Bestandteil zur Sommerfrische. Die Nähe des Sees lud zum Schwimmen, Segeln, Rudern und auch Wasserschifahren ein, die Berge zu längeren oder kürzeren Wanderpartien. 1906 wurde auf Initiative von Kommerzialrat Johann Dupal der «Fremdenverkehr-Interessenten-Verein» gegründet, dessen Aufgaben die Pflege des Ortes St. Gilgen und der Spazier- und Wanderwege waren. Mitglieder waren unter anderem Hans Blaschczik, Wilhelm Kestranek, Anton von Frisch und Eugen von Schlesinger-Benfeld. 1909 wurden die Aufgaben dieses Vereins vom «Verschönerungs-Verein St. Gilgen am Abersee» ergänzt und zum Teil übernommen. In den Statuten war festgelegt, wie der Zweck des Vereins erreicht werden sollte: «*Durch Herstellung neuer Wege und Promenaden, Ruhebänke und sonstige öffentliche Anlagen sowie die Erhaltung der bestehenden.*» Die Sommerfrischler spendeten Jahr für Jahr nicht unbeträchtliche Summen für den Verein und dessen Ziele – ein Zeichen, dass ihnen die Erhaltung des Ortes am Herzen lag.

Doch auch ohne Vereine wurde dem Wassersport gefrönt, wie zahlreiche Fotos bezeugen. Alle großen Villen hatten eigene Bootshäuser, in denen nicht nur Segel-, sondern auch Ruderboote und später Motorboote untergebracht waren, die die Kinder zum Spielen einluden, den Erwachsenen ungezwungenes Beisammensein ermöglichten und jegliche Kleiderordnung unwichtig werden ließen.

Bootshütte in St. Gilgen.

Rudern

Die ersten Sportruderboote tauchten in den 1880er Jahren am See auf. Berthold Curant, Pionier der Linienschifffahrt auf dem Wolfgangsee, holte den Kärntner Bootsbauer Johann Ratz nach St. Gilgen, um Ruderboote zu bauen, denn die Nachfrage war groß. Unter Federführung von Christine Billroth veranstaltete die Sommerfrischler-Jugend Ruderboot-Rennen. Doch waren die Ruderboote auch wichtig, um zu den Segelbooten zu gelangen, die an Bojen in den St. Gilgner Buchten hingen.

Erst mehr als hundert Jahre später, im Jahr 1990, wurde der Ruder Club Wolfgangsee unter Vorsitz von Jan Fortuin gegründet und widmet sich seither als Institution dem Rudersport auf dem Wolfgangsee.

Eine frühe Aufnahme aus dem Jahr 1899 zeigt Jenny Richter (später verheiratet mit Otto von Frisch) und Gretl Osio bei einer Bootspartie.

Die ersten Segelboote in Brunnwinkl.

Segeln

Die Anfänge des Segelsports am Wolfgangsee liegen im Jahr 1886, als die ersten «richtigen» Segelboote auf dem See heimisch wurden, die Schwertjollen «Argo» von Hans von Frisch und «Helene» von Alfred Exner. Im Jahr darauf kam die offene Schwertjolle «Falke» der Brüder Strohschneider an den See. Ihren Liegeplatz hatten sie in Brunnwinkl.

Am 17. April 1901 wurde in Brunnwinkl der UYC (Union Yacht Club) Wolfgangsee gegründet. Zu diesem Zeitpunkt umfasste der Verein 23 Mitglieder und neun Boote. Dem Gründungsvorstand gehörten als Vorstand Dr. Anton von Frisch, als dessen Stellvertreter Arthur von Marklowsky und außerdem Dr. Hans von Frisch, Dr. Alfred Exner, Paul Strohschneider, Dr. Hans Benndorf und Hans Coeln an. Aus neun wurden rasch zwanzig Boote, und das Clubleben gestaltete sich bis zum Ausbruch des Ersten Weltkrieges sehr rege: Der Yacht Club war Treffpunkt der Sommerfrischler. Nach dem Ende des Krieges belebte sich der Club wieder langsam, die politischen Veränderungen zeigten sich jedoch auch hier: Der Yacht Club führte einen Arierparagraphen ein und schloss somit die jüdischen Mitglieder aus: *«Früher hat man sich nicht darum gekümmert, ob das Juden oder Christen waren, sie waren Wiener, nicht wahr. Aber durch den Arierparagraphen ist man aufmerksam geworden.»*[141]

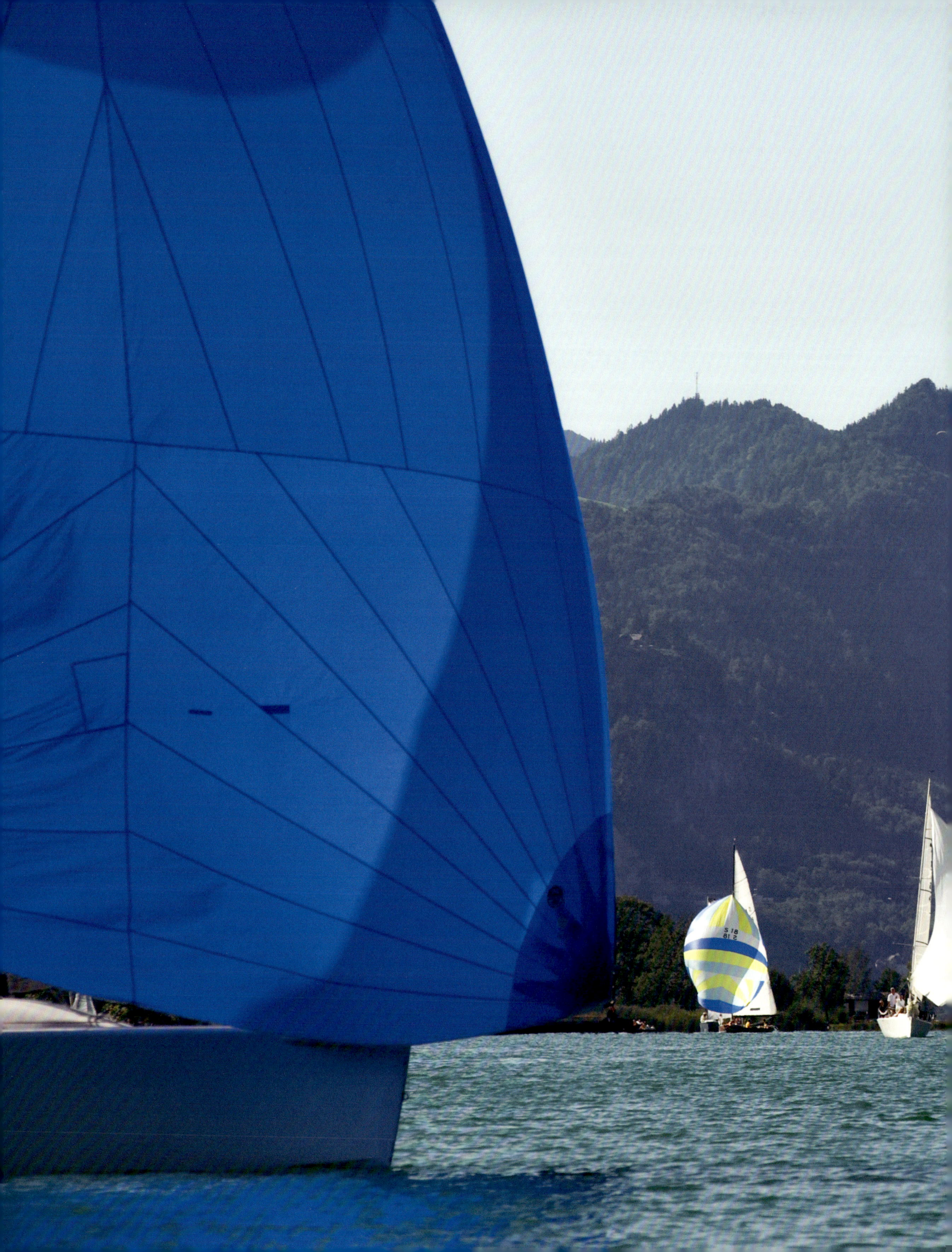

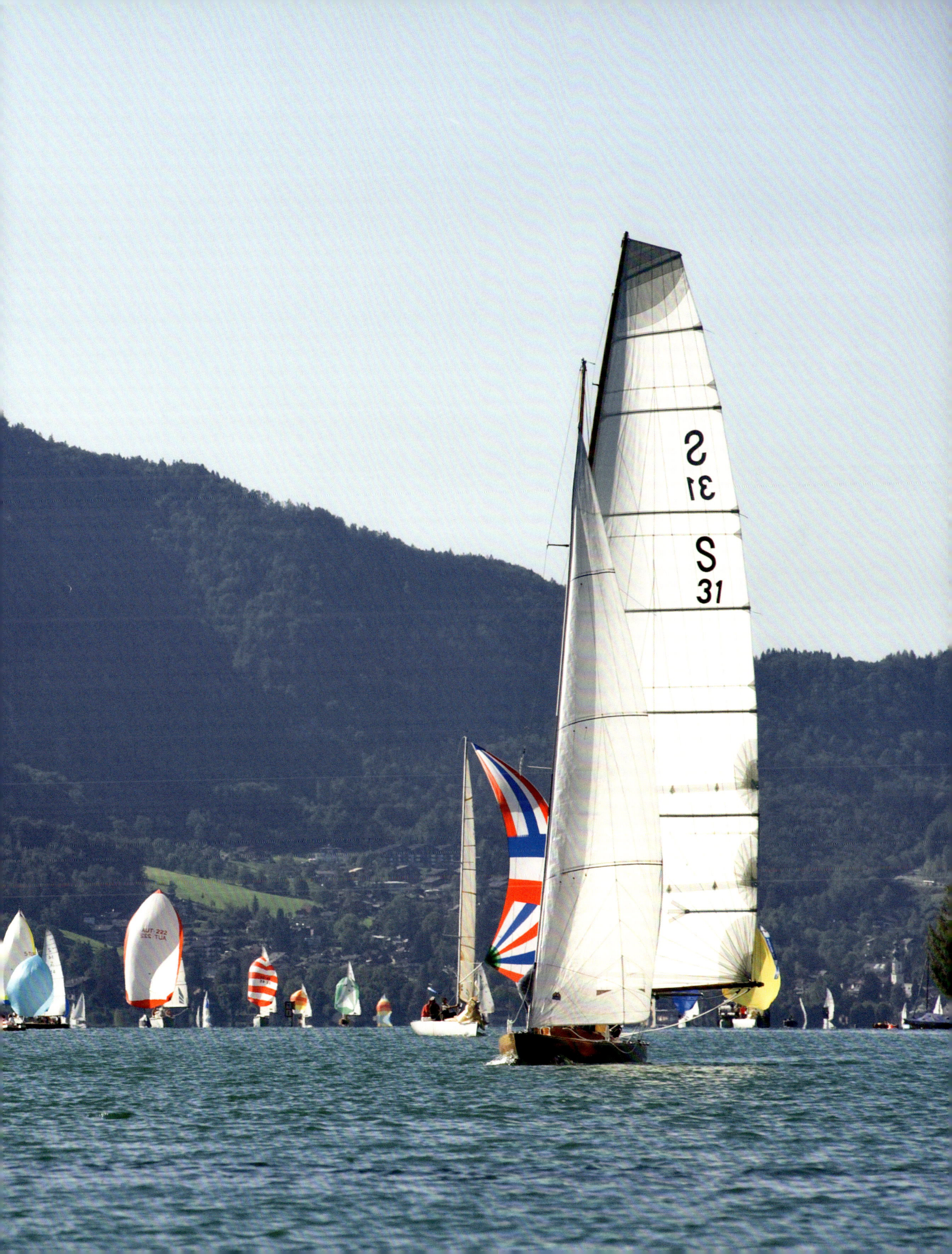
S
31

Im Jahr 1920 wurde zusätzlich der Segelverein «Nibelungen» gegründet, dessen Mitglieder sich zumeist aus jungen, zum Teil ortsansässigen Seglern rekrutierten; 1924 bestand auch der «Österreichische Touring Yacht Club» – alle drei Clubs gehörten dem Deutschen Segler-Verband an.[142]

Seit dem Ende des Zweiten Weltkrieges machte der Club durch große Talente von sich reden: Hubert Raudaschl gewann 1959 seinen ersten Staatsmeistertitel in der Klasse «Finn», 1964 den Goldcup (Weltmeisterschaft) derselben Klasse und 1968 die Silbermedaille in dieser olympischen Dinghy-Klasse. 1980 gewannen Hubert Raudaschl und Karl Ferstl die olympische Silbermedaille im Starboot vor Tallinn. Und 2000 errangen Mitglieder des Yacht Clubs gleich mehrere Medaillen: Olympisches Gold gab es für den Surfer Christoph Sieber, WM-Gold für die Yngling-Segler Rudi Mayr, Christoph Mayr und Niko Pracher und EM-Silber für Hubert Raudaschl.

Nicht jede Segelpartie ging glimpflich aus. Familie Gečmen-Waldek in Strobl (oben).
Unten l.: Der Yacht Club in St. Gilgen.
Unten r.: Olympiasieger Hubert Raudaschl 1970 in St. Wolfgang.

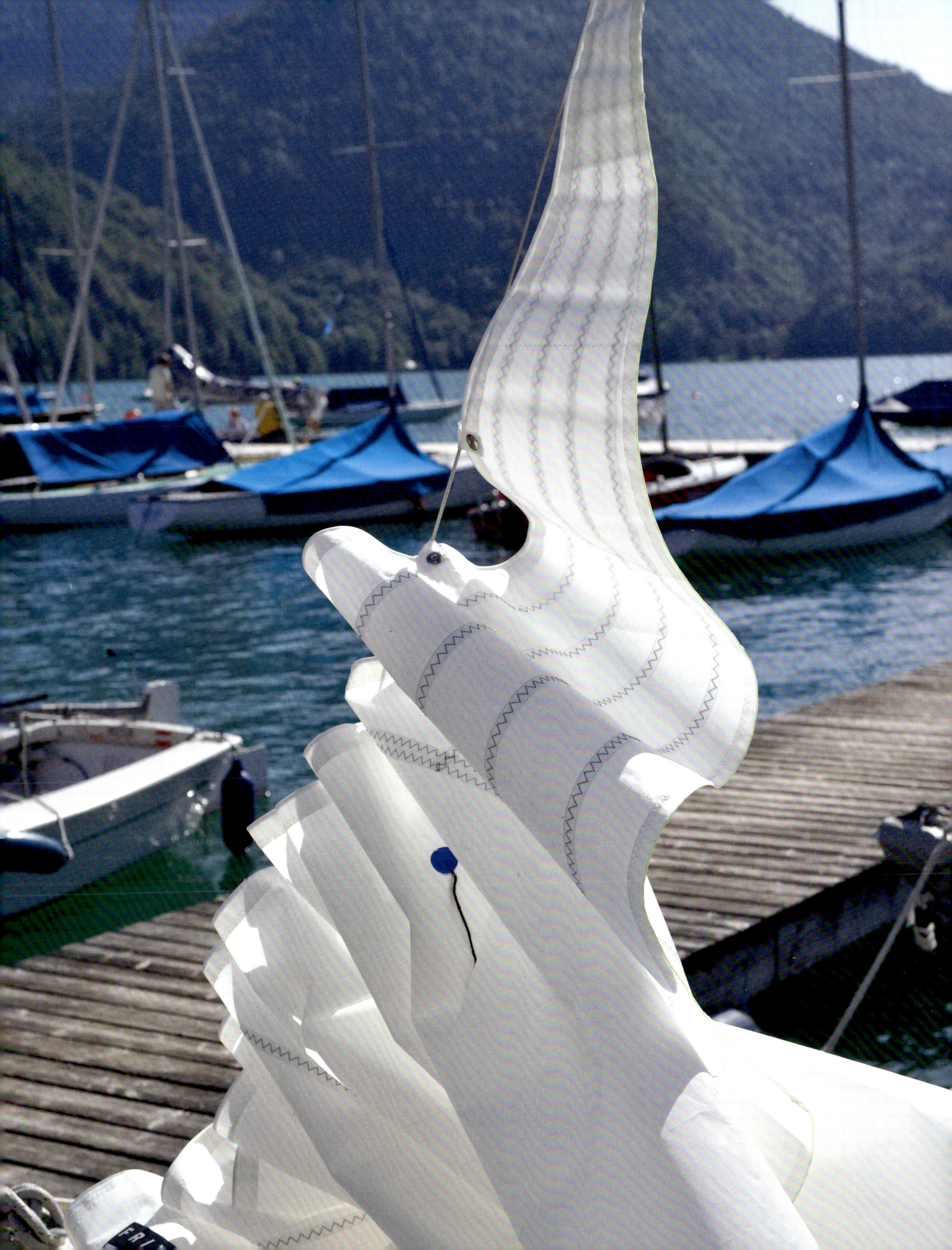

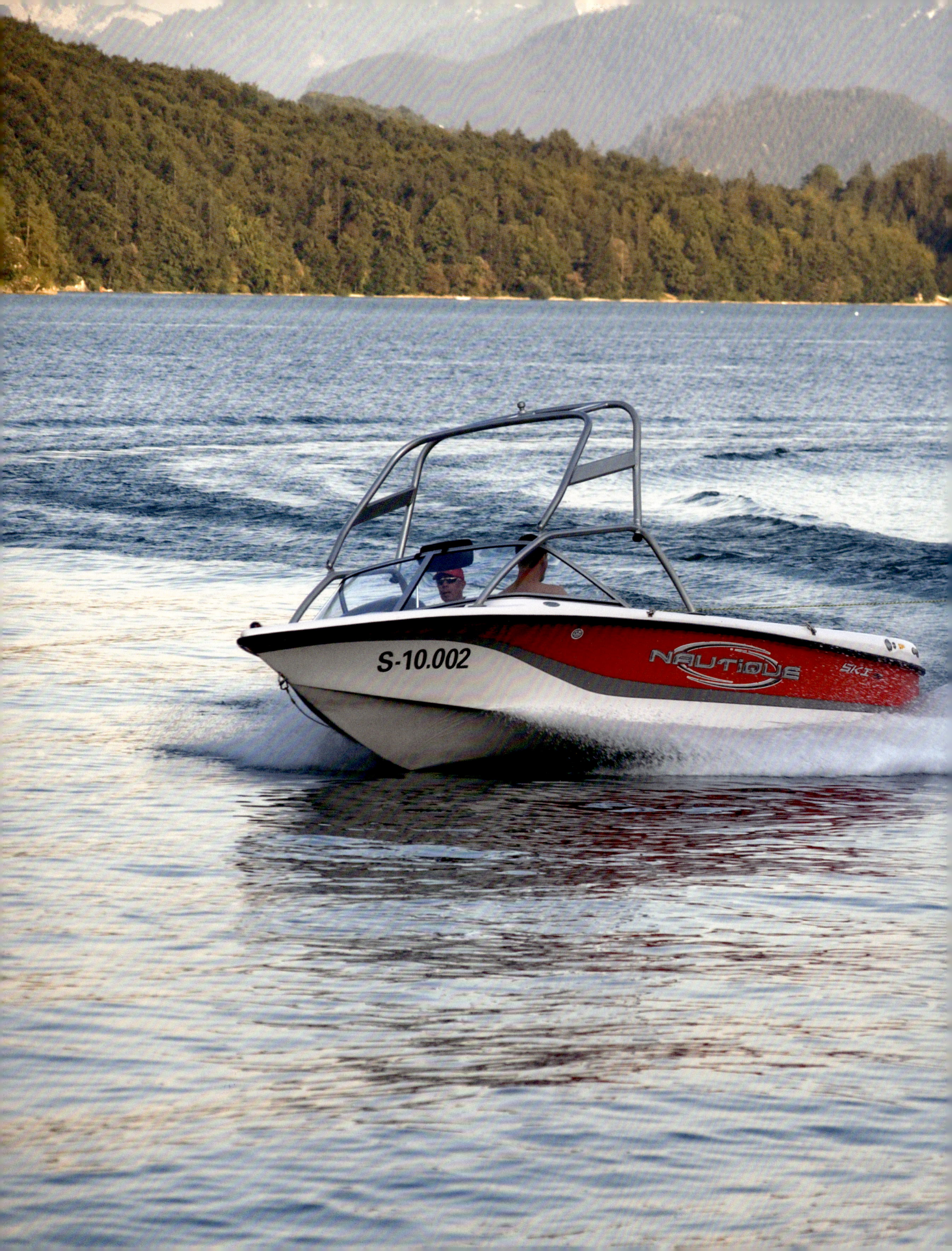
S-10.002
NAUTIQUE
SKI

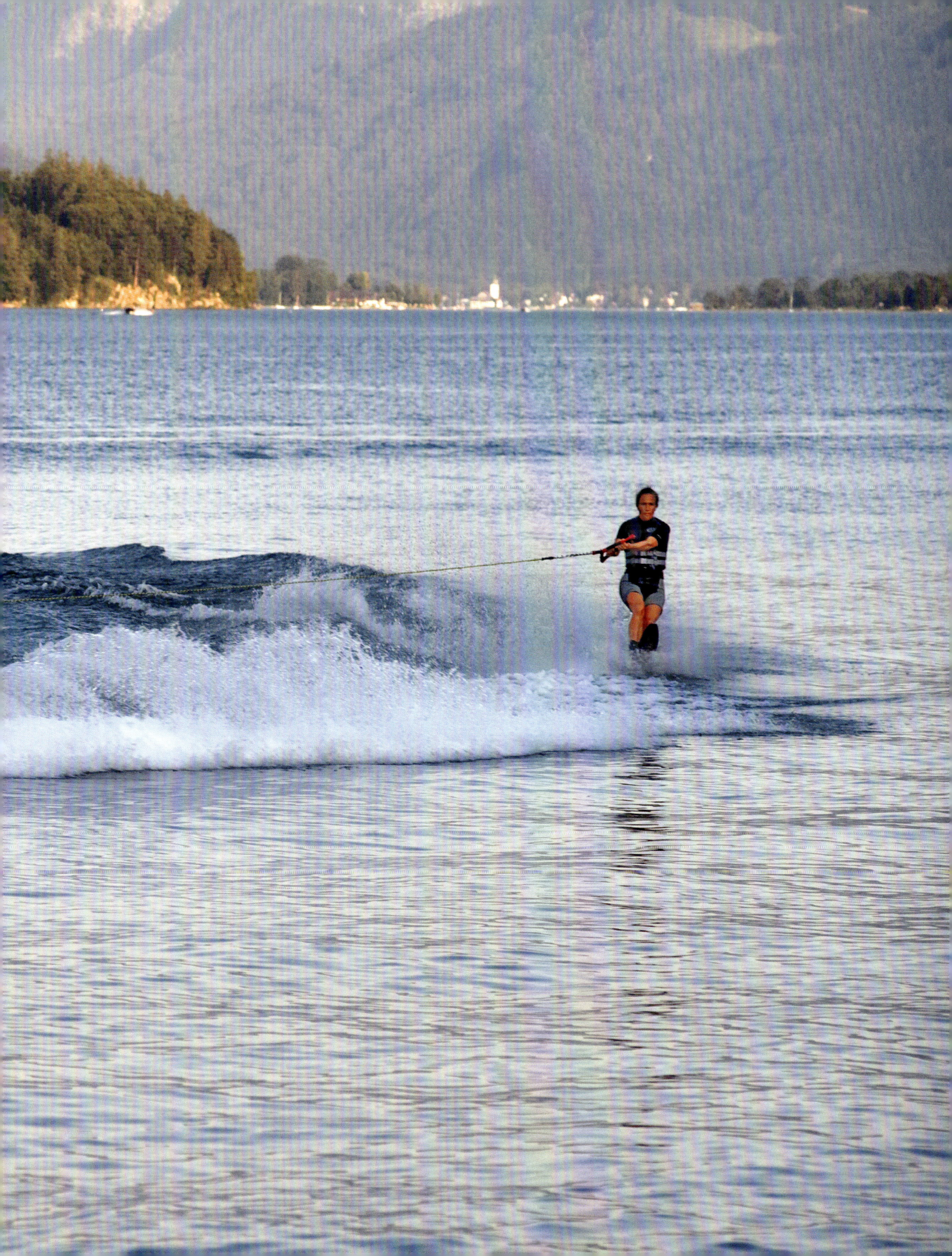

Wasserschi

Das Wasserschilaufen hat seinen Ursprung in den 1920er Jahren. Wassersportler in Amerika starteten erste Versuche, sich auf einem Brett von einem Boot ziehen zu lassen, doch erkannte man bald, dass man mit zwei Brettern leichter über das Wasser gleiten konnte. Erste Experimente gab es mit selbstgebastelten, drei Meter langen Wasserschiern. Möglich wurde das alles jedoch erst durch die Entwicklung von leistungsfähigen Motorbooten.

1955 gründete Walter Pistorius in St. Wolfgang beim Hotel «Weißes Rössl» die erste österreichische Wasserschischule, die ein Anziehungspunkt für die Jetset-Gesellschaft wurde – St. Wolfgang entwickelte sich zu einem mondänen Sommerort, wo sich die Prominenz traf: Gunter Sachs verbrachte seine Zeit ebenso hier wie die in Strobl ansässige Ira Fürstenberg. Schauspieler wie Gunther Philipp, Peter Alexander und Waltraud Haas drehten hier Filme – und auch da war Wasserschifahren gefragt: In der Verfilmung von *Im Weißen Rössl* mit Peter Alexander war Walter Pistorius dessen Stuntman für die Wasserschiszenen: Mit einem Tablett fuhr er über den See, um sich dann mit einem Sonnenschirm in die Lüfte zu erheben.

Auch die ansässigen Schriftsteller kannte Walter Pistorius gut; der Tochter Hilde Spiels gab er Unterricht, und über Alexander Lernet-Holenia erzählt er, dass dieser jedes Mal, wenn ihm ein Deutscher im Weg gewesen sei, einen Schreianfall bekommen habe.[143] Sportler zählten ebenfalls zu Pistorius' Kundschaft, und die Sommergäste wunderten sich nicht, wenn ihnen in St. Wolfgang Toni Sailer oder Franz Klammer über den Weg liefen.

Mittlerweile gehört Wasserschifahren zu den Standards der Sommerbeschäftigung am Wolfgangsee. In allen Orten haben sich Schulen und Vermietungen etabliert, die den Sommergästen dieses Vergnügen ermöglichen – dass dies vor fünfzig Jahren noch ein exklusiver Luxus war, ist heute fast vergessen.

Nicht der Gasthof Lueg steht im Mittelpunkt dieses Photos, sondern die Dame ganz rechts im Bild.

Walter Pistorius begründete 1955 die erste Wasserschischule in St. Wolfgang.

St. Wolfgang, 1965.

Tennis

Zur luxuriösen Ausstattung der Sommerfrischen-Villen gehörte selbstverständlich auch ein Tennisplatz, war das so genannte «Lawn Tennis» doch eine beliebte Beschäftigung der Sommergäste. Rund um den See entstanden zahlreiche private Plätze, und auch die Hotels ergriffen diese Möglichkeit, ihre Gäste zu unterhalten: Ein Tennisplatz war Standard in den gehobeneren Hotels. Und den einheimischen Buben boten die Plätze die Möglichkeit, sich als Ballbuben etwas dazuzuverdienen.¹⁴⁴

Tennis rund um den See: Die Tennisgesellschaft in Strobl bei Familie Gečmen-Waldek wurde auch in einer Zeitschrift festgehalten.

In St. Gilgen spielte man im Dirndl:
Tennisplatz der Villa Kestranek.

Der See als Kulisse: Balanceakt im Bootshaus des Lislhofs von Familie Wallace um 1930.

Seebad in Strobl. Ansichtskarte, 1926.

Jugend in St. Gilgen, ca. 1930.

Strandbad in St. Gilgen im Salzkammergut

Strandbad in St. Gilgen um 1960.

Schwimmen

Bereits in den 1890er Jahren hatte der St. Gilgner Postwirt bei seiner Seerestauration ein Seebad eingerichtet, 1893 neu gebaut und 1909 erweitert. Damals bestand ein Seebad aus zwei Bassins, streng getrennt für Damen und Herren. Das wilde Baden war damals verboten, die Sommergäste hatten jedoch die Möglichkeit, in ihren eigenen Badehütten, die in großer Zahl entstanden, ins Wasser zu springen. Später wurde das Strandbad verlegt und von Familie Ratz betrieben.

In Strobl besaß das elegante Hotel am See eine eigene «Schwimm- und Badeanstalt», die aus einem Damen- und Herrenbassin bestand und besonders geeignete Bedingungen bot: «*Das sanft abfallende, seichte Ufer, welches das Hinausgehen bis auf 100 Meter von der Schwimmschule ermöglicht, was insbesondere für Kinder und des Schwimmens Unkundige von großem Vorteile ist. An schönen, warmen Sommertagen entwickelt sich in der Schwimmschule und bis weit hinaus in den See ein buntes, fröhliches Leben, wie man es eigentlich nur in einem Seebade zu sehen gewohnt ist.*»[145]

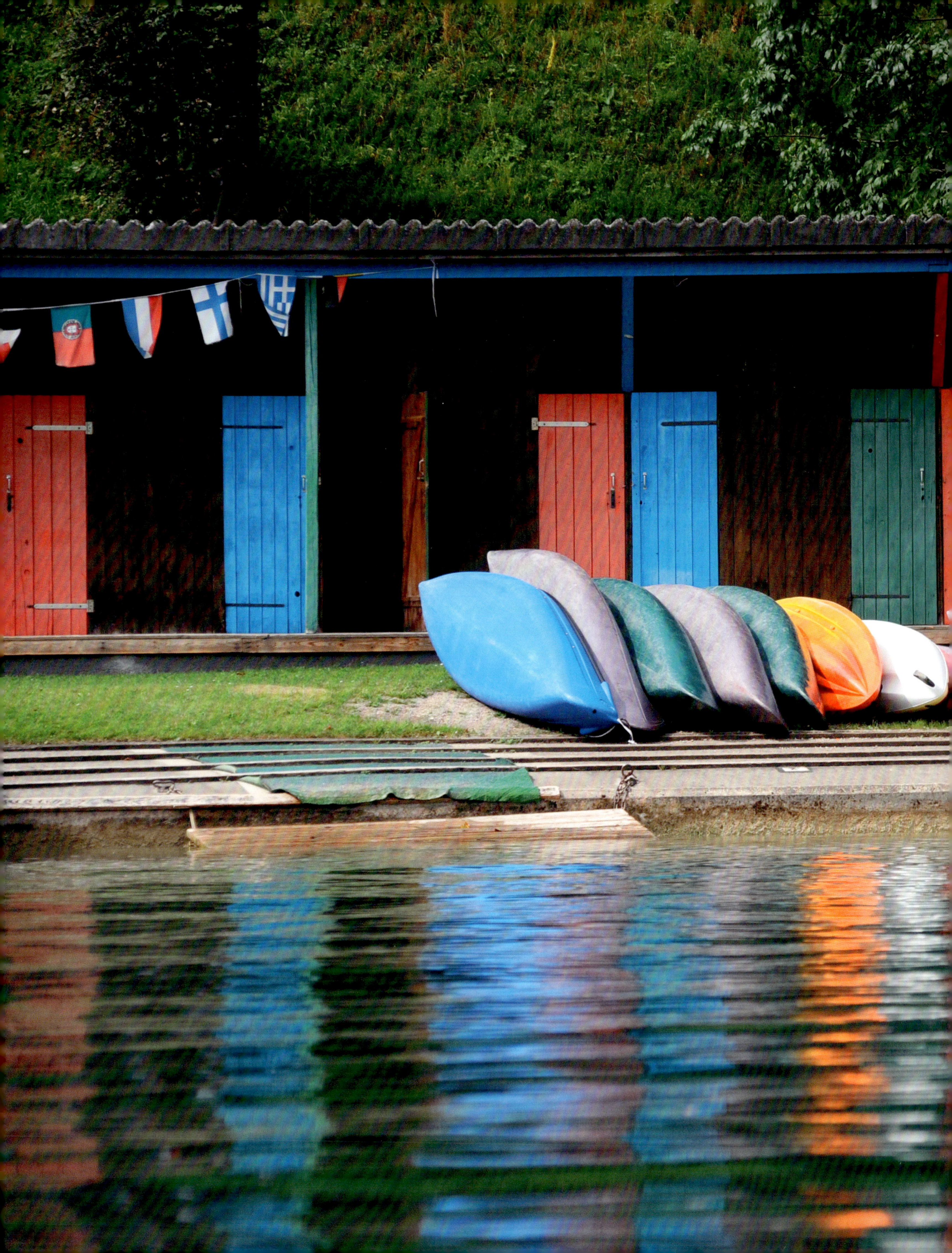

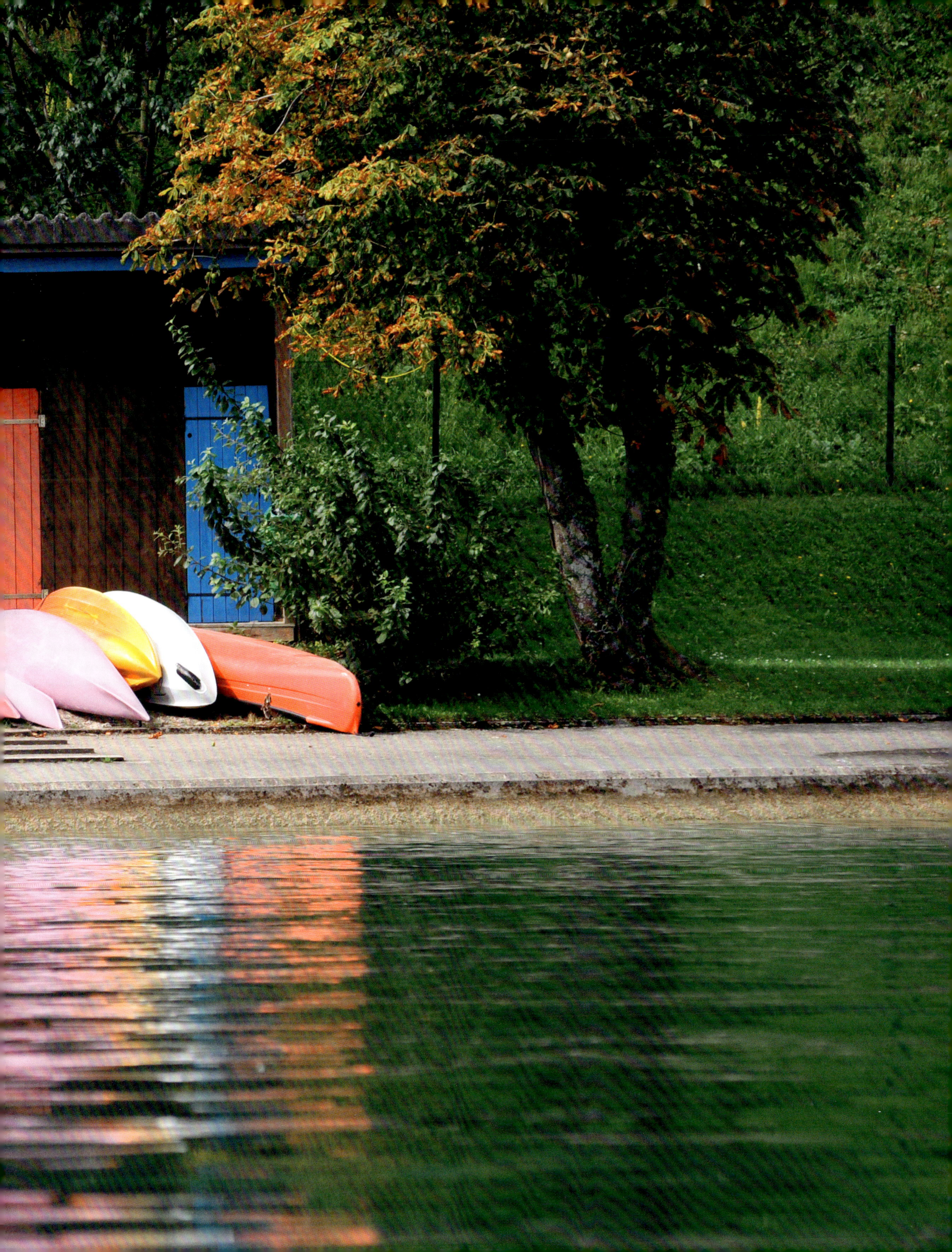

Blick vom Schafberg auf den See, um 1910.

Erschließung der Berge: Spazierengehen und Bergsteigen

Die Berge übten immer schon eine starke Faszination auf die Menschen aus: einerseits als Objekte für Maler, andererseits als Herausforderung für wagemutige Menschen. Im Jahre 1862 wurde der Österreichische Alpenverein, 1869 der Deutsche Alpenverein gegründet – wohl einer der einflussreichsten Vereine Mitteleuropas: Von der Nordsee bis zum Bodensee, von der Ostsee bis zur Adria gab es bald keinen größeren Ort ohne Alpenvereinssektion. Der Alpenverein beeinflusste nicht nur das Leben und die Freizeitgestaltung seiner Mitglieder, sondern trug auch wesentlich zu wirtschaftlichen Veränderungen bei, so auch im Salzkammergut in der zweiten Hälfte des 19. und am Anfang des 20. Jahrhunderts. Seine Mitglieder erbauten zahlreiche Hütten, legten Hunderte Kilometer Wanderwege an und trugen zur wissenschaftlichen Erforschung der Alpen bei. Trotzdem lösten der Alpinismus und die Gründung des Alpenvereins zwiespältige Gefühle aus: Einerseits stand die Liebe zur Natur, zu den Bergen im Vordergrund, andererseits war von Anfang an die Verbreitung der deutschen Kultur ein Hauptanliegen. Im 19. Jahrhundert auch vom assimilierten jüdischen Großbürgertum als einer der tragenden Gruppen der deutschen Kultur forciert, entwickelte sich aber gerade dieser Ansatz in eine nationalistische und antisemitische Richtung. Das wollte man nicht wahrhaben. Und doch wurde bereits 1921 in der Sektion «Austria» der Arierparagraph eingeführt. Gerade diese Sektion war aber die Heimat des Großbürgertums. Fast alle bedeutenden Bergsteiger der 1880er und 1890er Jahre gehörten der «Austria» an.

Die Strobler Berge.

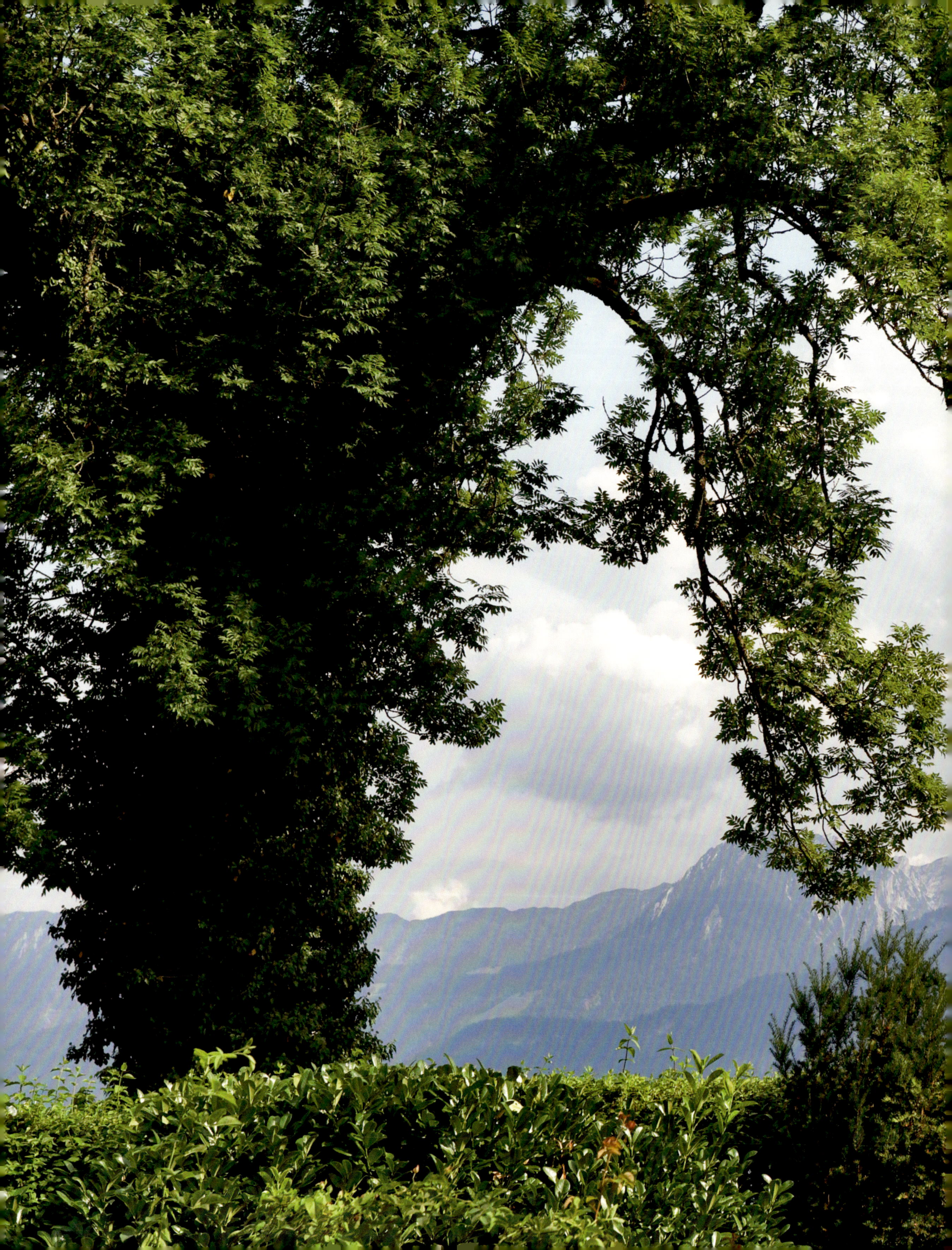

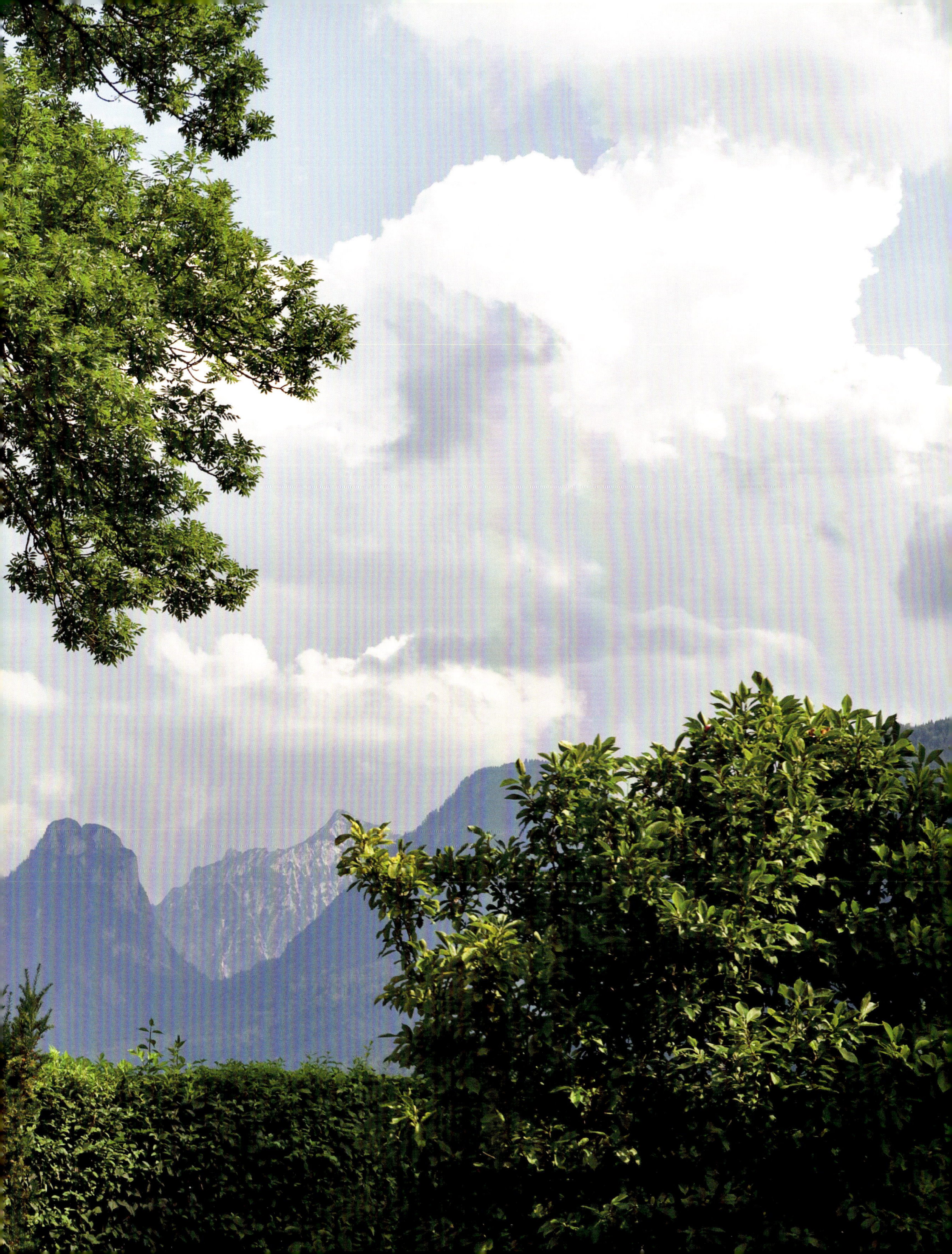

Neben den umliegenden Bergen zählte – und zählt – die Weißwand auf halber Höhe des Zwölferhorns zu den beliebtesten Zielen einer kleinen Wanderung, bietet doch der dort gelegene Alpengasthof die Möglichkeit, einzukehren und die schöne Aussicht auf St. Gilgen, den Wolfgangsee, den Schafberg und den Plombergstein zu genießen. Letzterer ist einer der so genannten «drei Brüder», von deren Entstehung eine schöne Legende erzählt: Ein König liebte seine Tochter so sehr, dass er ihre Hand nur demjenigen geben wollte, der ihr einen Palast am schönsten Ort der Welt bauen würde. Drei Brüder zogen aus, um diesen Platz zu finden. Sie wanderten und suchten, und eines Morgens erblickten sie ein Tal: Grüne Wiesen, hohe Berge, dunkle Wälder, liebliche Dörfer und ein See, in dem sich alles spiegelte, lagen vor ihnen. Sie blieben voller Bewunderung stehen, vergaßen die schöne Prinzessin, vergaßen Haus und Hof. Noch immer stehen diese drei Brüder – zu Stein geworden – über dem See und bewachen die wunderbare Landschaft, die zu ihren Füßen liegt.[146] Von hier aus sieht man die Strobler Berge Sparber und Bleckwand, die die Landschaft prägen.

Weißwand, 1930.

«Die drei Brüder» mit dem Plombergstein, Ansichtskarte, 1911.

Plomberqstein mit Hotel Billroth.

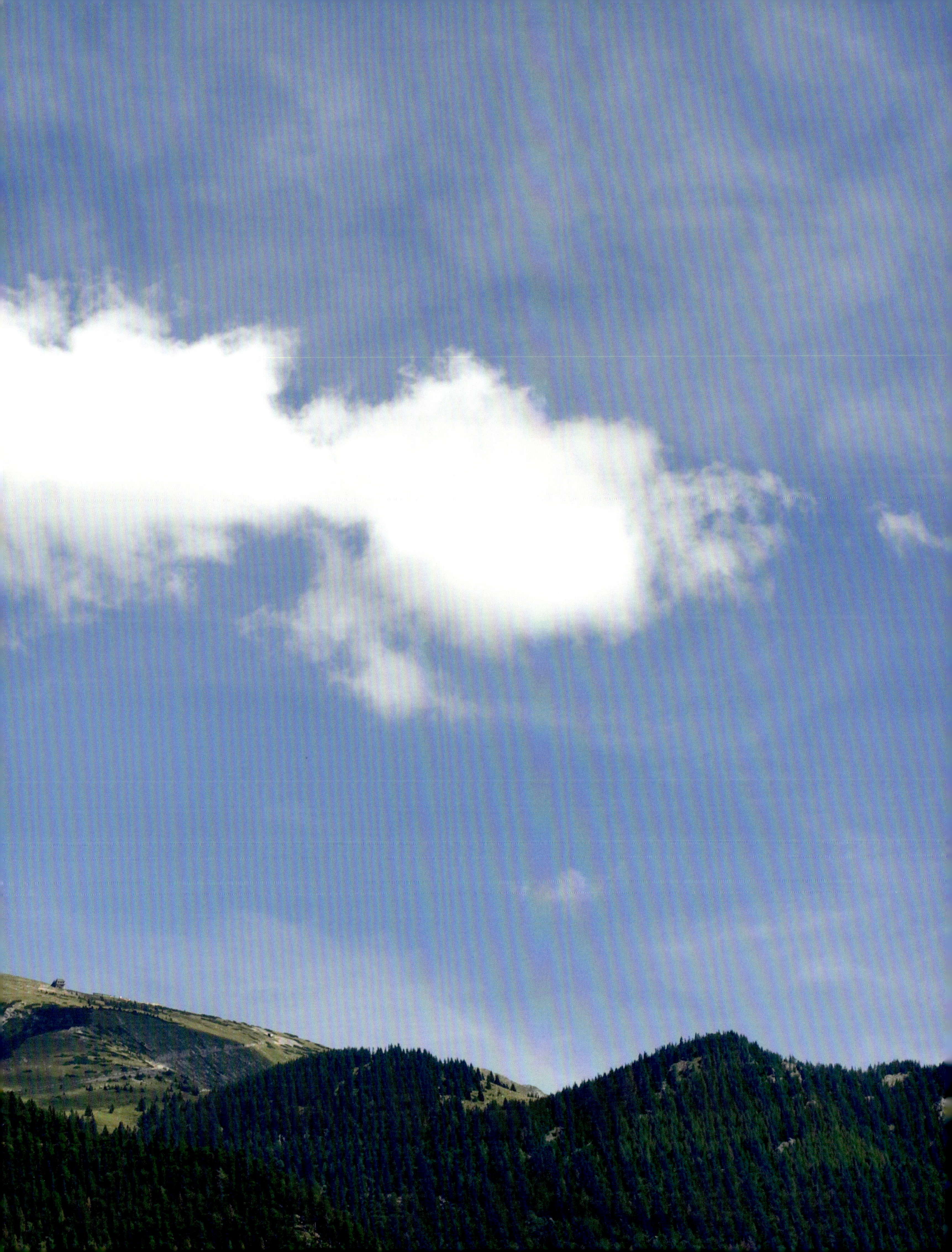

Abstieg vom Rinnkogel.

Friedrun und Peter Huemer
Bergstöcke und Stöckelschuhe

Auf den Schafberg gehen wir von St. Wolfgang aus über Mönichsee und Purtschellersteig. Der Abstieg führt dann über Himmelspforte, Suissensee und Mittersee zurück zum Mönichsee. Baden um die Mittagszeit. Der letzte Teil des Abstiegs auf derselben Route wie der Aufstieg. Das ist eine ordentliche Tagestour mit mehr als sechs Stunden Gehzeit. Wir machen sie jedes Jahr, manchmal auch öfter, wenn Freundinnen oder Freunde mitgehen.

Seit 1893 kann man auch mit der Zahnradbahn auf den Schafberg fahren. Eines Tages begann es zu regnen, als wir den Gipfel erreichten, daher saßen wir nicht auf der Terrasse vor der Himmelspforthütte, sondern drinnen. In einem Raum hielten sich die Halbschuhtouristen aus der Bergbahn auf, im anderen die Bergkameraden. Die pflegten gerade das heimische Liedgut. Wohin also sich wenden? Eine schwere Entscheidung. Halbschuh oder Liedgut? Da Blut aber bekanntlich dicker als Wasser ist, entschieden wir uns für die Bergkameraden, in der Hoffnung, sie würden zu singen aufhören. Gemeinsam mit den Halbschuhtouristen, das hätten wir nicht über uns gebracht. Das wäre uns peinlich gewesen. Es ist hier nämlich wie überall im Leben: Wer auch nur den kleinsten Aufstieg (1782 Meter) aus eigener Kraft geschafft hat, schaut auf die hinunter, die dazu fremde Hilfe benötigten.

Einmal, an einem besonders heißen Tag, badeten wir auf dem Rückweg zu lange im Mönichsee. Daraus wurde ein Problem, weil eine Freundin «Figaro»-Karten in Salzburg hatte. Davor noch Duschen und Umziehen. Den letzten Teil des Abstiegs haben wir mehr im Laufen als im Gehen zurückgelegt. «Figaromäßig absteigen» nennen wir das seither. Sie kam übrigens noch rechtzeitig ins Festspielhaus.

Die Berge, die Seen, die Kultur: Diese Dreiheit bildet im Salzkammergut eine Einheit, die der Gegend ihren unverwechselbaren, unvergleichlichen Charakter gibt. Von den Bergschuhen in die Badeschlapfen und anschließend in die Abendschuhe. Wer ins Salzkammergut fährt, muss für drei grundverschiedene Eventualitäten und zudem für grundverschiedene Wetterbedingungen gerüstet sein.

Wer das Salzkammergut liebt, kommt dorthin nicht als Tourist, sondern wie vor hundert Jahren auf Sommerfrische. Und fragt man Sommerfrischler, welcher See denn der schönste sei, dann ist es jeweils der ihre. Das ist zwar rührend, hält jedoch objektiven Kriterien nicht stand. Summiert man alle verfügbaren Parameter (Vielfalt und Lieblichkeit der Landschaft, Formen der Berge, Seeufer, der Weg nach Fürberg, Wasserfarbe und so weiter), dann stellt sich wissenschaftlich nachprüfbar heraus, dass unser See der schönste ist: der Wolfgangsee.

Der Wolfgangsee erinnert an Mozart. St. Gilgen wirbt mit Mozart, weil seine Mutter hier geboren wurde und seine Schwester Nannerl hierher geheiratet hat. Aber darum geht es nicht, das mag Zufall sein. Jeder Tourismuswerber wird sich auf Mozart berufen, wenn dazu auch nur der allergeringste Anlass besteht. Es ist auch nicht selbstverständlich, Musik und Landschaft in Verbindung zu bringen. Und trotzdem: Wer vom «Mozartblick» auf diese unbeschreiblich schöne Landschaft schaut, auf ihre Leichtigkeit und Schwere, dem sei die Erinnerung an Mozarts Musik erlaubt.

All das verbindet uns mit St. Gilgen. Das heißt leider nicht, dass St. Gilgen von den üblichen Verschandelungen der letzten Jahrzehnte verschont geblieben wäre. Kostbares wurde ruiniert, banale Apartmenthäuser verunstalten den Hang. Der schnelle Tagestourismus mit riesigen Bussen hinterlässt seine Spuren. Man muss über einiges hinwegsehen.

Es ist das Wesen der Liebe, dass sie sich kränkt und dann doch über das Kränkende hinwegsieht. Wer auf Sommerfrische ins Salzkammergut geht, muss damit rechnen, gelegentlich abends im Hochsommer heizen zu müssen und kann auch drei Wochen im Regen sitzen. Dann hat der Wolfgangsee achtzehn Grad. Wir haben ihn aber auch schon mit sechsundzwanzig erlebt. Wer hierher geht, ist ganz bewusst bereit, sich des Zaubers der Landschaft wegen den Fügungen des Wetters zu unterwerfen – wie schon der alte Kaiser, der jeden Sommer in Ischl saß und am Wolfgangsee jagen ging. Der Kaiserkitsch gehört hier übrigens dazu. Wer ihn übertreiben will, geht am 18. August zur Kaisermesse in Ischl und singt in der Kirche das «Gott erhalte». Aber das ist harmlos und tut der Republik nicht weh.

Mit Sicherheit lässt sich eines sagen: Der Wolfgangsee ist der schönste See im Salzkammergut. Das Salzkammergut ist die schönste Gegend der Welt. Der Wolfgangsee ist der schönste Fleck in der schönsten Gegend der Welt.

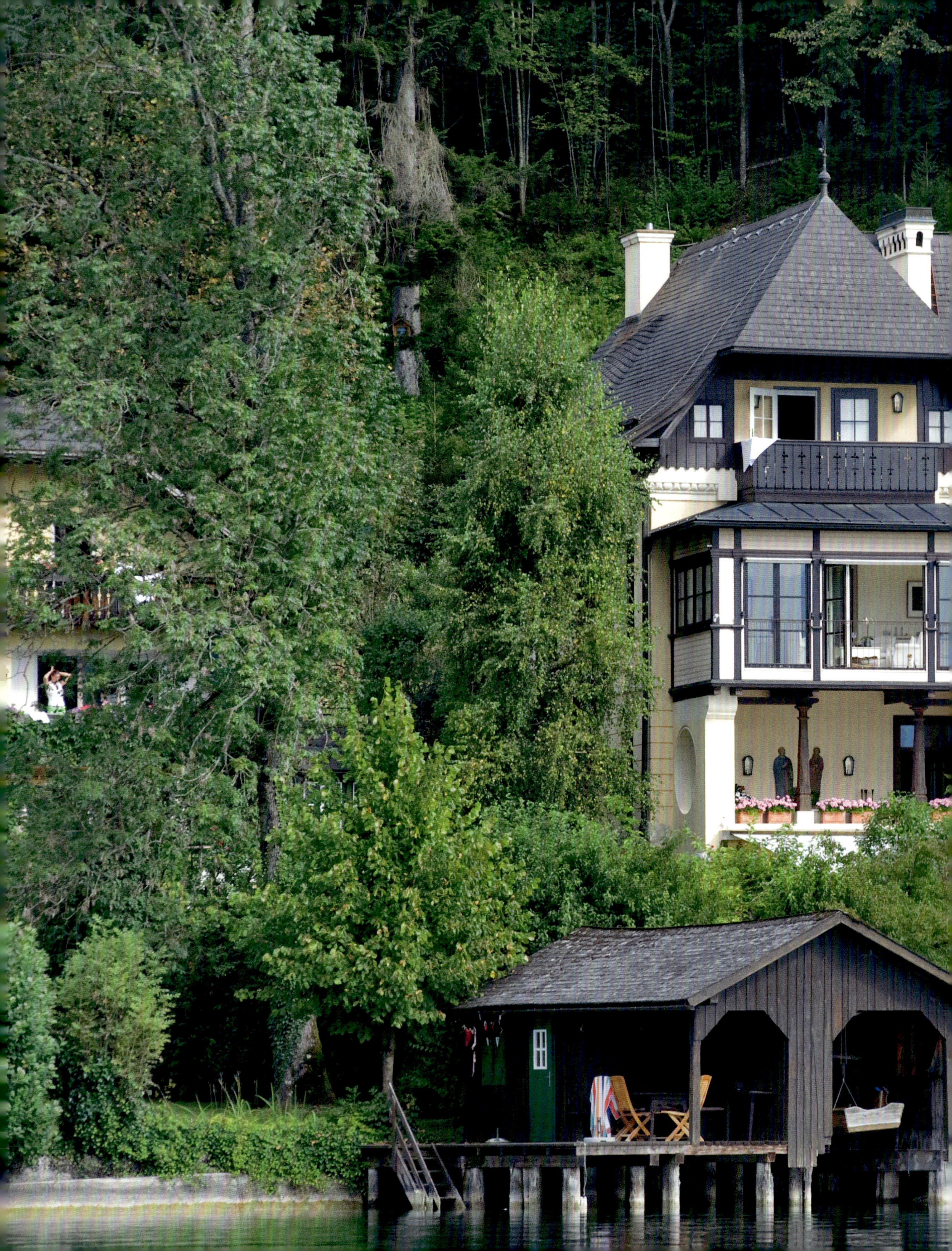

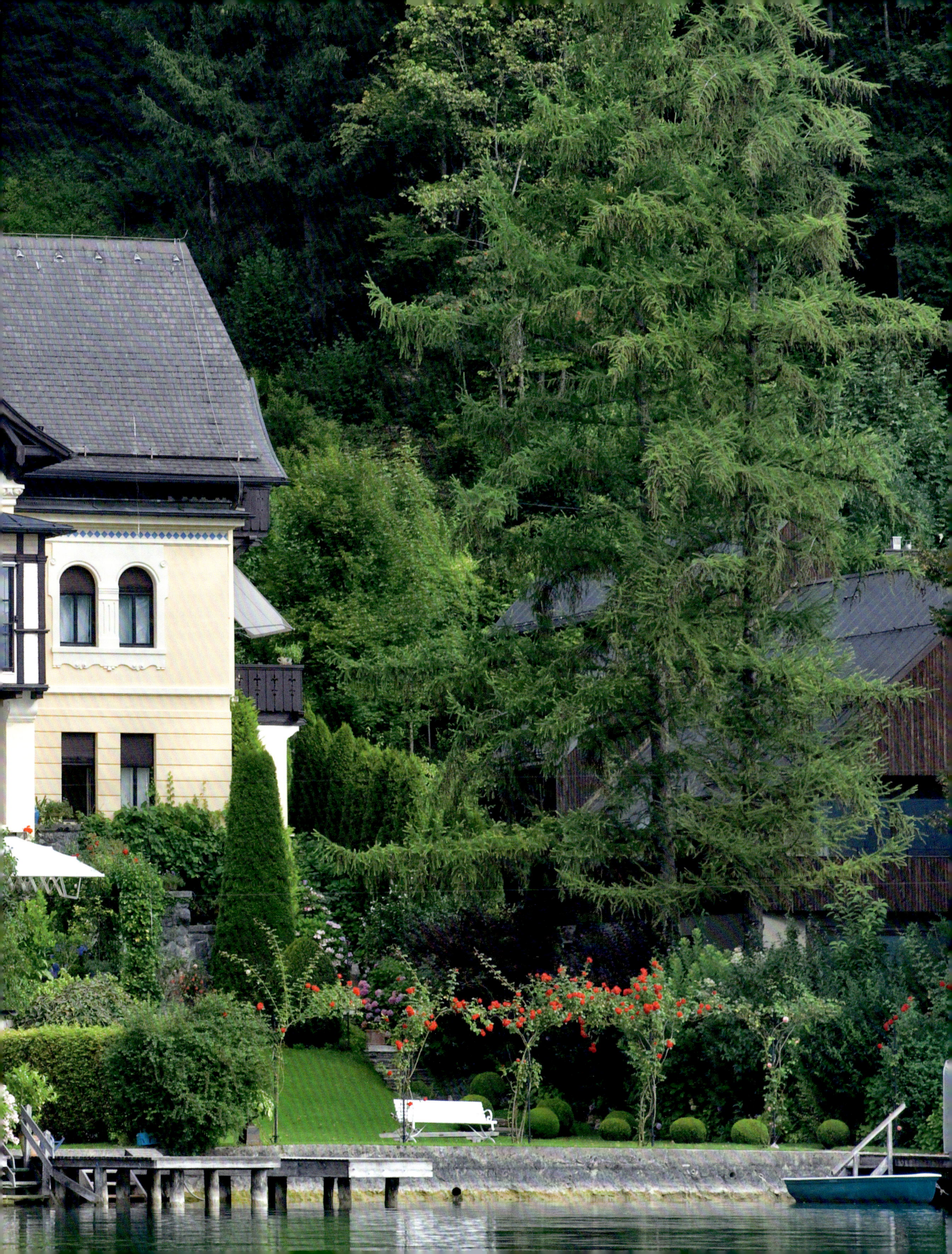

Bundeskanzler Kurt Schuschnigg in St. Gilgen, 1936.

Politik in der Sommerfrische

St. Gilgner Hochzeit 1936: Eine politische Demonstration

Die Sommer 1935 und 1936 verbrachte Bundeskanzler Kurt Schuschnigg in St. Gilgen, er wohnte in der Villa Morawetz, die bis heute in St. Gilgen Schuschnigg-Villa genannt wird. Dort gingen die Politiker des Ständestaates ein und aus: Minister Guido Schmidt ebenso wie Minister und Generalprokurator Robert Winterstein.

Aus dem Naheverhältnis zu diesem Ort entstand die Idee einer politischen Demonstration: Am 9. August 1936 setzte Bundeskanzler Kurt Schuschnigg ein Zeichen gegenüber den erstarkenden Nationalsozialisten. Er demonstrierte die österreichische Identität im Gegensatz zur deutschen, die österreichischen ländlichen Traditionen, die die Eigenart und auch die Unabhängigkeit beweisen sollten. Da Schuschnigg einige Sommer in St. Gilgen verbracht hatte, bot sich hier die Gelegenheit, ein starkes Zeichen zu setzen. Aus drei armen Hochzeitspaaren wurde eines auserwählt, dem der Bundeskanzler die Hochzeit ausrichtete. Ein zwiespältiges Unterfangen, denn das Paar hätte zwar sonst keine Möglichkeit gehabt zu heiraten, musste aber so akzeptieren, Mittel zum Zweck zu sein. Alles wurde vorgeschrieben, sogar die Kleidung. Die Braut durfte kein Dirndl tragen, sondern musste in einem Lodenkostüm zum Altar schreiten. Schuschnigg ließ alles an in- und ausländischer Prominenz auffahren, was nur möglich war. Die zeitliche und örtliche Nähe der Salzburger Festspiele ermöglichte es ihm, Lotte Lehmann zu verpflichten, in der Kirche zu singen, und Arturo Toscanini als Hochzeitsgast zu empfangen. Hermann Leopoldi, der immer wieder für den Ständestaat Lieder geschrieben hatte, komponierte sein Lied *Fahr' nach St. Gilgen*.

«*Fahr nach St. Gilgen zur Sommerzeit!*
Mäderl, sei g'scheit, dort wird gefreit!
An jedem Eck steht dort fesch und stramm
Zur Auswahl ein Herr Bräutigam.
Und wird es Abend am Mozartplatz raunt er Dir zu:
‚Über's Jahr, mein Schatz,
mach'n wir den Sprung in die Eh',
In St. Gilgen, in St. Gilgen am Wolfgangsee!'
Juche!»

Politiker in St. Gilgner Bootshütten: Justizminister Robert Winterstein mit Frau Magda und Sohn Erich (l.), Staatssekretär Guido Schmidt und Bundeskanzler Kurt Schuschnigg (r.).

Auch das nachfolgende Hochzeitsessen war Teil der Inszenierung: Das Brautpaar und dessen Familien saßen selbstverständlich in einem Extrazimmer und hatten keinerlei Berührung mit den prominenten Gästen.

Ein Volksfest musste es werden, und es wurde dafür gesorgt, dass möglichst viele Zuschauer dem Spektakel folgen konnten. «Fahrpreisermäßigung zu St. Gilgner Hochzeitsfest 50%»[147], propagierte die *KronenZeitung*. «*An dem wunderschönen Wolfgangsee, ganz nach den alten Sitten des Salzkammergutes, sollte die Hochzeit gefeiert werden, damit neben dem edlen Zweck, zwei arme junge Leute glücklich zu machen, noch ein anderer praktischer erfüllt werde, nämlich den zahlreichen Ausländern, besonders den vielen, vielen Fremden aus Salzburg, eine richtige schöne alpenländische Bauernhochzeit zu zeigen. Vergangene Woche fand dieses Fest statt. 22.000 Fremde waren gekommen, um zu sehen, wie fröhlich und festlich man im Salzkammergut heiraten kann. Unzählige Autos, Autobusse und Sonderzüge rollten die Menschen heran.*»[148] Um den Ansturm auf die Kirche zu bewältigen, waren besondere Maßnahmen nötig, worauf das aufliegende detaillierte Programm hinwies: «*Zur Trauung in der Kirche werden Einlaßkarten im Gemeindeamte, I. Stock, bis Samstag, den 8. August, 18 Uhr, ausgefolgt.*»

Offizielle Veranstalterin war die Herma-Schuschnigg-Fürsorgeaktion. Die Frau des Bundeskanzlers war am 13. Juli 1935 auf dem Weg nach St. Gilgen bei einem Autounfall tödlich verunglückt; «*die verewigte Gattin des Kanzlers, Frau Herma Schuschnigg, war die Urheberin des Gedankens, in St. Gilgen ein Fest zu veranstalten, das nicht nur die Bewohnerschaft der wunderschönen Sommerfrische, sondern dem ganzen Salzkammergut Gutes bringen sollte*», hieß es in der *Kronen-Zeitung*.

Bei der Hochzeit wurde alles geboten, was zu einer Bauernhochzeit gehörte: «*Die ‹Güterfuhr›, die den für das junge Paar bestimmten Hausrat bringt, wird durch den Ort ziehen, der ‹Hochzeitslader› wird den Zug führen und die Festgäste, die wohl zu Tausenden kommen dürften, werden schöne Volkstänze sehen.*»[149] Das Brautpaar Hans Ellmauer und Anna Radauer bekam eine Hochzeit, wie sie in den wirtschaftlich schwierigen Zeiten wohl nicht einmal der reichste Bauer seiner Tochter hätte ausrichten können. Als Trauzeugen fungierten Kurt Schuschnigg selbst und Unterrichtsminister Hans Pernter.

Ein Sonderpostamt wurde eingerichtet, Erinnerungskarten verteilt – ein großes Volksfest im ganzen Ort beendete diese Demonstration der österreichischen Identität.

Zur Erinnerung
an das St. Gilgener-Hochzeitsfest
am 8. und 9. August 1936

Erinnerungskarte und Cover des eigens von
Hermann Leopoldi komponierten Hochzeitsliedes.

St. Gilgner Kirtag in Wien

Nach der erfolgreichen Hochzeit in St. Gilgen wurde auch in Wien versucht, eine ähnliche Veranstaltung aufzuziehen, genannt «St. Gilgner Kirtag» und als Faschingsfest am 30. Jänner 1937 und 29. Jänner 1938 im Wiener Konzerthaus durchgeführt: *«Gestern abend war das Konzerthaus der Schauplatz eines reizenden Festes. Der Kirtag von St. Gilgen, der zum erstenmal im Wiener Faschingsprogramm erschien, bewies, daß auch die Feste neue Impulse bringen können. Der Abend, im Zeichen des Salzkammerguts veranstaltet, war kein Dirndlfest im hergebrachten Sinn, sondern ein richtiger Kirtag mit Tanz und Produktionen, mit Heurigenstimmung und erquickender Gemütlichkeit.»*[150]

Der Aufwand war enorm: *«Der große Saal hatte sich durch die Kunst der Architekten Regierungsrat Witzmann und Karl Appel überraschend verwandelt. 2000 Meter Molino und Tannenreisig verkleideten die gold-roten Wände; ein 40 Quadratmeter messender Prospekt, von Maler Professor Gerstenbrandt gezeichnet, zauberte St. Gilgens Marktplatz plastisch auf die Stirnseite des Raumes. Auf der Festestrade, dem Ziel des Einzuges, stand eine lange Tafel für die St. Gilgner Gäste und die Ehrengäste reserviert. Hier breitete auch die berühmte Hochzeitslinde, von der Staatsoper geliehen, ihre Zweige aus und beschattete dichtbelagerte Bänke, denn die St. Gilgner Legende, daß jeder, der unter der Linde sitzt, noch im gleichen Jahr heiratet, wurde den zahlreichen Gästen rasch bekannt. Die Bauernmusik fand diesmal einen eigens für sie gebauten, von Maibäumen umgebenen Pavillon in der Mitte des Tanzparketts, der malerisch den auch im Parterre von Logen umringten Saal teilte und gemütlicher machte. Die Kapelle Pfleger, die Manhattan-Jazz und das Bert Silving-Quartett spielten fleißig auf.»*[151]

Ein wichtiger Teil war die Modenschau typisch österreichischer Trachten, denn *«diese älpische Mode hat Österreich auf der ganzen Welt Freunde gewonnen, Dirndlwaren in billiger und feiner Qualität, Dirndlkleider, Stoffe, älpische Modekleinigkeiten, werden nach allen Staaten der Welt exportiert und bilden einen wichtigen Faktor im österreichischen Wirtschaftsleben.»*[152]

Alle Säle wurden bespielt, Prominenz aus dem Kulturbereich machte bereitwillig mit bei dieser österreichischen Benefiz-Veranstaltung zu Gunsten der Herma Schuschnigg-Fürsorgeaktion «Nehmt hungernde Kinder zum Mittagstisch» mit und verlieh ihr damit noch mehr Glanz und Bedeutung: *«Im kleinen Saal hatte ein echter ländlicher Kirtag seine 25 Standeln aufgeschlagen. Den Kirtagsverkauf ermöglichte der Älteste der Kleinkaufmannschaft, Rat der Stadt Wien, Kommerzialrat Diestler. Maler Alfred Kunz schuf für diese originelle Buden einen entzückenden Rahmen, ein Werkel leierte seine Weisen und in den Zelten verkauften, unterstützt von sechzig Mannequins in Dirndlkleidern, die beliebtesten Bühnenkünstler die Kirtagsware für den karitativen Zweck des Abends. Man sah unter diesen Künstlern Herbert Waniek, Hilde Wagener-Treßler, Hans Wengraf, Barbara Uth, Lilly Stepanek, Ballettmeister Rudi Fränzl, Hedy Pfundmayr, Oskar Karlweis, Hilde v. Prix, Gusti Huber, Maria West, Marianne Mislap-Kapper. In einem Theaterkartenzelt, das Direktor Gronner organisierte, verkauften die Direktoren Rolf Jahn, Ernest Köchl und Hellmer, Otto Wallburg, Friedl Czepa, Lisl Rinaldini, Franz Engel, Fritz Grünbaum und Karl Farkas billige, von den Theatern gespendete Karten.»*[153]

Das Ehrenkomitee vereinte hohe Politik und St. Gilgner Villenbesitzer wie Otto Feilchenfeld, Eugen Herz, Oskar Kaufmann, Arnold Schereschewsky, Leopold Steinreich, George Stransky und Hugo Urban-Emmrich. Die gesamte politische Prominenz war anwesend und gab dem Kirtag damit den

«Amerika schwärmt lange schon für Österreich, dort ist die Tracht so nett, und die Musik so weich; die Dirndl, die man im August in Salzburg sah, die waren alle garantiert aus USA! In Holly-Holly-Hollywood singt man wie am Wolfgangsee!» Unvergleichlich interpretiert von Max Hansen, 1936. Aus: Axel an der Himmelstür von Ralph Benatzky, Paul Morgan und Hans Weigel.

Anschein einer politischen Veranstaltung – was wohl auch den Tatsachen entsprach.

Auf Grund des enormen Erfolges wurde am 29. Jänner 1938 ein zweites – und letztes Mal – versucht, österreichische Identität zu betonen. Wieder wurde St. Gilgen ins Konzerthaus geholt: «*Die Sehnsucht nach Sommer, Sonne, Wald und See konnte man gestern auf ebenso bequeme wie lustige Art befriedigen, indem man den Kirtag in St. Gilgen besuchte, der im Konzerthaussaal seine urwüchsig gemütliche Fröhlichkeit entfaltete.*»[154]

Der Aufwand erscheint fast noch größer als im Jahre zuvor, «*die Rückwand des mittleren Saales zeigt den Wolfgangsee mit seinen Randbergen. Am Ufer liegt der alte, aber gleichwohl noch aktive Raddampfer 'Franz Josef', auf dessen Verdeck die Jazzband Erna Rosell Platz genommen hat. Die halbe obere Höhe des Saales ist hinter Tannenreisig verschwunden, so daß hier wirklich die gewünschte intime Stimmung erzielt ist. Sie wird noch dadurch gesteigert, daß lange Ketten buntfarbiger elektrisch beleuchteter Lampions aufgespannt sind und gedämpftes Licht verbreiten. Dem Dampfer gegenüber ist zwischen Laubenwänden und grünen Gittern ein fideler Heuriger etabliert. Um die Ausschmückung dieses Saales haben sich Regierungsrat Witzmann und akademischer Architekt Karl Appel verdient gemacht.*»[155]

Die Kirtagsstandeln boten außergewöhnliche Produkte, eine Tabaktrafik und eine Parfümerie fanden sich ebenso wie eine Likörstube, eine Fruchtsaftbar und ein Sektzelt. Neben der politischen Dimension bekam das Fest auch eine starke modische Komponente: «Von der Tracht zur Tyroliennemode» lautete das Motto, es sollte also eine zeitgemäße Form der Tracht präsentiert werden: «*Die Wiener Firmen fassen die Tyroliennemode ernst auf. Historische, folkloristische Studien, Reisen in die verborgensten, eisenbahnfernen Täler geben immer neue sinngemäße Impulse. Ein Trachtenmodehaus zum Beispiel brachte wunderschöne Abend- und Nachmittagsdirndl: das Abenddirndl ist bodenlang, aus schwerem Taft, an echte festliche Gewänder gemahnend mit seinen kostbaren Geweben, ohne Schürze, mit Schösselspenzer, antiken Knöpfen, Schnüren am Mieder, am Leibchen. Nachmittagsdirndl bringen kurze Röcke, halbfrei die Waden! Taft, Wollbrokat, rotlila changierend, dunkelgrün und bauernblau, plissierte, lichte Schürzen. Tyrolienne gilt weiter.*»[156]

Nur wenige Wochen später gab es keinen Platz mehr für österreichische Identität.

Trachtenumzug (u.).
Die Vision einer Kleinstadt:
St. Gilgen, wie es niemals
aussehen wird (r.).

«Um die wenigen in St. Gilgen zur Verfügung stehenden Villen ist ein ungeheurer Kampf entbrannt.»[157]

«Arisierung» und Vertreibung

«Judenfreie Sommerfrische» – ein frühes Phänomen

1922 widmete Hugo Bettauer in seinem erschreckenden und visionären Roman *Stadt ohne Juden* der Sommerfrische ein ganzes Kapitel. In Umkehrung der tatsächlichen Situation der 1920er Jahre rütteln die – noch – hypothetischen Auswirkungen den Leser auf: «*Das ganze herrliche Salzkammergut, das Semminggebiet, sogar Tirol, soweit es einigen Komfort bot, waren von österreichischen, tschechoslowakischen und ungarischen Juden überflutet gewesen; in Ischl, Gmunden, Wolfgang, Gilgen, Strobl, am Attersee und in Aussee erregte es direkt Aufsehen, wenn Leute auftauchten, die im Verdacht standen, Arier zu sein. Die christliche Bevölkerung, zum Teil weniger im Überfluss schwelgend, zum Teil auch großen Geldausgaben konservativer gegenüberstehend, fühlte sich nicht ohne Unrecht verdrängt und musste mit den billigeren, aber auch weniger schönen Gegenden in Niederösterreich, Steiermark oder in entlegenen Tiroler Dörfern vorliebnehmen. Das war seit der Judenvertreibung anders geworden.*»

Bettauers Vision wurde nur wenige Jahre später schreckliche Realität, Anfeindungen jüdischer Gäste waren jedoch schon vorher spürbar gewesen: Alle Sommerfrischler waren oberflächlich betrachtet gleich – doch ein Teil war vom rasant wachsenden und erschreckend früh sich manifestierenden Antisemitismus betroffen. Schon am 23. Juni 1921 berichtete *Die Wahrheit* (Unabhängige Zeitschrift für jüdische Interessen) unter dem Titel «Judenreinheit der Sommerfrischen»: «*Die antisemitischen Blätter in Stadt und Land können sich nicht genug tun in der Verhetzung der Bauernschaft gegen Aufnahme von Juden. Besonders großer Anstrengung bedarf es nicht. Wer gerne tanzt, dem ist leicht gegeigt. Wir haben bereits eine recht stattliche Reihe von Sommerfrischen, deren eingeborene Bevölkerung zum judenreinen Programm schwört. Sie können sich's ja leisten. Das österreichische Repertoirestück ist ‹Der Bauer als Millionär› und der hat es nicht notwendig, auf ein paar lumpige Kronen aus der Judenhand zu warten. Das war einmal. Heute aber – ja Bauer, das ist was anderes! Und so machen die biederen Landsleute nicht aus der Not, sondern im Gegenteil, aus dem Reichtum eine Tugend der Judenreinheit. Nichtsdestoweniger verspritzen die Wiener Antisemitenblätter das Gift ihrer schändlichen Gesinnung.*»

Am 17. Juli 1925 informierte *Die Wahrheit* ihre Leser über «Judenfreie Sommerfrischen». Und am 7. August 1925 war in derselben Zeitschrift zu lesen: «*Vorige Woche hat das Wiener Montagsblatt ‹Der Morgen› von dem schlechten Besuche der österreichischen Sommerfrischen gesprochen und die gerade katastrophalen Folgen geschildert, welche diese Erscheinung für alle am Fremdenverkehr interessierten Kreise nach sich ziehen muss. ‹Der Morgen› hat auch die Ursachen für das fast vollständige Ausbleiben der Sommergäste in den österreichischen Kurorten eingehend besprochen, welche in dem hohen Preise, den schlechten hygienischen Zuständen und den sonstigen Schikanen,*

welchen die Fremden ausgesetzt sind, gesucht werden müssen und hat das in den österreichischen Alpenländern leider vorhandene Hakenkreuzunwesen als einen Hauptgrund dafür angeführt, dass zahlreiche österreichische Sommerfrischen leer stehen, während die italienischen und schweizerischen Erholungsstätten derart überfüllt sind, dass in vielen buchstäblich kein Bett aufzutreiben ist. Womit widerlegt nun die in Gmunden erscheinende ‚Neueste Post' die Ausführungen des Wiener Montagsblatts, welches sind die Argumente der Zeitung, deren Redakteur der Gmundner Bürgermeister Dr. Thomas selbst ist? Die Antwort, welche dem Berichterstatter des ‚Morgen' erteilt wird, lautet: ‚Judenbengel!' So spricht der Bürgermeister eines Ortes, dessen Kurgäste zum größten Teil Juden sind.»

Robert Gilbert, einer der Textdichter der Operette *Im weißen Rössl*, setzte sich mit der Verschärfung der politischen Lage auf seine Weise auseinander: Der Bürgerkrieg des Jahres 1934 und das Erstarken des Austrofaschismus veranlassten den Schriftsteller und Librettisten zu einer deutlichen Bestandsaufnahme der Atmosphäre dieser Jahre. Im Sommer 1934 veröffentlichte er *Machteroberung am Wolfgangsee*:

*«Gebn's scho' her den Sabel,
Drah di, Herr Schandarm.
Wann's kan' Auflauf möchten,
Schlagen's kan' Alarm.
San's denn wüd auf's Fechten?
Heben's schon den rechten
Illegalen Arm.*

*Mir san hetzt die Herrschaft
Hier am Wolfgangsee.
Keine Spompernaderln,
Arier san's ja eh.
Schaun's, sogar die Maderln
Mit die feschen Waderl
Folgen der Idee.*

*Mach' mir ihne Fremden
Selbst an' Verkehr.
Bring mir doch dös Land hoch
Ohne die Hebrä'r.
Kraxeln mir die Wand hoch,
Jodeln mit der Hand hoch
Hoch vom Dachstein her.*

*So, san's g'scheit, Herr Wachter,
Zien's dös Banderl aus –
Wann's die Kruken biegen,
Wird a Haken draus.
Und falls mir da siegen,
Wern's an Kaviar kriegen
Statt an Bauernschmaus.»*[158]

Und doch blieb die scheinbare Idylle bis 1938 aufrecht. Erst dann zeigte sich das wahre Gesicht. Die Enteignungen jüdischen Besitzes wurden im Salzkammergut mit erschreckender Akkuratesse und menschenverachtenden Methoden durchgeführt. Der Samen hiezu war bereits seit langem gelegt und konnte nun in voller Blüte aufgehen. Etwa 250 Villen wurden enteignet, davon allein in Bad Ischl 68, in Gmunden 25, in Bad Aussee und Altaussee 55 und in St. Gilgen und St. Wolfgang jeweils mehr als 30.[159]

Auch der (etwaige) Aufenthalt jüdischer Kurgäste wurde strikten Regeln unterworfen. So verlautbarte die Kurkommission Bad Ischl im Juni 1938: *«Jüdische Kurgäste werden getrennt von den übrigen Kurgästen in jüdischen Hotels, Pensionen, Fremdenheimen etc. untergebracht. Voraussetzung ist dabei, dass in diesen Betrieben deutschblütiges weibliches Personal unter 45 Jahren nicht beschäftigt wird. Unterschiede zwischen aus- und inländischen Juden werden nicht gemacht. Der Kurgast hat die Tatsache, dass er Jude ist, mit der vorgeschriebenen Meldung bekanntzugeben. Jüdische Kurgäste erhalten eine gelbe Kurkarte, die wohl zur Benützung der Kurmittel, die Heilzwecken dienen, berechtigen, aber den Zutritt zu den Kurkonzerten und sonstigen Gemeinschafts-Veranstaltungen nicht gestattet. Auch auf der*

Esplanade dürfen sich während des Kurkonzerts keine Juden aufhalten, wie ihnen auch der Eintritt und Aufenthalt im Lese- und Musikzimmer des Kurhauses, der Kurhausrestauration, auf den Kinderspielplätzen, Tennis- und anderen Sportplätzen, sowie in der Schwimmschule und den übrigen Flussbädern untersagt ist. Jüdische Kurgäste werden ausnahmslos in die erste Klasse der Kurtaxe eingeteilt und genießen keine Ermäßigungen. Zuwiderhandelnde werden mit Geldbußen und Verbot des weiteren Aufenthalts im Kurrayon bestraft. Im übrigen sind Juden unerwünscht.»

Auch in St. Wolfgang war die Stimmung judenfeindlich: «*Nicht erfreulich wirken im Sommer die meisten jüdischen Fremden*», meinte das katholische Dekanat Bad Ischl über St. Wolfgang.[160] Und der Strobler Bürgermeister verfügte im Juli 1938: «*Jüdische Sommergäste und Besucher sind in Strobl unerwünscht. Den Juden ist die Benützung aller öffentlicher Anlagen, der Bäder und aller ähnlichen Einrichtungen im Gemeindegebiete von Strobl ausnahmslos verboten.*»[161]

Die Villen waren Objekte der Begierde; so hatte Emil Isakiewicz erst 1936 das Haus Marklowsky (Strobl Nr. 13) erworben, nur zwei Jahre später wurden seine Fensterscheiben eingeschlagen. Die Gemeinde Strobl zeigte das «*allergrößte Interesse an der Zwangsentjudung dieser und auch noch anderer Besitzungen. Da der Ort auf den Fremdenverkehr angewiesen ist, kann wohl einwandfrei von großem öffentlichen Interesse gesprochen werden.*»[162]

Um die Villen in St. Gilgen brach ein regelrechter Kampf zwischen nationalsozialistischen Organisationen und Funktionsträgern aus: «*Hans Loritz, von 1936 bis 1939 Kommandant des KZ Dachau, ließ sich in St. Gilgen eine Luxusvilla von Häftlingen errichten. Sein Nachfolger, Alex Piorkowski, machte Druck, um eine ehemals jüdische Villa zu 'arisieren', was aber nicht gelang. Schon bald hieß es im Auswärtigen Amt: 'Um die wenigen in St. Gilgen zur Verfügung stehenden Villen ist ein ungeheurer Kampf entbrannt.' Die Gemeinde St. Gilgen wollte bei diesem Raubzug nicht nachstehen – Nazibürgermeister Johann Kogler 'arisierte' die Villa Oskar Kaufmanns, damals Präsident der rumänischen Nationalbank, für die Gemeinde. Um die Villa 'Billiter' stritten ein KZ-Kommandant, ein Generaloberst, ein SS-Major und der deutsche Generalkonsul von Mailand. Alle gingen leer aus, das Haus erhielt schließlich die Witwe des Reichsministers Hans Kerrl. Der Adjutant des Gauleiters Rainer, Leo Kreiner, stritt vergeblich um die 'arisierte' Villa von Gertrude Steinreich in St. Gilgen, den Zuschlag bekam der Salzburger Kunsthändler Friedrich Welz. In die Villa der Argentinier Federico und Vera Guth zog 1943 der Lieblingsmaler Hitlers, Paul Mathias Padua, ein.*»[163]

Kaufmann-Villa und Villa Feilchenfeld in St. Gilgen

Die Kaufmann-Villa[164], heute als Sitz der Internationalen Schule in aller Munde, und langjähriger Sommersitz der Schriftstellerin Marie von Ebner-Eschenbach, wurde, wie oben erwähnt, ebenso enteignet wie das heute so genannte Hotel Billroth, das mit dem großen Chirurgen Theodor Billroth aber nichts mehr zu tun hat: 1883 hatte er an dieser Stelle eine Villa erbaut, die nach seinem Tod an Max und Henriette Feilchenfeld verkauft wurde. Diese rissen die Villa ab und errichteten ein neues herrschaftliches Haus, zu dem selbstverständlich ein Tennisplatz und eine Kegelbahn, ein Gärtnerhaus und ein Bootshaus gehörten. Ein imposanter Besitz mit traumhaftem Blick über den ganzen See, den der Architekturhistoriker Friedrich Achleitner richtig beschreibt: «*Der Landsitz Feilchenfeld gehört wohl zu den großartigsten*

Anlagen, die nach der Jahrhundertwende im Salzkammergut errichtet wurden.»[165] Max Feilchenfeld[166] war Präsident der Niederösterreichischen Escompte-Gesellschaft in Wien. Die Umstände seines Todes wurden im Freundeskreis stets warnend berichtet, starb er doch am 27. Juni 1922 an den Folgen eines Sturzes in einen offenen Kanal. Dieser tragische Tod bewahrte ihn jedoch davor, die Enteignung seines Besitzes mitzuerleben. Die Villa, die nun seiner Frau gehörte, wurde 1940 «arisiert», Henriette Feilchenfeld starb 87-jährig am 28. Februar 1944 in einer Sammelwohnung in der Wiener Malzgasse 16. Die neuen Besitzer der Villa waren nun Matthias und Hildegard Ebner, die das Haus zu einem Hotel umwandelten, das vom NS-Reichsstudentenbund beansprucht wurde. 1949 wurde die Villa an die Nachkommen der Familie Feilchenfeld rückgestellt und in der Folge an das Österreichische Rote Kreuz verkauft, das nun ein Hotel mit dem eigentlich falschen Namen Billroth einrichtete.[167]

Eingang der Villa Feilchenfeld.

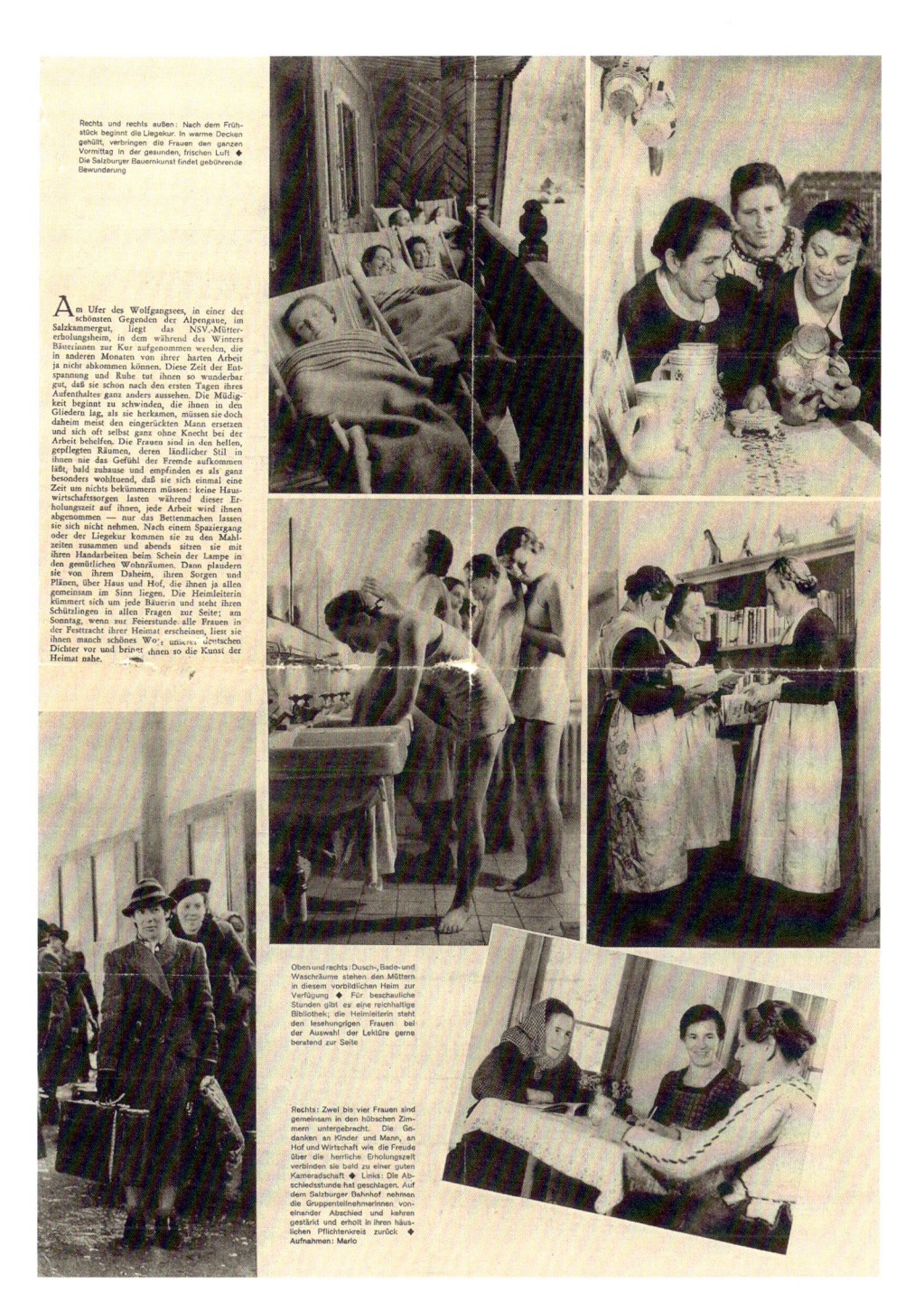

Zeitungsbericht über das NSV-Müttererholungsheim in der Villa Herz.

Villa Herz in St. Gilgen

Eugen und Ida Herz erwarben 1931 das Ganisl-Gut, direkt am See gelegen, schräg unterhalb der Feilchenfelds, doch die Freude und das Glück, endlich im geliebten St. Gilgen sesshaft geworden zu sein, währten nicht lange. Die letzten Rechnungen waren kaum bezahlt, da wurde die Familie im März 1938 aus ihrem Paradies vertrieben, all ihr Besitz wurde enteignet und zu einem NSV-Müttererholungsheim umgewandelt.

Stefan Herz-Kestranek floh über Frankreich nach Uruguay, Eugen und Ida Herz fanden Zuflucht am Chiemsee. Bis heute ist nicht klar, wieso sie dort unbehelligt leben konnten. Doch hatte Eugen Herz wohl einflussreiche und wohlwollende Freunde in der Eisenbranche, die Sorge dafür trugen, dass der ehemalige Generaldirektor in Ruhe gelassen wurde. Eugen Herz sollte nie mehr nach St. Gilgen zurückkehren, er starb am 5. Jänner 1944 in Rimsting am Chiemsee. Stefan Herz-Kestranek kehrte aus der Emigration zurück und ließ sich in St. Gilgen nieder, wo sein Sohn Miguel bis heute wohnt.[168]

Bürglgut in Strobl

Wie schon erwähnt erwarb der Fabrikant Moriz Sobotka 1903 das Bürglgut, das zwar im Ortsgebiet von Strobl liegt, aber eigentlich zu St. Wolfgang gehört. So wie viele der Sommerfrischenfamilien unterstützte auch Familie Sobotka kommunale und soziale Anliegen der Gemeinde Strobl wie etwa die Finanzierung eines Gemeindearztes, die Schulausspeisung oder den Bau der Ortswasserleitung und eines Dammes entlang des Bürglsteins.[169] Nach Moriz' Tod im Jahr 1918 erbte sein Sohn Dr. Valentin Sobotka den Besitz und verkaufte diesen 1931 an den Schwiegersohn seiner Schwester Gabriele, Hans Petschek[170], einen der reichsten Prager Industriellen und Bankiers der Zwischenkriegszeit. Bereits 1932 begann sich die Familie Petschek, auf Grund der politischen Lage aus Deutschland zurückzuziehen und ihren Firmensitz nach London zu verlegen[171]. 1935 verkaufte Hans Petschek seine vier Prager Palais und veranlagte das Geld in Amerika, sehr zum Unverständnis seiner Familie,[172] der dieser Entschluss jedoch nach dem «Anschluss» die Flucht nach Amerika ermöglichte.

Das Bürglgut wurde 1938 sofort enteignet – ein solch repräsentativer Besitz war für verschiedene nationalsozialistische Gruppierungen von größtem Interesse, wie auch die Auseinandersetzungen zeigen: Die Verwaltung hatte vorerst die Gestapo in Linz übernommen, was nicht unumstritten war. Am 3. August 1940 wurde folgendes Schreiben verfasst: «*Der jüdische Besitz des Hans Israel Petschek (Bürgelgut) ist in Verwaltung der Geheimen Staats-*

Bürglstein.

polizei Linz. Der Bauzustand der Gebäude ist gut. Das Gärtnerhaus ist vom Verwalter Felix Necker, ein anderes Gebäude zum Teil von einer Familie eines derzeit eingerückten Arbeiters bewohnt. Verschiedene Anfragen bei der Geheimen Staatspolizei in Linz blieben unbeantwortet. Wieso diese Dienststelle bald nach dem Umbruche die Verwaltung dieses bis auf einen ganz kleinen Teil im Reichsgau Oberdonau gelegenen Besitzes an sich gerissen hat, konnte mir auch der Bürgermeister nicht erklären. Außer den Einlagezahlen 332, 408 und 454 der Kat. Gemd. [sic] St. Wolfgang gehören zum Besitz des Petschek die Landtafeleinlagezahlen 994 und 1162 der Kat. Gem. St. Wolfgang. Auf mein Erkundigen bei der Geheimen Staatspolizei wurde mir mitgeteilt, daß diese Liegenschaft durch das Reichssicherungs-Hauptamt Berlin, zugunsten des Reiches eingezogen und nicht des Gaues Oberdonau eingezogen werden soll. Der Bescheid dürfte binnen Kürze erfolgen, die Veranlassung der Einziehung konnte ich nicht erfahren. Nach den mir erstatteten Berichten handelt es sich bei diesen Liegenschaften um einen sehr ansehnlichen Besitz, bestehend aus etwa 6 Landhäusern mit Nebengebäuden, in Parkanlagen unmittelbar am Wolfgangsee herrlich gelegen.»[173]

Die NSV (Nationalsozialistische Volkswohlfahrt) erhielt den Zuschlag und errichtete ein Müttererholungsheim wie in der Villa Herz am anderen Ende des Wolfgangsees. Zwischen 1946 und 1948 wurde das Anwesen durch die jüdische Hilfsorganisation «Joint» als Heim für elternlose Kinder aus Polen und Ungarn, die in Konzentrationslagern überlebt hatten, genutzt; 1948 wurde das Bürglgut an Hans Petschek, dessen Familie im Exilland blieb, zurückgestellt, jedoch von 1948 bis 1951 als Asyl für ehemalige Emigranten aus Russland und von 1951 bis 1955 als Kinderlager des Evangelisch-Lutherischen Weltbundes genutzt. 1955 erwarb die Republik Österreich das Bürglgut von Hans Petschek um 50.000 US-Dollar (damals 1,3 Millionen Schilling) – eine angesichts des objektiven Wertes der Anlage geringe Summe. Die Verkäufer verknüpften mit der Transaktion die Bedingung, das Anwesen einem öffentlichen Zweck zu widmen, und die Hoffnung, ein Bildungshaus könnte dazu beitragen, dass sich Verbrechen, wie sie zur NS-Zeit begangen wurden, nicht mehr wiederholen würden.[174]

Trotz dieser und vieler anderer Verletzungen waren die Sehnsucht und die intensive Erinnerung derjenigen, die den Todeslagern entkommen konnten und ein Leben als Emigranten in der Ferne führten, immer wieder auf die selbst erlebte Sommerfrische, auf die frohe und unbeschwerte Zeit des Sommers, der Ferien und der Sonne gerichtet. Stefan Herz-Kestranek berichtete 1938 aus dem Pariser Exil seinen Eltern von einem merkwürdigen Zusammentreffen mit einer französischen Familie, die ihren Sommer in St. Gilgen verbracht hatte: «...*Wenn so ein französisches Mädchen plötzlich ihr Photoalbum bringt und die Seiten Salzkammergut aufschlägt. Wenn so plötzlich das Weiße Rössl da ist oder das Gemeindehaus in St. Gilgen, der Mozartbrunnen, der See, viele bekannte Segelboote usw. Und wenn sie dann noch frägt, ob man da schon einmal war! Ich habe mich begnügt zu sagen, daß ich die Photos sehr gut finde, die Gegend aber nur flüchtig kenne. Was geht das die Leute an. Sie haben ja doch so wenig Verständnis und was wissen sie davon, wie das ist, wenn in einem das Blut plötzlich zum Herzen rinnt und man fast keine Luft mehr bekommt. Auch ein Bild war dabei aufgenommen, vom Reitberg ungefähr, auf den See herunter, und ein mir nicht ganz fremdes Hausdach ganz links am Ende des Sees war noch zu sehen. Aber wen interessiert das schon in Paris! Hier ist man nicht sentimental, hier versteht man ja nicht, dass man nicht nächstes Jahr wieder eine Reise ins Salzkammergut machen kann, wo es so viel regnet, aber doch so schön ist.»*[175]

Emil Jannings

Emil Jannings, der erste deutsche Oscar-Preisträger der Geschichte im Jahr 1929 und Partner von Marlene Dietrich in *Der blaue Engel* im Jahr 1930, hatte 1929 die Villa erworben, die Koritschoners gehört hatte und in der er ebenfalls zu Gast gewesen war. Doch die Zeiten änderten sich: Jannings galt als enger Vertrauter Görings und kannte wenig Skrupel bei der Vergrößerung seines Besitzes: Er kaufte seinem Nachbarn Dr. Ewald Pokorny das Pointhäusl zu einem viel zu geringen Betrag ab – die Begründung der Salzburger Behörden 1941 lautete «öffentliches Interesse», «*indem der Erwerb der Liegenschaften von Seite einer so hervorragenden Persönlichkeit, des nicht nur reichs-, sondern weltberühmten Staatsschauspielers Emil Jannings erfolgt. Sein Wirken und Erfolg auf kulturellem Gebiet kann wohl als zum Nutzen und im Interesse des Staates und der Allgemeinheit gelegen angesehen werden.*»[176] Doch verhalf Jannings auch Kollegen zu standesgemäßen Villen, so dem Tobis-Produktionsleiter Ewald von Demandowsky zur enteigneten Kaufmann-Villa in St. Gilgen, wo dieser ein Tobis-Sommeratelier einrichten wollte – im Grundbuch scheint Demandowsky jedoch nicht auf.[177]

Im Sommer 1938 erhielt Jannings Besuch von Joseph Goebbels, der in sein Tagebuch notierte: «*Fahrt über den Wolfgangsee. Herrlich. Zu Jannings Besitzung, die ein richtiges Paradies ist. Wie ein Fürst wohnt er hier.*»[178] Ob Goebbels wusste, dass sich hier in den 1920er Jahren der exzentrische Kreis um Frieda Koritschoner aufgehalten hatte? Obwohl er selbst nie Mitglied der NSDAP war, arrangierte sich Jannings mit den Nationalsozialisten und bekannte sich öffentlich zur nationalsozialistischen Ideologie. Sein Motorboot am Wolfgangsee schmückte bereits 1937 eine Hakenkreuzfahne.

Jannings spielte eine Reihe von historischen Persönlichkeiten, die im Film den Führerkult propagierten, so Friedrich Wilhelm I. in *Der alte und der junge König* (1935), Robert Koch, den Titelhelden von *Der Bekämpfer des Todes* (1939), und Bismarck in *Die Entlassung* (1942). Im Februar 1937 wurden Jannings, Gustaf Gründgens und Willi Forst gemeinsam in den Aufsichtsrat der Tobis berufen. Besonders deutlich wurde sein Engagement für die Nationalsozialisten in dem anti-englischen Propagandafilm *Ohm Krüger* (1941), in dem er die Titelrolle verkörperte.

Emil Jannings und Joseph Goebbels in St. Wolfgang.

Jannings angelt im Bootshaus seiner Villa, im Hintergrund St. Wolfgang, …
… entspannt sich auf seiner Hollywood-Schaukel …
… und ist bereits 1937 mit seiner Frau Gussy Holl in seinem Motorboot mit Hakenkreuzfahne auf dem Wolfgangsee unterwegs.

Nach Ende des Krieges wurde Jannings zwar bald entnazifiziert, doch verhängten die Alliierten aufgrund seiner schauspielerischen und unternehmerischen Tätigkeit während des Nationalsozialismus ein lebenslanges Berufsverbot über ihn. Er verließ Deutschland und ließ sich in seinem Haus in Gschwendt nieder, wo er am 2. Jänner 1950 starb.[179] Sein Leichnam wurde über den See gerudert und auf dem Friedhof in St. Wolfgang beigesetzt – mit Blick auf den Besitz in Gschwendt.

Kriegsende in Strobl: Der belgische König Leopold III. und Theo Lingen

1945 internierten die Nationalsozialisten den belgischen König Leopold III. in Strobl – aus Angst vor den vorrückenden Alliierten brachten sie ihn in die Nähe der vermeintlich sicheren «Alpenfestung». 1940 war Belgien besetzt worden und der König hatte kapituliert, das Land jedoch nicht verlassen. Die Deutschen stellten ihn mit seiner Familie in seiner Residenz Schloss Laeken bei Brüssel unter Hausarrest, seine Korrespondenz wurde zensiert, und er empfing nur noch wenige Besuche meist privaten Charakters. Der König vermied es, irgendwelche politischen Handlungen zu setzen, die als Kollaboration mit dem Feind hätten ausgelegt werden können. Leopolds Verbleib im Lande und sein Verhalten wurde zunächst von weiten Kreisen der belgischen Bevölkerung gutgeheißen. Am 7. Dezember 1941 kippte jedoch die Stimmung: Der «Kriegsgefangene» durfte in seiner «Haft» Lilian Baels heirateten, ein eher ungewöhnliches Zugeständnis an einen Regimefeind. Leopold verhielt sich außerdem neutral und ergriff nicht die Partei der belgischen Bevölkerung, die unter der deutschen Besatzung immer mehr litt.

1944 nach der Landung der Alliierten in Frankreich ordnete Heinrich Himmler die Verlegung König Leopolds auf Schloss Hirschstein in Sachsen an, wo er mit seiner Familie bis März 1945 festgehalten wurde. Vor den anrückenden alliierten Truppen brachte man die Familie nun nach Strobl, wo sie in der Villa Seethurn, in der früher der preußische Prinz Joachim Albert gewohnt hatte, festgehalten wurde.

Über die Zeit in Strobl gibt es kaum Informationen und äußerst widersprüchliche Aussagen: Ob die Bewachung durch den Sicherheitsdienst oder die SS erfolgte, bleibt unklar. Ob der König mit seiner Familie spazieren gehen durfte, sogar auf die Jagd oder in die Berge, bleibt ebenso offen wie die Frage, ob die Villa Seethurn von Stacheldraht oder einem Pfahlzaun von drei Metern Höhe umgeben war. Georg Fürstenberg, der ebenfalls in Strobl ansässig war, berichtete, es habe keinen Stacheldraht gegeben, zehn Mann des Sicherheitsdienstes in Zivil seien zur Bewachung abgestellt gewesen und es habe Verbindungen zu den Belgiern gegeben: Bedienstete hätten Briefe und Bücher geschmuggelt. Die Strobler Bevölkerung selbst hatte offenbar von der Anwesenheit der berühmten Gefangenen nichts mitbekommen. Einzig sicher ist, dass der belgische König tatsächlich in Strobl interniert war – die Umstände bleiben unklar.[180]

Über Theo Lingen, der in Strobl lebte, kursiert das Gerücht, er sei 1945 für kurze Zeit Bürgermeister von Strobl gewesen. – die Geschichte stimmt zwar so nicht, Theo Lingen war aber nicht unwesentlich daran beteiligt, dass die Amerikaner bis Strobl vorrückten. Deren Marschbefehl hatte gelautet, bis St. Gilgen vorzurücken; daher radelten Georg Fürstenberg und Theo Lingen dorthin, um die Amerikaner zu überreden, sie sollten bis nach Strobl kommen. *«Vorsorglich haben wir in Strobl alle Spitzen des Nationalsozialismus eingesperrt, also den Bürgermeister, den Ortsgruppenführer und was es halt sonst noch an Zelebritäten gegeben hat, ohne Gewalt»*, berichtete Georg Fürstenberg.[181] Unklar war, ob nicht die Bewachungsmannschaft des belgischen Königs bis zuletzt Widerstand leisten würde – das musste verhindert werden. Doch die Amerikaner hatten keinen weiteren Marschbefehl, also griff Fürstenberg zu einer List und lud die Offiziere zu einer Party nach Strobl ein, selbstverständlich mit dem Versprechen, die hübschesten Mädchen der Gegend würden anwesend sein. Dieser privaten Einladung folgte der Kommandant gern; Fürstenberg spielte einen weiteren Trumpf aus und fragte: *«Könnten Sie nicht per Panzer kommen – auch zu Ihrer eigenen Sicherheit?»*[182] Und so war die Befreiung Strobls eine private Tour mit einem Panzer und weiteres Blutvergießen konnte verhindert werden. Der amerikanische Kommandant Captain Herbert Benecke traf auf dieser Party Maria Wallace, deren Familie die Villa Lislhof besaß, und heiratete sie wenig später.

Die Amerikaner, bereits bei Familie Fürstenberg zur Party eingetroffen, erfuhren, dass König Leopold und seine Entourage noch immer gefangen waren, und fuhren mit dem Panzer in den Garten der Villa Seethurn. Die Wachmannschaften waren wie befürchtet zum Äußersten entschlossen, verschanzten sich im Keller des Hauses, ergaben sich aber schließlich angesichts der aussichtslosen Situation kampflos.

Die Unterkunft des Königs wurde als nicht standesgemäß empfunden, und so übersiedelte er in den Auhof nach St. Wolfgang, von wo Leopold III. am 30. September 1945 in die Schweiz ging. Eine Rückkehr nach Belgien schien ausgeschlossen, die Exilregierung nahm dem Monarchen übel, dass er während des Krieges in Belgien geblieben war. 1951 dankte der König zugunsten seines Sohnes Baudouin ab.

Theo Lingen und Georg Fürstenberg sorgten in den ersten Wochen der Befreiung für Ordnung und die Vorbereitung der ersten Wahlen, die im Juni nach Kriegsende in Österreich stattfanden – Bürgermeister war Lingen jedoch nie.

Die Villa Lislhof wurde 1914 vom Drogerieunternehmer Hans Michael Wallace erbaut. Sie umfasste neben dem Haupthaus ein Portierhaus, einen Tennisplatz und eine Bootshütte.

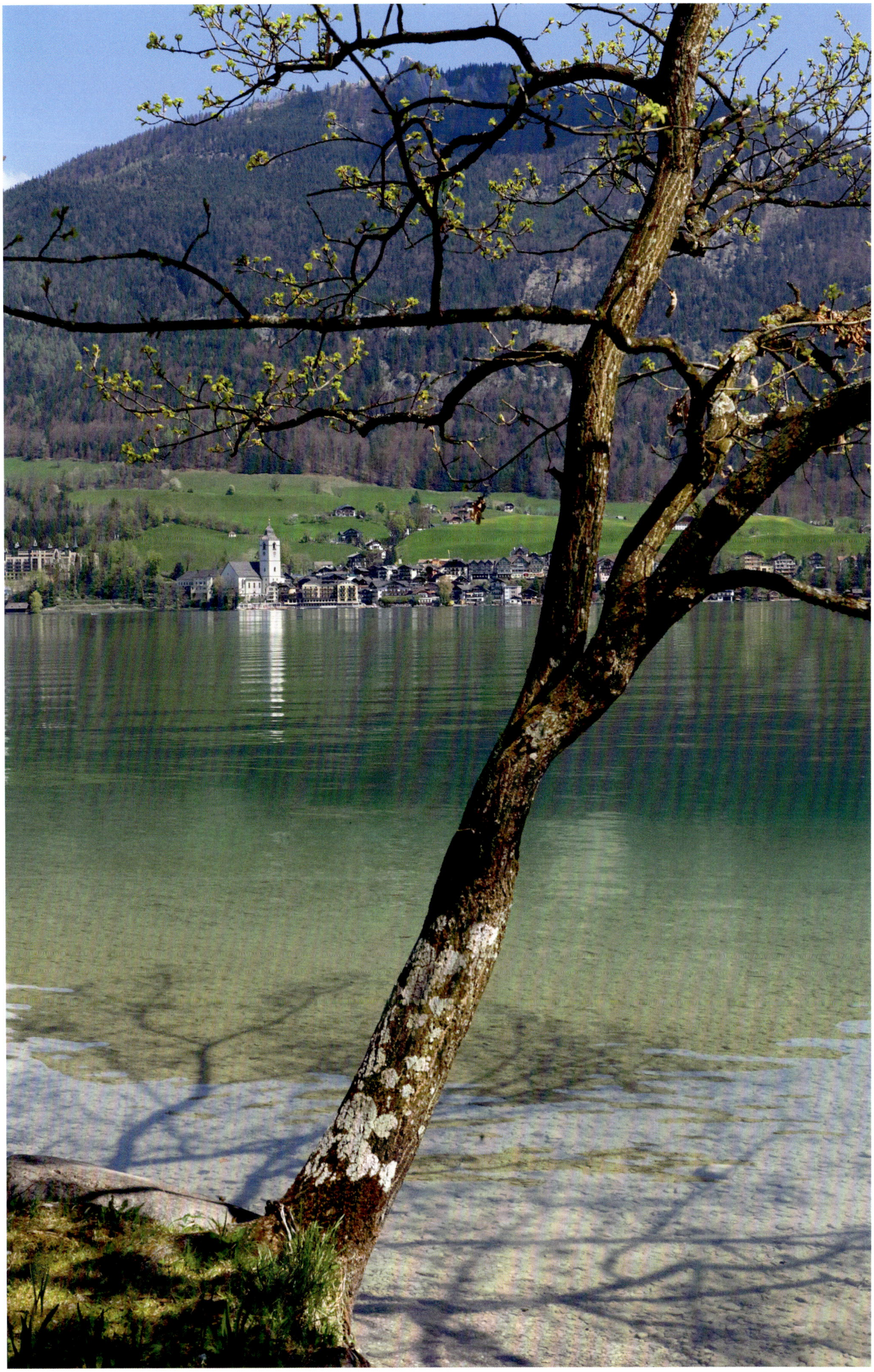

Miguel Herz-Kestranek
Gilgen auf Erden!

Ich bekenne mich zu einer Sucht, der Seensucht. Genauer gesagt zur Salzkammergutseensucht, und genau gesagt, zur atavistischen, neurotischen, mein Gemüt und meinen Verstand in einem kaum mehr zulässigen Ausmaß trübenden Sehnsucht nach meinem Heimatort St. Gilgen, und ganz genau gesagt zur unstillbaren, mich zeitlebens in größte Seelen- wie Geldnöte bringenden Sucht nach der Sehnsucht nach meinem Haus am Abersee, dem vor Zeiten hinterrücks zum Wolfgangsee mutierten See aller Seen.

Mancher Therapieversuch wurde von mir schon vorzeitig abgebrochen, oder hat einfach nichts gefruchtet. Erklärungsversuche gibt es ohne Zahl: Meine nachgerade pathologische Liebe etwa – um der Sucht auch andere, schönere Namen zu geben – zu dem Ort, in dem ich aufgewachsen bin, sei eine Erbkrankheit in meiner Familie; die Liebe meines Vaters zur einstigen Sommervilla und zum See habe ich voll in mich aufgenommen, aber da es eine von seiner Exilerfahrung und dem Bewusstsein, jederzeit alles verlieren zu können, gebrochene Liebe sei, habe sich die Erkenntnis, dass eine Liebe schmerzhaft erlebt, wer sich daran krampfhaft, suchtartig klammert, als untauglicher erster Heilungsschritt erwiesen; auch das überschwängliche Setzen von «Denkmälern», in etlichen meiner Bücher dem magischen Platz gewidmet, dem See, dem Ort, den Typen, Käuzen und Originalen, den Erlebnissen des Kindes und des Heranwachsenden, den Lebensverknüpfungen mit See und Bergen, auf welche der Alternde nun im letzten Lebensdrittel zurückblickt, den Vorfahren, die sich schon vor mehr als hundert Jahren, der Landschaft ebenso verfallen, großzügig angesiedelt hatten, sei ein vergeblicher Bewältigungsversuch der unstillbaren Sucht, die umso heftiger ausbricht, je mehr man sie zu stillen versuche; mein Großwerden mit den erheblichen Nachwirkungen des selbst nicht Erlebten, der Emigration – nach Hilde Spiel, der Wissenden, eine gleichermaßen unheilbare, wie vererbbare Krankheit –, mein Festhalten an dieser Krankheit als Nachgeborener, so, als hätte ich mich an Ort und Stelle angesteckt, wo ich nie gewesen bin, lasse mich nicht loskommen von meiner Sucht, ja treibe mich zur ständig neuen Befriedigung an.

Sind doch die Briefe meines Vaters aus seinem Exil zwischen 1938 und 1945 durchzogen vom dauerhaften Gefühl eines Heimwehs, das nicht zu Österreich oder zur Vaterstadt Wien drängt, sondern zu einem Ort: St. Gilgen. Und so hat es ihn, der 1941 bei der Ankunft in Montevideo in Uruguay voller Zuversicht seinen Traum beschwor, eines Tages den Schafberg wiederzusehen: «... Einmal werden wir auch rufen: Monte de carnero video – ich sehe den Schafberg!» trotz seiner Dankbarkeit für das kleine südamerikanische Land, in welchem er Zuflucht gefunden hatte, nicht in die Stadt, aus der er geflohen war, sondern zurück an den Ort der Kindheit, der unbeschwerten Sommerfrische, der Sehnsucht getrieben, nach St. Gilgen.

In einem langen Brief an meinen Vater posthum, einem der erwähnten Bücher als Vorwort vorangestellt, habe ich meine Sucht so formuliert: ... *verfallen bin ich der neurotisch-atavistischen Liebe zu St. Gilgen und dem Wolfgangsee und dieser chronischen Sucht nach Wurzeln und ich kämpfe weiter den immerwährend zähen Kampf um die Erhaltung, heute nur mehr der Reste des Fleckens, wo unser Haus steht – am See; die vielen hundert verschiedenen Melodien seiner Wellen, wenn der Wind sie an die Ufermauer schlagen lässt, der vertraute Blick auf die unvergleichliche Bergkette, der Wechsel der Tage und Nächte in den Jahreszeiten mit den so oft erlebten und doch immer neuen Stimmungen der Landschaft, die letzten Spätsommertage etwa, mit ihrer schmerzenden Klarheit, oder die Südwindmorgen; die vertrauten Klänge aus Dorf und Wald, die mütterlich lockend mich umfangende Sehnsucht nach Verschmelzung, wenn ich zu Silvester nach Mitternacht allein ans Ufer trete und den Rest meines Glases in den See leere, um auf diese Weise mit ihm auf das neue Jahr anzustoßen; die Erinnerungen an Stimmungen und Erlebnisse, die sich untrennbar mit dieser Landschaft verbinden – dies alles lässt mich oft daran denken, wie Du, Vater, manches Mal lächelnd erzählt hast, Frauen Deines Lebens seien auf all das eifersüchtiger gewesen als auf andere Frauen. Auch das trage ich, ohne es gewollt zu haben, stetig weiter wie eine Stafette, und jeder Neuankömmling in meinem Leben wird an seiner Reaktion auf diesen mir magischen Platz gemessen. ... So bedeutet Wien für mich die Geliebte, die mir nicht gut tut, von der loszukommen aber zeitlebens nie gelingt, und St. Gilgen und der See die Mutter, die nicht fragt, wenn sie einen aufnimmt, kehrt man aus der Welt und ihren vorgeblich so wichtigen Abenteuern immer wieder zu ihr zurück ...*

Lächelnd im Rausch meiner Seensucht deshalb und nicht suchend den Himmel auf Erden: Gilgen auf Erden!

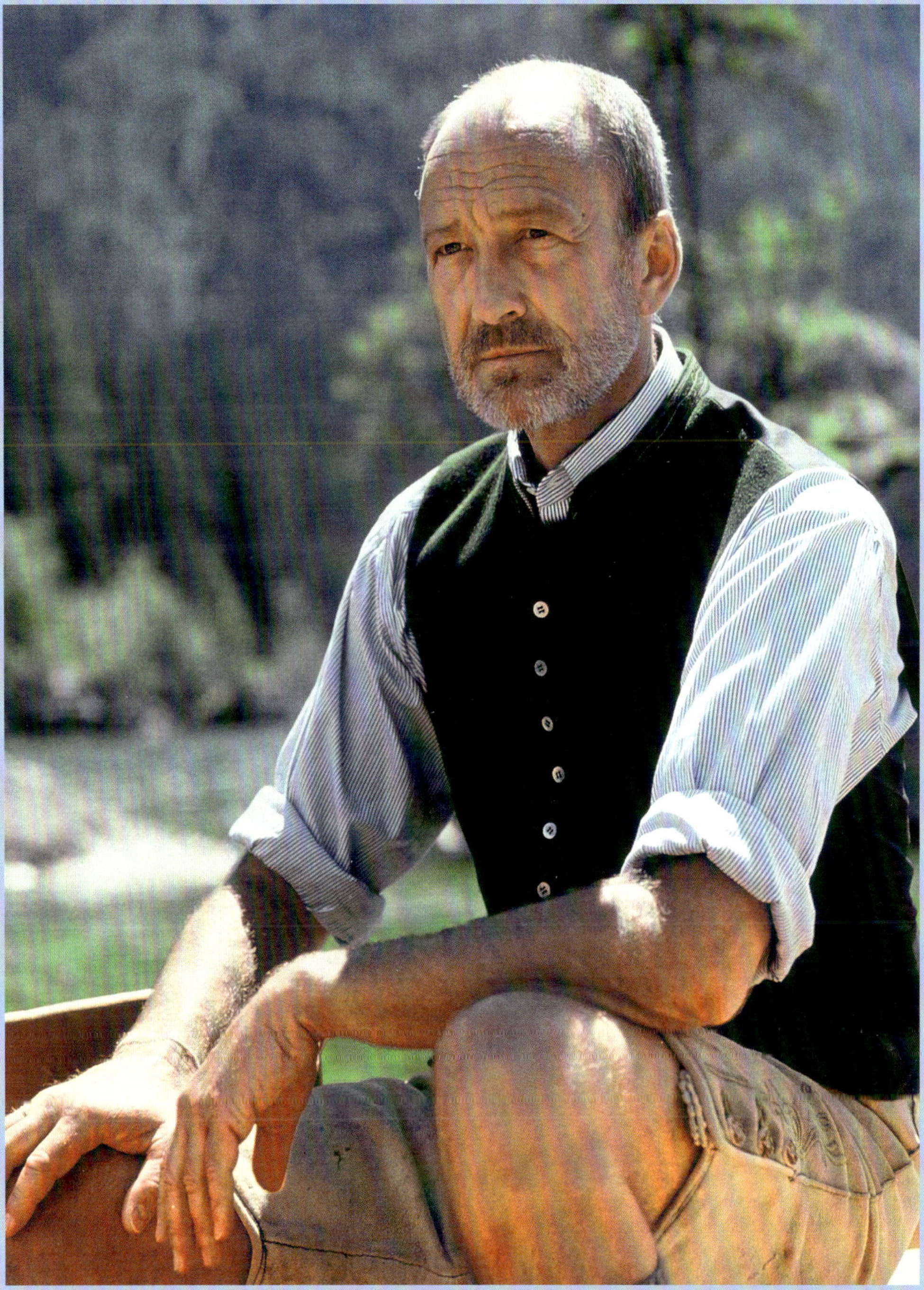

Waltraud Haas am
Wolfgangsee, um 1960.

Die 60er Jahre: Filmboom am Wolfgangsee oder wie Waltraud Haas ihre eigene Hochzeit vermarktete

In den Nachkriegsjahren erlebte der Wolfgangsee einen wahren Filmboom. Filme mit vielversprechenden Titeln wie *Kleiner Schwindel am Wolfgangsee* (1949), *Verlobung am Wolfgangsee* (1956), *Die Prinzessin von St. Wolfgang* (1957), *Happy End am Wolfgangsee* (1966), *Außer Rand und Band am Wolfgangsee* (1971) bescherten der pittoresken Kulisse rund um St. Wolfgang enorme Popularität. Vor allem der Film *Im weißen Rössl* (1960) mit Waltraud Haas, Peter Alexander und Gunther Philipp gehört zu den Dauerbrennern: Bis heute wird er während der Sommermonate täglich im Kino von St. Wolfgang gezeigt.

Echte Hochzeit – echter Film

Waltraud Haas heiratete am 30. Juli 1966 während der Dreharbeiten zu *Happy End am Wolfgangsee* in St. Gilgen den Schauspieler Erwin Strahl; die echte Hochzeit wurde in den Film übernommen. Eine harmlos klingende Geschichte, der Waltraud Haas jedoch noch ein paar Details hinzufügt[183]: Erwin Strahl und sie waren in Berlin, als das Angebot kam, im neuen Franz-Antel-Film die Hauptrollen zu übernehmen. Doch war ihre Hochzeit schon lange für denselben Zeitpunkt geplant gewesen, die beiden sagten daher ab. Der Regisseur Antel kam auf die Idee, die Hochzeit in die Dreharbeiten einzubauen, und erhielt die Zustimmung des Paares, jedoch unter einer Bedingung: Die Hochzeitsfeierlichkeiten in der Kirche sollten privat bleiben – «*Die filmreife Hochzeit fand in der katholischen Pfarrkirche von St. Gilgen statt, als Trauzeugen fungierten Kammersänger Otto Edelmann und Wiens legendärer Polizeipräsident Joschi Holaubek.*»[184] Keine Kamera, nur private Fotografen waren zugelassen. Doch ab dem Verlassen der Kirche «*gehört ihr mir*», ließ der Regisseur seine Stars wissen. Gut ausgedacht, doch die Geheimhaltung der Hochzeit funktionierte nicht wie geplant. Tausende Schaulustige, Journalisten mit Kamerateams waren nach St. Gilgen gekommen, um die Hochzeit mitzufeiern. Josef Holaubek, immerhin Wiener Polizeipräsident, ließ die vollbesetzte Kirche räumen, um zu ermöglichen, dass Familie und Freunde Platz fanden.

Nach der Zeremonie zog das Brautpaar zum Hotel Excelsior, vorneweg die Feuerwehr, hinterdrein die Fans. Das Hotel Excelsior war ein typisches Gebäude des ausgehenden 19. Jahrhunderts, errichtet 1895/96. Es galt als das eleganteste Hotel St. Gilgens und bot den meisten Komfort: «*Haus ersten Ranges. On parle français. English spoken. Das Haus, ein Neubau, bietet freie Fernsicht über See und Gebirge, besitzt einen schönen großen Speisesaal, Speiseterrasse und Badezimmer. Die 50 mit allem Komfort eingerichteten Zimmer, die aufmerksame Bedienung und vorzügliche Küche befriedigen den verwöhntesten Gast. Landungsplatz der Dampfschiffe*»,[185] hieß es im Prospekt.

Während des Hochzeitsessens verlas Antel ein Glückwunschtelegramm der deutschen Fußballnationalmannschaft, in dem diese das Brautpaar bat,

«Einmal hinschau'n, einmal herschau'n und dann ist man schon verliebt!» Walzerlied von Robert Stolz (Musik) und Robert Gilbert (Text).

Hotel Excelsior, zu seiner Zeit das eleganteste St. Gilgner Hotel.

sich doch das Spiel Deutschland gegen England, das Endspiel der Weltmeisterschaft 1966 im Fernsehen anzusehen, das am selben Tag stattfand. Richtig, ein Fernseher wurde in den Speisesaal hereingebracht und die Hochzeitsgesellschaft sah sich tatsächlich das Spiel an. Im Nachhinein wurde klar, dass Antel das Telegramm fingiert hatte: Er, der fanatische Fußballfan, wollte das Spiel nicht verpassen und hatte daher zu dieser List gegriffen.

Franz Antel (l.) im Gespräch mit Darstellern aus seinem Film *Kleiner Schwindel am Wolfgangsee*: Ludwig Schmidseder, Hans Holt, Susi Nicoletti, 15.2.1950.

Neuinterpretation des *Weißen Rössl* 1960: Waltraud Haas und Peter Alexander.

Peter Alexanders Double in der legendären Wasserschiszene war Walter Pistorius (l.), hier mit Gunther Philipp.

Das Lichtspiel-Espresso in
St. Wolfgang, Architektur-
zeichnung, 1955.

Tourismus nach 1945

Nach dem Ende des Zweiten Weltkrieges veränderte sich der Fremdenverkehr rapide, Sommerfrische im herkömmlichen Sinne wich dem neuen Massentourismus. Die Menschen waren mobil, besaßen Motorräder oder Autos und eroberten die Welt. In Deutschland wurde 1960 die Fünf-Tage-Woche eingeführt, Angestellte hatten Anspruch auf drei Wochen Urlaub, die Arbeitszeit wurde zu Anfang der 1970er Jahre auf 40 Stunden reduziert. Die Ansprüche waren anfangs bescheiden, ein Zimmer am Bauernhof oder ein Platz am Campingplatz genügten, ging es doch in erster Linie darum, die Jahre des Krieges hinter sich zu lassen und in Zeiten des Wirtschaftswunders den Urlaub zu genießen. Gerade das Salzkammergut war ein besonderer Anziehungspunkt für deutsche Touristen.

Der Suassbauer einst und jetzt. Die Heuernte wurde bis in die 1960er Jahre per Hand erledigt.

Werbeplakat St. Wolfgang, 1930.

St. Wolfgang etablierte sich als Ferienort der Reichen und Schönen – es wurde auch «St. Tropez am Wolfgangsee» genannt und galt als Anziehungspunkt für die Schickeria. Ira von Fürstenberg, Aga Khan und Gunter Sachs verbrachten hier ebenso die Sommermonate wie die ansässigen Schriftsteller Hilde Spiel, Alexander Lernet-Holenia und Hans Flesch-Brunningen. Sie alle trafen einander in der Imbissstube Furian, auf der Terrasse des Hotels Weißes Rössl und an den Promenaden, wo man Wasserschi fahren konnte, segelte, schwamm oder einfach nur die wunderschöne Aussicht genoss.

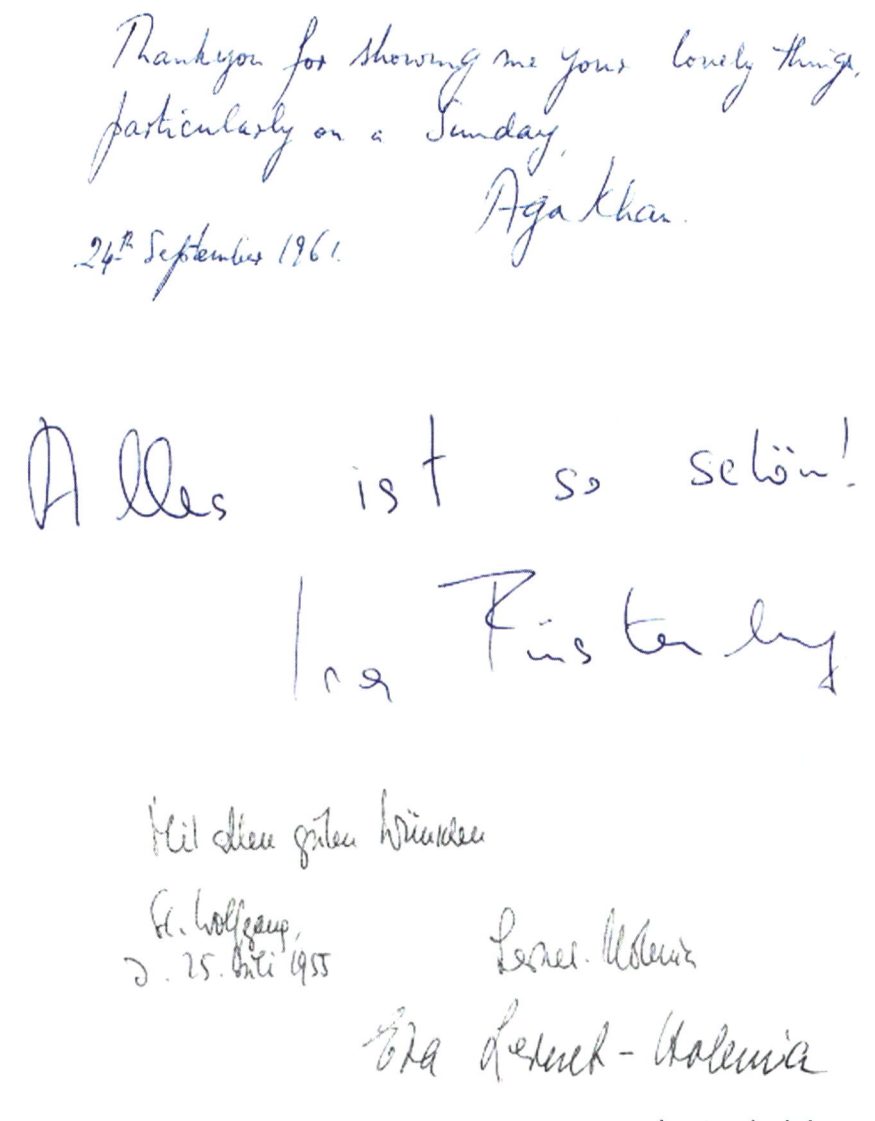

Thank you for showing me your lovely things, particularly on a Sunday.
Aga Khan.
24th September 1961.

Alles ist so schön!
Ira Fürstenberg

Mit allen guten Wünschen
St. Wolfgang,
d. 25. Juli 1955
Lernet-Holenia
Eva Lernet-Holenia

Aus dem Gästebuch der Familie Perfaller: Aga Khan, Ira von Fürstenberg und Alexander Lernet-Holenia.

Kinowerbung des St. Wolfganger Trachtengeschäfts Perfaller.

Am Campingplatz in St. Wolfgang, 1965.

Neue Zeiten, neue Autos: Camper am Wolfgangsee, 1956.

Reges Treiben am Badesteg und im Wasser, Strobl, 1968.

Elektroboote, Strobl, 1968.

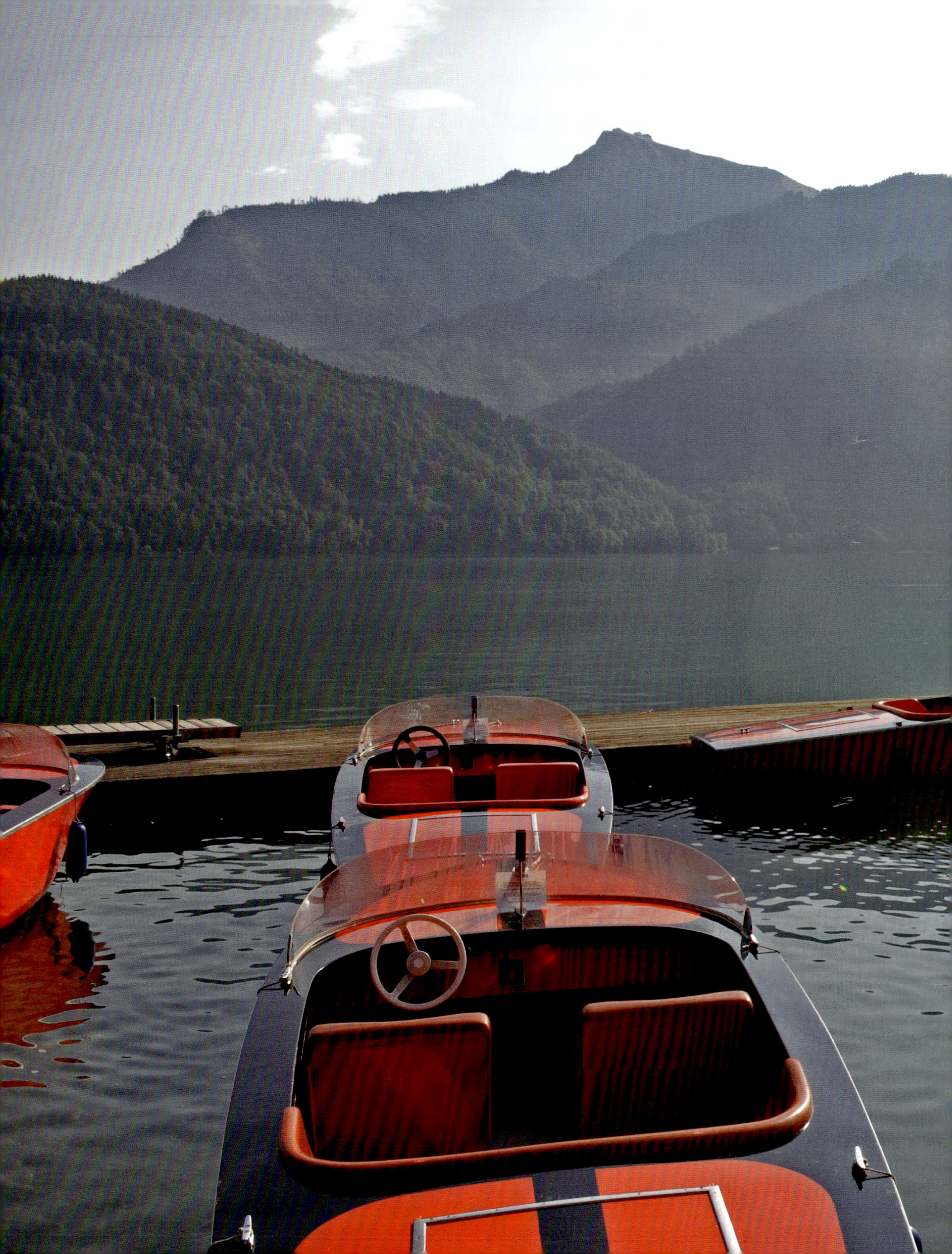

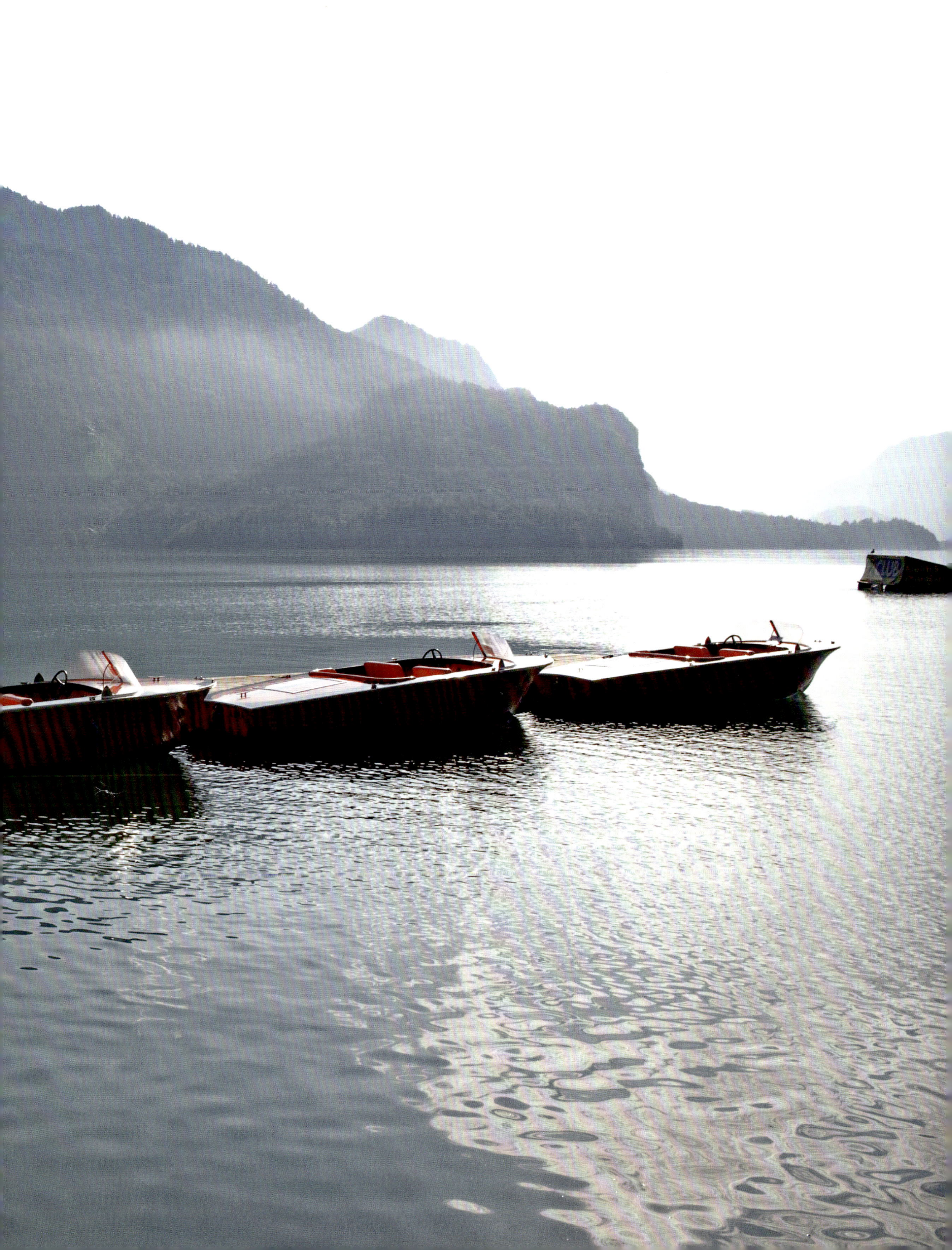
CLUB

Wolfgangseer Advent

Wolfgangsee heute

Shake the Lake

Das Boogie-Woogie Festival startete am 2. Juli 1997 in der Konditorei Zauner in Bad Ischl mit einer «Nacht des Boogie Woogie», die so erfolgreich war, dass sich weitere Konzerte daraus ergaben. Heute zählt «Shake the Lake» zu den Fixpunkten des Kulturlebens rund um den Wolfgangsee.
www.shakethelake.at

Kindermusikfestival

2004 startete das Kindermusikfestival St. Gilgen als einziger Veranstalter für Kinderkonzerte im sommerlichen Salzkammergut. Das alte Kino in St. Gilgen bildet den geeigneten Rahmen und zieht jährlich viele Familien an.
www.kindermusikfestival.at

Kindermusikfestival (o.), das legendäre fliegende Klavier bei «Shake the Lake» (u.)

Wolfgangsee Literatur
Den Literaten, die sich seit jeher rund um den Wolfgangsee angesiedelt haben, ist dieses Festival gewidmet, das sich nicht nur die Wahrung der Traditionen, sondern auch deren Wiederbelebung zum Ziel gesetzt hat.
www.seeliteratur.at

Museum Zinkenbacher Malerkolonie
Den Malern, die sich in den 1930er Jahren in Zinkenbach einfanden, wurde 2001 ein eigenes Museum in St. Gilgen gewidmet, das jedes Jahr andere Künstler dieses Kreises in den Mittelpunkt stellt und ihnen ein längst notwendiges Forum zur Verfügung stellt.
www.malerkolonie.at

Mozarthaus St. Gilgen
Im ehemaligen Gericht in St. Gilgen ist nun das Mozarthaus mit dem wunderschönen neuen Falkenstein-Saal untergebracht und bietet den Rahmen für Veranstaltungen.
www.mozartdorf.at

Schöner Wohnen am Wolfgangsee:
Hotel Gasthof zur Post St. Gilgen www.gasthofzurpost.at
Hotel Billroth St. Gilgen www.billroth.at
Hotel Weißes Rössl St. Wolfgang www.weissesroessl.at
Scaleria St. Wolfgang www.scalaria.at
Brandauer's Villen Strobl www.brandauers.info

Wolfgangseer Advent
St. Wolfgang, Strobl und St. Gilgen erstrahlen während der Adventzeit und bieten lebendiges Brauchtum, Kunsthandwerk und heimelige Atmosphäre.
www.wolfgangseer-advent.at

Der Wolfgangsee von oben:
Heißluftballon www.freiheit.at
Seilbahn www.12erhorn.at
Zahnradbahn www.schafbergbahn.at

Weitere schöne Hotels, Restaurants und Ausflugstipps finden Sie unter
www.wolfgangsee.at

MÖVE
O-10.265

1/2 Stunde RUNDFAHRT
MIT ERKLÄRUNG
€ 6,00 / Person

1. Leopold Ziller, Vom Fischerdorf zum Fremdenverkehrsort (St. Gilgen 1973) S. 89 ff.
2. Marie Ebner-Eschenbach, geb. Dubsky, 13.9.1830 Schloss Zdislawitz bei Kremsier/Mähren – 12.3.1916 Wien
3. Zit. in: Karl von Frisch, Fünf Häuser am See (Berlin 1980) S. 34
4. Ziller, a. a. O., S. 85 ff.
5. Ida Fleischl von Marxow, geb. Marx, 5.9.1824 München – 4.6.1899 Wien, verheiratet mit Karl Fleischl von Marxow, 17.2.1818 Neuern/Böhmen – 13.6.1893 St. Gilgen
6. Frisch, a. a. O., S. 7 f.
7. Frisch, a. a. O., S. 77
8. Vergl. www.fuerberg.com
9. Richard Beer-Hofmann, Paula (1949). Zit. in: Wolfgang Kos, Elke Krasny (Hg.), Schreibtisch mit Aussicht (Wien 1995) S. 145 f. Es handelt sich um Beer-Hoffmanns Frau Paula Lissy.
10. Theodor Billroth, 26.4.1829 Bergen/Rügen – 6.2.1894 Abbazia
11. Billroth im Briefwechsel mit Brahms (München – Berlin 1969) S. 19
12. Billroth, a. a. O., S. 101
13. Billroth, a. a. O., S. 113 f.
14. Wilhelm Kestranek 22.5.1863 Branowitz/Mähren – 19.5.1925 Wien; Marie-Theres Arnbom, Bürgerlichkeit nach dem Ende des bürgerlichen Zeitalters? (Wien 1990) Diplomarbeit; *Prager Tagblatt*, 20. und 22. Mai 1925; Monika Oberhammer, Sommervillen im Salzkammergut (Salzburg 1983)
15. Marie-Theres Arnbom, St. Gilgen (Wien 2008)
16. Eugen Herz, 26.8.1875 Wien – 5.1.1944 Rimsting/Chiemsee
17. Ida Herz, geb. Kestranek, 22.1.1876 Przivoz/Mähren – 4.5.1963 Salzburg
18. Camillo Castiglioni, 22.10.1879 Triest – 19.12.1957 Rom
19. Hugo Stinnes, 12.2.1870 Mülheim an der Ruhr – 10.4.1924 Berlin
20. Marie-Theres Arnbom, Miguel Herz-Kestranek, Also hab ich nur mich selbst! Stefan Herz-Kestranek. Stationen eines großbürgerlichen Emigranten 1938 bis 1945 (Wien 1997); Georg Gaugusch, Genealogie der Familie Herz. In: Genealogisches Handbuch der jüdischen Familien Wiens (Wien 2010); Österreichisches Biographisches Lexikon (Wien 1957) Band 1
21. Ludwig Jehle, 19.2.1871 Prerau/Mähren – 1.3.1939 Wien
22. Ernst Geiringer, 12.1.1879 Wien – 10.8.1932 St. Gilgen
23. *Neue Freie Presse*, 11.8.1932. Für den Hinweis auf diese Geschehnisse und die Details zur Familie Geiringer danke ich Georg Gaugusch sehr herzlich.
24. *Neue Freie Presse*, 12.8.1932, S. 2
25. Moriz Sobotka, 22.10.1843 Habern (Böhmen) – 21.11.1918 Wien
26. Sophie Sobotka, geb. Brum, 30.9.1851 Lundenburg (Mähren) – 7.10.1930 Wien
27. Zit. in: Nikolaus Schaffer, John Quincy Adams – Wiener Maler von Welt. In: Wiener Gesellschaft im Portrait. Der Maler John Quincy Adams (Wien 1986)
28. Verheiratet mit Karl August Frank, Beamter der Niederösterreichischen Escompte-Gesellschaft
29. *Neue Freie Presse*, 2.8.1932
30. Alfred Gerstenbrand, 18.2.1881 Wien – 7.1.1977 Melk
31. Alfred Gerstenbrand. Künstlerleben eines Jahrhunderts. Hg. Franz Gerstenbrand. Monographie von Ruth Kaltenegger und Helmut Schipani (Wien 2009)
32. Gerstenbrand, a. a. O., S. 24
33. Gerstenbrand, a. a. O., S. 49
34. Gerstenbrand, a. a. O., S. 73
35. Adolf Helmberger, 8.6.1885 St. Gilgen – 12.8.1967 Salzburg
36. Verein des Heimatkundlichen Museums und Archiv für Ortsgeschichte St. Gilgen (Hg.), Adolf Helmberger. Der Maler des Salzkammerguts. Broschüre 1/97
37. Arpad Weixlgärtner, 6.4.1872 Wien – 2.2.1961 Göteborg
38. Josefine Weixlgärtner, geb. Neutra, 19.1.1886 Wien – 30.6.1981 Göteborg. Schwester des Architekten Richard Neutra
39. Bernhard Barta, Das Malschiff (Wien 2007) S. 31 f.
40. Henriette Mandl, Wolfgangsee. Erinnerungen an die dreißiger Jahre. Zit. in: Barta, a. a. O., S. 32
41. Wolfgang Born, Österreichische Malerkolonie Zinkenbach. In: *Neues Wiener Journal*, 19.8.1932. Zit. in: Barta, a. a. O., S. 32
42. Ernst Huber an Franz von Zülow 11.7.1932, Nachlass Zülow. Zit in: Barta, a. a. O., S. 32
43. Carl Hollitzer, 11.3.1874 Bad Deutsch-Altenburg – 1.12.1942 Rekawinkel
44. Tagebuch Thusnelda von Zülow, Nachlass Zülow. Zit in: Barta, a. a. O., S. 33
45. Hilde Spiel, Die hellen und die finsteren Zeiten. Erinnerungen 1911-1946 (Wien 1989) S. 38
46. Spiel, a. a. O., S. 112
47. Josef Dobrowsky, 22.9.1889 Karlsbad – 9.1.1964 Tullnerbach
48. Gertrude Portisch, zit. in: Barta, a. a. O., S. 35
49. Wilhelm von Gutmann (28.9.1889 Wien – 6.3.1966 Wien) hatte 1921 in zweiter Ehe Stephanie Adams, die geschiedene Frau des Malers John Quincy Adams, geheiratet: Marie Bauer, genannt Mira, war nun deren Nachfolgerin.
50. Vergl. Sophie Lillie, Georg Gaugusch, Portrait of Adele Bloch-Bauer (Neue Galerie New York 2006)
51. Peter Michael Braunwarth, Anmutig wie eine Nixe. Eine Erinnerung an die Malerin und Kinderbuchautorin Bettina Ehrlich. In: Extra der *Wiener Zeitung*, 10./11.10.2003
52. Gabriela Nagler, Sabine Fellner, Jüdische Künstlerinnen. Emigrierte des Hagenbundes: Frieda Salvendy, Bettina Ehrlich, Luise Merkel-Romee. In: *Illustrierte Neue Welt* (Oktober 1996)
53. Erika Tietze-Conrat, zit. in: Braunwarth, a. a. O.
54. Zit. in: Nagler, Fellner, a. a. O.
55. Franz Planer, Jahrbuch der Wiener Gesellschaft (Wien 1929) S. 128
56. Ferdinand Kitt, 22.11.1887 Wien – 5.2.1961 Wien
57. Lisl Weil, 1910 – 6.2.2006 New York
58. Eine Auswahl an Lisl Weils Büchern: *Let's Go to the Museum; The Happy Ski ABC; Wolferl: The First Six Years in the Life of Wolfgang Amadeus Mozart; To Sail a Ship of Treasures; The Busiest Boy in Holland; The Hopping Knapsack; The Happy ABC (Rainbow juniors); The Magic of Music; The Golden Spinning Wheel*
59. www.malerkolonie.at
60. Lisel Salzer, 26.8.1906 Wien – 6.12.2005 Seattle
61. Lisel Salzer, Mein Leben. In: Georg Steinmetzer, Lisel Salzer – ein Künstlerleben zwischen Wien und Seattle. Schriftenreihe des Museums Zinkenbacher Malerkolonie III (Wien 2003) S. 62
62. Steinmetzer, a. a. O., S. 62
63. Steinmetzer, a. a. O.
64. Erinnerungen von Koritschoners Kollegen Klinger, www.fsu.edu/~ww2/Hine/hine_collection.htm, Item 4609. Für die Übermittlung des deutschen Originals danke ich Giulia Hine sehr herzlich.
65. Näheres siehe Wilhelm Holzbauer (Hg.), Franz Singer – Friedl Dicker (Wien 1989) Ausstellungskatalog
66. Frieda Koritschoner, geb. Kindsbrunner (auch Kinsbrunner oder Kinzbrunner), in 1. Ehe verheiratet mit dem Schriftsteller Paul Frank, 15.9.1881 Wien – 22.6.1927 St. Wolfgang; siehe Milan Dubrovic, Veruntreute Geschichte (Wien 1985) S. 54 f.
67. Gina Kaus, Von Wien nach Hollywood (Frankfurt 1990) S. 109
68. Hans Cory (Koritschoner), Our family chronicles. www.fsu.edu/~ww2/Hine/hine_collection.htm, Item 4827. Für die Abdruckerlaubnis danke ich Edith Cory-King (geb. Koritschoner) sehr herzlich.
69. Kaus, a. a. O., S. 109
70. Dubrovic, a. a. O., S. 54 f.
71. Kaus, a. a. O., S. 109
72. Kaus, a. a. O., S. 109
73. Ebenda
74. Ludwig Hirschfeld in: *Neue Freie Presse* 11.2.1931
75. Dubrovic, a. a. O., S. 54 f.
76. Kaus, a. a. O., S. 109
77. Kaus, a. a. O., S. 96-99
78. Verlassenschaftsabhandlung Frieda Frank, 2.3.1.8.A4/3-3A, 1898-1939, Wiener Stadt-und Landesarchiv
79. *Neue Freie Presse*, Abendausgabe, 20.12.1928, S. 2
80. Albert Binna, Strobl, das Strandbad Bad Ischls. In: Albert Binna (Hg.), Bad Ischl (Gmunden – Bad Ischl 1934) S. 92 f.
81. Gottfried Kuppelwieser, Grüße vom Wolfgangsee (Linz 1981) o. S.
82. Leopold Ziller, Häuserchronik der Gemeinden St. Gilgen und Strobl am Aber-(Wolfgang-)See (St. Gilgen 1990) S. 297
83. *Ischler Wochenblatt*, 22. 4. 1900. Zit. in: Kuppelwieser, a. a. O.
84. Heidi Pinezits, Ein Haus «in lieblichster Lage». In: Johann Stehrer (Hg.), Strobl am Wolfgangsee (Strobl 1998) S. 334
85. Heinrich Benedikt, Strobl am Abersee (Strobl 1962). Zit. in: Heidi Pinezits, Ein Haus «in lieblichster Lage». In: Stehrer, a. a. O., S. 342
86. Gottfried Heindl, Das Salzkammergut und seine Gäste (Wien 1993), S. 134
87. Zur Familie Schereschewsky vergl. Albert Lichtblau, «Ein Stück Paradies …» Jüdische Sommerfrische in St. Gilgen. In: Robert Kriechbaumer (Hg.), Der Geschmack der Vergänglichkeit. Jüdische Sommerfrische in Salzburg (Wien 2002) S. 302 ff.
88. Strobl, 21. Juli 1892, zit. in Kos, Krasny, a. a. O., S. 190 f.
89. Die Julius-Bauer-Feier der «Concordia». Anlässlich der Ernennung zum Ehrenmitglied (2.12.1928)
90. Julius Bauer, 15.10.1853 Győr/Raab (Ungarn) – 11.6.1941 Wien.
91. Details zu Julius Bauers Biographie siehe Reinhard Müller, in: http://www.agso.uni-graz.at/marienthal/bibliothek/biografien/07_04_Bauer_Julius_Biografie.htm (Graz, Juni 2008)
92. Die Julius-Bauer-Feier der «Concordia», a. a. O.
93. Leon Schalit in: *Die Zeitung*, 3.12.1941
94. 22.2.1880 Heirat mit Jenny Rosina Kastner aus Pest, Tochter Berta, 26.9.1880 Wien – 15.5.1952 Wien. Verheiratet 1905 mit Marino Baron Rinaldini (30.3.1878 Wien – 16.2.1911 Wien), geschieden 1910. Deren Tochter Elisabeth, genannt Lisl (9.10.1906 Wien – 14.5.1980 Wien) war Tänzerin, Tanzlehrerin, Inhaberin einer Tanzschule und Bridgemeisterin. Sie verbrachte die Sommermonate mit ihrem Großvater Julius Bauer in Bad Ischl und heiratete am 22.10.1955 den Kaufmann Josef Pletka (1899-1964).
95. Isabella Geiringer hatte eine doppelte Beziehung zum Wolfgangsee: Ihre Tante war die Frau des Begründers der Wolfgangseeschifffahrt, Berthold Curant; das traurige Schicksal ihres Cousins Ernst Geiringer wurde oben geschildert.
96. Vergl. Christian Arnolder, Golf (Wien 2007) S. 85 ff.
97. Hofrat Graf Pachta-Rayhofen, Der Salzkammergut-Golfplatz. In: Binna (Hg.), Bad Ischl, a. a. O., S. 87 ff.
98. Vergl. Arnolder, a. a. O., S. 85
99. Material freundlichst von Regina Thumser zur Verfügung gestellt. Siehe Akt im Oberösterreichischen Landesarchiv: 35/5 St. Wolfgang Golfplatzgenossenschaft. IVc/W: 6413-1941. 31.1.1939 Adolf Lemmerer, komm. Verwalter an Gauwirtschaftsamt, Linz
100. Siehe Akt im Oberösterreichischen Landesarchiv: 35/5 St. Wolfgang Golfplatzgenossenschaft. IVc/W: 6413-1941. 31.1.1939 Adolf Lemmerer, komm. Verwalter an Gauwirtschaftsamt, Linz. Für die Informationen danke ich Regina Thumser sehr herzlich.
101. Armin Robinson, 23.2.1900 Wien – 12.9.1985 Bad Ischl

102 Eine Auswahl seiner Werke: Paul Abraham, *Zwei glückliche Herzen.* T: Robert Gilbert und Armin Robinson; Ralph Benatzky, *Morgen geht's uns gut.* Sechs Bilder nach einer alten Wiener Posse von Hans Müller, Gesangstexte von Armin Robinson, Ralph Benatzky, Robert Gilbert, Karl Farkas. 1931; Paul Burghard, *Hopsa.* Revue-Operette in sechzehn Bildern. Buch von Armin Robinson und Paul Baudisch. Gesangstexte von Robert Gilbert und Armin Robinson. 1935; Armin L. Robinson, *A Holiday in Austria.* Swing-Jodel-Fox.; Robert Stolz, *Himmelblaue Träume.* Operette. T: Robert Gilbert, Armin Robinson; Oscar Straus, *Drei Walzer.* Operette in 3 Teilen. Von Paul Knepler und Armin Robinson. 1936. Liedtexte für Filme: *Phantome des Glücks.* 1929; *Zwei Herzen im 3/4 Takt.* 1929/1930; *Die singende Stadt.* 1930; *Ein Tango für Dich.* 1930; *Delikatessen.* 1929/1930; *Das Kabinett des Dr. Larifari.* 1930; *Das Lied ist aus.* 1930; *Der Greifer.* 1930; *Die lustigen Weiber von Wien.* 1930/1931; *Liebeskommando.* 1931; *Die große Attraktion.* 1931; *Ein bißchen Liebe für Dich (Zwei glückliche Herzen).* 1931/1932; *Mädchen zum Heiraten.* 1931/1932; *Ein Mann mit Herz.* 1932; *Es war einmal ein Walzer.* 1932

103 Jens-Uwe Völmecke, Die Stars von Charells *Rössl*-Inszenierung. In: Im Weißen Rössl. Zwischen Kunst und Kommerz. Musik-Konzepte 133/134 (August 2006)

104 Die Filmemacherin Sina Moser machte über den Haidenhof und die Robinsons den Film «Leben für die Herrschaft». Siehe http://www.gruene-badischl.at/rettet-den-haidenhof.html

105 Franz Xaver Rohrhofer, Krone, Krummstab, Seidenfaden. St. Wolfgang und Oberösterreich (St. Wolfgang 2006) S. 162

106 Rohrhofer, a. a. O., S. 148

107 Im Weißen Rössl, 3. Akt, 5. Szene, Professor Hinzelmann. Zit. in Kevin Clarke, Helmut Peter, Im Weißen Rössl. Auf den Spuren eines Welterfolges (St. Wolfgang 2007) S. 30

108 Marie-Theres Arnbom, War'n Sie schon mal in mich verliebt? Filmstars, Operettenlieblinge und Kabarettgrößen zwischen Wien und Berlin (Wien 2006)

109 Julius Reiner, *BZ am Mittag,* 30.8.1926. Zit. in: Clarke, Peter, a. a. O., S. 60 f.

110 Fritz Hennenberg, «Es muß was Wunderbares sein …» Ralph Benatzky (Wien 1998) S. 166 ff.

111 Clarke, Peter, a. a. O., S. 80 ff.

112 Erich Urban, *BZ am Mittag,* Juni 1931. Zit. in: Clarke, Peter, a. a. O., S. 122 f.

113 Näheres zur Familie Peter siehe Gunda Barth-Scalmani, Landbürger der Zwischenkriegszeit. Die Familie Peter in St. Wolfgang. In: Hannes Stekl (Hg.), Bürgerliche Familien. Lebenswege im 19. und 20. Jahrhundert. Bürgertum in der Habsburgermonarchie VIII (Wien 2000) S. 169 ff., hier konkret S. 178

114 Clarke, Peter, a. a. O.

115 Hilde Spiel, 19.10.1911 Wien – 30.11.1990 Wien

116 Spiel, Die hellen und die finsteren Zeiten, a. a. O., S. 111 f.

117 Hilde Spiel, Welche Welt ist meine Welt? Erinnerungen 1946-1989 (Wien 1990) S. 169 ff.

118 Ebenda

119 Hans Flesch-Brunningen, 5.2.1895 Brünn – 1.8.1981 Bad Ischl

120 Heimito von Doderer, in: *Frankfurter Allgemeine Zeitung,* 5.2.1965

121 Leo Perutz, 2.11.1882 Prag – 25.8.1957 Bad Ischl

122 Alexander Lernet-Holenia, 21.10.1897 Wien – 3.7.1976 Wien

123 Carl Zuckmayer in: Alexander Lernet-Holenia. Festschrift zum 70. Geburtstag des Dichters (Wien 1967) Zit. in: Christian Strasser, Carl Zuckmayer (Wien 1996) S. 145

124 Carl Zuckmayer an Alexander Lernet-Holenia, 17.10.1957. Zit. in: Strasser, a. a. O., S. 144

125 Hilde Spiel, Welt im Widerschein (München 1960)

126 Barbara Heyman, Samuel Barber (New York – Oxford 1992) S. 150

127 Walther Rode, Antrag auf Einleitung der Voruntersuchung wider Dr. Ernst Hauser und Genossen wegen des Verbrechens des Mordes (Wien 1927)

128 Ernst Alfred Hauser, 20.7.1896 Wien – 10.2.1956 Cambridge/Massachusetts, USA. Näheres siehe www.unikiel.de/anorg/lagaly/group/klausSchiver/hauser.pdf

129 Leopold Schrötter von Kristelli, 5.2.1837 Graz – 22.4.1908 Wien

130 Jahresbericht Ferienhort 1889, zit. in: Thomas Leinwarther, Die Geschichte des Vereines Ferienhort für Mittelschüler unter Berücksichtigung sozialer Aspekte 1888-1994 (Wien 1995) Diplomarbeit

131 Leinwarther, a. a. O., S. 35

132 Zit. in: Festschrift 1891-1991 Salzkammergut Lokalbahn (Mondsee 1991)

133 Zit. in: Festschrift, a. a. O.

134 Die Schafbergbahn und die Salzkammergut-Lokal-Bahn, verfasst von J. Fridrich (Salzburg o. J.)

135 Zit. in: Kos, Krasny, a. a. O., S. 103

136 Frisch, a. a. O., S. 2 ff.

137 Friedrich Barth, St. Wolfgang (St. Wolfgang 1975) S. 260; www.schafberg.net

138 Rohrhofer, a. a. O., S. 166

139 Zit. in: Barth, a. a. O., S. 257

140 Heindl, a. a. O., S. 20

141 Interview mit Leopold Ziller, 28.3.2001, zit. in: Albert Lichtblau, a. a. O., S. 286

142 www.uyc-wolfgangsee.at

143 Gespräch mit Walter Pistorius, 10.4.2010

144 Ziller, Fischerdorf S. 108

145 *Salzburger Volksblatt,* 12.4.1900. Zit. in: Pinezits, a. a. O., S. 342 f.

146 www.wolfgangsee.at

147 *Kronen-Zeitung,* 5.8.1936

148 *Das kleine Frauenblatt*: Bauernhochzeit in St. Gilgen am Wolfgangsee (13. Jg., Nr. 34, 23.8.1936)

149 *Kronen-Zeitung,* 5.8.1936

150 *Neue Freie Presse,* 31.1.1937

151 *Neue Freie Presse,* 31.1.1937

152 *Neue Freie Presse,* 31.1.1937

153 *Neue Freie Presse,* 31.1.1937

154 *Neue Freie Presse,* 30.1.1938, S. 11: St. Gilgen im Konzerthaus

155 *Neue Freie Presse,* 30.1.1938, S. 11: St. Gilgen im Konzerthaus

156 *Neue Freie Presse,* 30.1.1938, S. 15: Ballfeste im Zeichen des Dirndls

157 Zit. in: Das «Weiße Rössl» galoppiert für Deutschland. In: Gerald Lehner, Susanne Rolinek, Christian Strasser, Im Schatten der Mozartkugel. Reiseführer durch die braune Topografie von Salzburg (Wien 2009)

158 Robert Gilbert, meine reime, deine reime (New York 1976) S. 151. Zit. in: Norbert Abels, Das *Weiße Rössl* und Robert Gilbert. In: Im Weißen Rössl. Zwischen Kunst und Kommerz. Musik-Konzepte 133/134 (August 2006) S. 22 f.; Näheres zu Robert Gilbert ebenda und Hannah Arendt, Robert Gilbert. In: Menschen in finsteren Zeiten (München 1989) S. 290-297

159 Lichtblau, a. a. O., S. 281 ff.

160 Das «Weiße Rössl» galoppiert für Deutschland, in: Lehner, Rolinek, Strasser, a. a. O.

161 Verfügung der Gemeinde Strobl 1023/2, 15.7.1938. Zit. in: Christian Wasmeier, Der Weg durch dunkle Zeiten, in: Stehrer, a. a. O., S. 202

162 Schreiben an die Vermögensverkehrsstelle betreffend den Besitz von Emil Isakiewicz, 15.11.1939. Zit. in: Wasmeier, a. a. O., S. 202

163 Das «Weiße Rössl» galoppiert für Deutschland, in: Lehner, Rolinek, Strasser, a. a. O.

164 Der Name der Villa, die als «Fischergütl in der Gassen» die Nr. 2 in der St. Gilgner Häuserchronik trägt und in das Jahr 1543 zurückreicht, geht auf Oskar und Felix Kaufmann zurück, die die Villa 1927 erwarben. Felix war Präsident der rumänischen Nationalbank.

165 Friedrich Achleitner, Österreichische Architektur im 20. Jahrhundert. Band I (Wien 1980) S. 136 f. Zit. in: Oberhammer, a. a. O.

166 Max Feilchenfeld, 10.7.1852 Frankfurt an der Oder – 27.6.1922 Wien

167 Ziller, Häuserchronik, a. a. O., S. 107

168 Arnbom, Herz-Kestranek, a. a. O.; Gaugusch, a. a. O.

169 http://www.adulteducation.at/de/historiografie/institutionen/199/

170 Hans Petschek, 23.8.1895 Prag – 4.1.1968 Scarsdale (New York)

171 Jana Gerslová, Julius Petschek, in: Neue Deutsche Biographie 20 (2001), S. 268 f.

172 Gespräch mit Johannes Walderdorff, 24. April 2010

173 Unterlagen von Regina Thumser freundlichst zur Verfügung gestellt: 22/8 Petschek Johann Bürgelstein Strobl

174 http://www.adulteducation.at/de/historiografie/institutionen/199/

175 Arnbom, Herz-Kestranek, a. a. O., S. 74

176 RStH Preisüberwachungsstelle an RStH Salzburg am 2.12.1940 (Salzburger Landesarchiv). Zit. in: Strasser, Zuckmayer, a. a. O. S. 274 f.

177 Siehe Roman Roček, Die neun Leben des Alexander Lernet-Holenia (Wien 1997) S. 186; Strasser, Zuckmayer, a. a. O., S. 275 f.; Das «Weiße Rössl» galoppiert für Deutschland, in: Lehner, Rolinek, Strasser, a. a. O.

178 Zit. in: Heindl, a. a. O., S. 23

179 http://www.film-zeit.de/Person/15919/Emil-Jannings/Biographie/

180 Reinhard Heinisch, Die Internierung des belgischen Königs Leopold III. in Strobl im Jahr 1945. In: Mitteilungen der Gesellschaft für Salzburger Landeskunde 1991/131, S. 287 ff. und 1992/132, S. 331 ff.

181 Hugo Portisch, Österreich II (Wien 1985) S. 236

182 Miguel Herz-Kestranek, Mit Éjzes bin ich versehen (Wien 1998) S. 176 f.

183 Gespräch mit Waltraud Haas, 9. April 2010

184 Franz Antel, Servus Franz, Grüß Dich (Wien 2006) S. 36

185 St. Gilgen am Abersee und Umgebung (St. Gilgen o. J., ca. 1900)

LITERATUR

Achleitner Friedrich, Österreichische Architektur im 20. Jahrhundert. Band I (Wien 1980)
Alexander Lernet-Holenia. Festschrift zum 70. Geburtstag des Dichters (Wien 1967)
Antel Franz, Servus Franz, Grüß Dich (Wien 2006)
Arnbom Marie-Theres, Bürgerlichkeit nach dem Ende des bürgerlichen Zeitalters? (Wien 1990) Diplomarbeit
Arnbom Marie-Theres, Herz-Kestranek Miguel, Also hab ich nur mich selbst! Stefan Herz-Kestranek. Stationen eines großbürgerlichen Emigranten 1938 bis 1945 (Wien 1997)
Arnbom Marie-Theres, War'n Sie schon mal in mich verliebt? Filmstars, Operettenlieblinge und Kabarettgrößen zwischen Wien und Berlin (Wien 2006)
Arnolder Christian, Golf. The Royal and Ancient Game: Geschichte des Golfsports in Österreich und den ehemaligen Kronländern von 1901 bis zur Gegenwart (Wien 2007
Aurich Rolf, Jacobsen Wolfgang, Theo Lingen. Das Spiel mit der Maske (Berlin 2008)
Barta Bernhard, Das Malschiff (Wien 2007)
Barth Friedrich, St. Wolfgang (St. Wolfgang 1975)
Barth-Scalmani Gunda, Landbürger der Zwischenkriegszeit. Die Familie Peter in St. Wolfgang. In: Hannes Stekl (Hg.), Bürgerliche Familien. Lebenswege im 19. und 20. Jahrhundert. Bürgertum in der Habsburgermonarchie VIII (Wien 2000)
Benedikt Heinrich, Strobl am Abersee (Strobl 1962)
Binna Albert (Hg.), Bad Ischl (Gmunden – Bad Ischl 1934)
Braunwarth Peter Michael, Anmutig wie eine Nixe. Eine Erinnerung an die Malerin und Kinderbuchautorin Bettina Ehrlich. In: Extra der Wiener Zeitung, 10./11.10.2003
Clarke Kevin, Peter Helmut, Im Weißen Rössl. Auf den Spuren eines Welterfolges (St. Wolfgang 2007)
Die Julius-Bauer-Feier der «Concordia». Anläßlich der Ernennung zum Ehrenmitglied (2.12.1928)
Die Schafbergbahn und die Salzkammergut-Lokal-Bahn, verfaßt von J. Fridrich (Salzburg o.J.)
Dubrovic Milan, Veruntreute Geschichte (Wien 1985)
Festschrift 1891 – 1991 Salzkammergut Lokalbahn (Mondsee 1991)
Frisch Karl von, Fünf Häuser am See (Berlin 1980)
Gaugusch Georg, Genealogisches Handbuch der jüdischen Familien Wiens (Wien 2010)
Gerslová Jana, Julius Petschek, in: Neue Deutsche Biographie 20 (2001)
Gerstenbrand Franz (Hg.), Alfred Gerstenbrand. Künstlerleben eines Jahrhunderts. Monographie von Ruth Kaltenegger und Helmut Schipani (Wien 2009)
Gilbert Robert, Im weißen Rößl (Berlin 1953)
Heindl Gottfried, Das Salzkammergut und seine Gäste (Wien 1993)
Heinisch Reinhard, Die Internierung des belgischen Königs Leopold III. in Strobl im Jahr 1945. In: Mitteilungen der Gesellschaft für Salzburger Landeskunde 1991/131, S. 287 ff und 1992/132 S. 331ff
Hennenberg Fritz, «Es muß was Wunderbares sein …» Ralph Benatzky (Wien 1998)
Herz-Kestranek Miguel, Mit Éjzes bin ich versehen (Wien 1998)
Heyman Barbara, Samuel Barber (New York – Oxford 1992)
Holzbauer Wilhelm (Hg.), Franz Singer – Friedl Dicker (Wien 1989)
Im Weißen Rössl. Zwischen Kunst und Kommerz. Musik-Konzepte 133/134 (August 2006)
Kaus Gina, Von Wien nach Hollywood (Frankfurt 1990). Erstmals erschienen unter dem Titel: Und was für ein Leben… mit Liebe und Literatur, Theater und Film. (Hamburg 1979)
Kos Wolfgang, Krasny Elke (Hg.), Schreibtisch mit Aussicht (Wien 1995)
Kuppelwieser Gottfried, Grüße vom Wolfgangsee (Linz 1981)
Lehner Gerald, Rolinek Susanne, Strasser Christian, Im Schatten der Mozartkugel. Reiseführer durch die braune Topografie von Salzburg (Wien 2009)
Leinwarther Thomas, Die Geschichte des Vereines Vereinhort für Mittelschüler unter Berücksichtigung sozialer Aspekte 1888-1994 (Wien 1995) Diplomarbeit
Lichtblau Albert, «Ein Stück Paradies...» Jüdische Sommerfrischler in St. Gilgen. In: Robert Kriechbaumer (Hg.), Der Geschmack der Vergänglichkeit. Jüdische Sommerfrische in Salzburg (Wien 2002)
Lillie Sophie, Gaugusch Georg, Portrait of Adele Bloch-Bauer (Neue Galerie New York 2006)
Nagler Gabriela, Fellner Sabine, Jüdische Künstlerinnen. Emigrierte des Hagenbundes: Frieda Salvendy, Bettina Ehrlich, Luise Merkel-Romee. In: Illustrierte Neue Welt (Oktober 1996)
Oberhammer Monika, Sommervillen im Salzkammergut (Salzburg 1983)
Planer Franz, Jahrbuch der Wiener Gesellschaft (Wien 1929)
Portisch Hugo, Österreich II (Wien 1985)
Roček Roman, Die neun Leben des Alexander Lernet-Holenia (Wien 1997)
Rode Walther, Antrag auf Einleitung der Voruntersuchung wider Dr. Ernst Hauser und Genossen wegen des Verbrechens des Mordes (Wien 1927)
Rohrhofer Franz Xaver, Krone, Krummstab, Seidenfaden. St. Wolfgang und Oberösterreich (St. Wolfgang 2006)
Schaffer Nikolaus, John Quincy Adams – Wiener Maler von Welt. In: Wiener Gesellschaft im Portrait. Der Maler John Quincy Adams (Wien 1986)
Schultes Josef August, Reisen durch Oberösterreich
Spiel Hilde, Die hellen und finsteren Zeiten. Erinnerungen 1911-1946 (Wien 1989)
Spiel Hilde, Welche Welt ist meine Welt? Erinnerungen 1946-1989 (Wien 1990)
St. Gilgen am Abersee und Umgebung (St. Gilgen o.J., ca. 1900)
Stehrer Johann (Hg.), Strobl am Wolfgangsee (Strobl 1998)
Steinmetzer Georg, Lisel Salzer – ein Künstlerleben zwischen Wien und Seattle. Schriftenreihe des Museums Zinkenbacher Malerkolonie III (Wien 2003)
Theodor Billroth im Briefwechsel mit Johannes Brahms (München – Berlin 1969)
Verein des Heimatkundlichen Museums und Archiv für Ortsgeschichte St. Gilgen (Hg.), Adolf Helmberger. Der Maler des Salzkammerguts. Broschüre 1/97
Weinmann Beatrice, Waltraud Haas (Wien 2007)
Ziller Leopold, Häuserchronik der Gemeinden St. Gilgen und Strobl am Aber-(Wolfgang-)See (St. Gilgen 1990)
Ziller Leopold, Vom Fischerdorf zum Fremdenverkehrsort (St. Gilgen 1973)

Quellen:
Gespräche mit Ernst Gečmen-Waldek, Waltraud Haas, Walter Pistorius und Johannes Walderdorff
Korrespondenz mit Giulia Hine-Koritschoner

Akten des oberösterreichischen Landesarchivs
Grundbuch im Bezirksgericht Thalgau
Tageszeitungen
Verlassenschaftsabhandlung Frieda Frank, 2.3.1.8.A4/3-3A, 1898-1939, Wiener Stadt- und Landesarchiv

Internet:
www.adulteducation.at/de/historiografie/institutionen/199/
www.fsu.edu/~ww2/Hine/hine_collection.htm
www.malerkolonie.at
www.schafberg.net
www.uyc-wolfgangsee.at
www.wolfgangsee.at

NAMENSREGISTER

Abraham, Paul 86
Achleitner, Friedrich 175
Adambauer 61 f.
Adams, Charles R. 46
Adams, Harriet 48
Adams, John Quincy 46 ff., 53, 62, 108
Adams, Nina, geb. Bleyer 46
Adams, Stephanie, geb. Sobotka 46
Alexander, Peter 146, 157 ff.
Altenberg, Peter 106
Antel, Franz 187 f.
Appel, Karl 170 f.
Arno, Bischof 15
Arno, Siegfried 95
Baels, Lilian 181
Bahr, Hermann 106
Barber, Samuel 108
Baudoin, König von Belgien 182
Bauer Fanny, geb. Jonas 83
Bauer Jenny, geb. Kastner 84
Bauer, Berta 84
Bauer, Carl 83
Bauer, Eugen 64
Bauer, Jeanette 84
Bauer, Julius 62, 83 f.
Bauer, Lilli Siegfriede, geb. Mauthner 64
Bauer, Moritz 84
Baumgartner, Hans 86
Becker, Meret 101
Beer-Hofmann, Richard 27
Benatzky, Ralph 86, 94, 97, 170
Benecke, Herbert 182
Benecke, Maria, geb. Wallace 182
Benndorf, Hans 139
Berchtold zu Sonnenburg, Johann Baptist 19
Berchtold zu Sonnenburg, Joseph Sigmund 77
Berecz, Familie 22
Berecz, Carl 22
Bergner, Elisabeth 64
Bernhard, Thomas 105
Bettauer, Hugo 173
Billroth, Christine 138
Billroth, Theodor 22, 29, 33, 126, 175
Blaschczik Familie 22
Blaschczik, Anna, geb. Kestranek 21, 33 f.
Blaschczik, Hans 26, 33, 137
Blaschczik, Willy 34
Bloch-Bauer, Adele 64, 84
Bloch-Bauer, Therese 64
Blumenthal, Oscar 94, 100
Brahms, Johannes 22, 29
Britten, Benjamin 64
Bruckner, Anton 62, 115
Castiglioni, Camillo 34
Charell, Erik 97, 100
Coeln, Hans 139
Curant, Berthold 45, 128, 138
Czepa, Friedl 170
Delpire, Paul 104
Delug, Alois 53
Demandowsky, Ewald 180
Devrient, Max 108
Dicker, Friedl 71
Dietrich, Marlene 100, 137, 180
Dobrowsky, Josef 63
Doderer, Heimito von 72, 105
Drassl, Antonia 94
Dubrovic, Milan 73
Dupal, Johann 137
Ebner, Hildegard 176
Ebner, Matthias 176
Ebner-Eschenbach, Marie von 22, 24, 175
Edelmann, Otto 187
Edward, Prince of Wales (Edward VIII.) 85

Edthofer, Anton 79
Ehrlich, Bettina, geb. Bauer 64, 68
Ehrlich, Georg 61, 64, 68
Ellmauer, Anna, geb. Radauer 168
Ellmauer, Hans 168
Engel, Franz 170
Exner, Familie 24
Exner, Adolf 25
Exner, Alfred 139
Exner, Emilie 24
Exner, Franz 25, 128
Fairbanks, Douglas 42
Farkas, Karl 100, 170
Feilchenfeld, Henriette 29, 175 f.
Feilchenfeld, Max 29, 33, 175 f.
Feilchenfeld, Otto 170
Ferstl, Karl 142
Fleischl von Marxow, Ida 24
Fleischl von Marxow, Karl 24
Flesch-Brunningen, Hans 64, 93, 104 ff.
Forst, Willi 180
Frank, Marion Gladys, geb. Adams 48
Frank, Paul 71, 106
Franz Joseph I., Kaiser 78, 121, 124
Fränzl, Rudi 170
Frisch, Familie 21 f., 25 f.
Frisch, Anton von 25, 29, 128, 137, 139
Frisch, Hans von 25, 139
Frisch, Karl von 22, 25 f., 128
Frisch, Marie von, geb. Exner 25, 128
Frisch, Otto von 138
Fürperger, Bartlmä 26
Fürstenberg, Georg Prinz 181 f.
Fürstenberg, Ira Prinzessin 146, 193
Fürstenberg, Karl Emil Prinz 79, 85 f.
Gable, Clark 42
Gečmen-Waldek, Familie 20 f., 78, 142, 148
Gečmen-Waldek, Alphons Baron 78
Gečmen-Waldek, Elisabeth Baronin, geb. Marischka 78
Gečmen-Waldek, Erwein Baron 85
Gečmen-Waldek, Vinzenz Baron 78
Geiringer, Ernst 45
Geiringer, Isabella 84
Gerstenbrand, Alfred 34, 43, 46, 48 ff., 61 f., 74, 83 f., 170
Geyer, Siegfried 48
Gfaller, Rudi 126
Gilbert, Robert 101, 174, 187
Girardi, Alexander 84
Goebbels, Joseph 180
Göring, Hermann 180
Griepenkerl, Christian 53
Grom-Rottmayer, Hermann 68
Grossmann, Friedrich 58
Grünbaum, Fritz 170
Gründgens, Gustaf 180
Guggenbichler, Meinrad 92
Gutmann, Brüder 34
Gutmann, Emil Ritter von 86
Gutmann, Marie (Mira) von, geb. Bauer 64
Gutmann, Wilhelm von 64
Haas, Waltraud 146, 186 ff.
Hansen, Max 94 f., 95, 98, 170
Hanslick, Eduard 29
Hartenstein, Frau 128
Hauser, Ernst 108
Hauser, Susanne, geb. Devrient 108
Heine-Geldern, Heinrich Freiherr von 85
Heller, André 59
Heller, Mutter 58
Hellmer, Direktor 170
Helmberger, Adolf 46, 53 f., 62
Herz, Eugen 22. 33 f., 36, 170, 177
Herz, Familie 21 f., 32

Herz, Ida, geb. Kestranek 33 f., 177
Herz, Victor 84
Herz-Kestranek, Familie 42
Herz-Kestranek, Miguel 177, 184 f.
Herz-Kestranek, Stefan 34, 177, 179
Hilling, Edith 108
Himmler, Heinrich 181
Hirschfeld, Ludwig 72
Hoffmann, Josef 50
Hofmannsthal, Hugo von 7, 82, 126, 137
Holaubek, Joseph 95
Holl, Gussy 180
Hollitzer, Carl 61 f.
Huber, Ernst 61
Huber, Gusti 170
Huber, Wolfgang 62
Hübner, Herr 86
Huemer, Friedrun und Peter 162 f.
Igler, Hans 86
Inwald von Waldtreu, Oskar 85 f.
Jäger, Gustav 50
Jäger, Hertha, geb. Mautner von Markhof 50
Jahn, Rolf 170
Jankuhn, Walter 95
Jannings, Emil 72, 100, 107, 180 f.
Jehle, Familie 22, 33
Jehle, Lilly, geb. Berecz 34
Jehle, Ludwig 34, 36
Jelusich, Mirko 51
Joachim Albert, Prinz von Preußen 181
Jungnickel, Ludwig Heinrich 61
Kadelburg, Gustav 94, 100
Karlweis, Oskar 170
Kaufmann, Oskar 170, 175
Kaus, Gina 71 f., 74 f., 93
Kaus, Otto 72
Kerrl, Hans 175
Kestranek, Familie 22, 32, 149
Kestranek, Marie, geb. Lenk 32
Kestranek, Wilhelm 30, 32 ff., 137
Kitt, Ferdinand 61 f., 66, 68
Klammer, Franz 146
Klimt, Gustav 64
Koch, Ludwig 85 f.
Köchl, Ernest 170
Koenig, Eugène 29
Koenig, Gabriele 29
Kogler, Johann 175
Kohl, Helmut 42
Kohorn, Oscar von 86
Kokoschka, Oskar 68, 104, 106
Koritschoner, Giulia, verh. Hine 75
Koritschoner, Frieda 68, 70 ff., 74, 180
Koritschoner, Julius 68, 71 f., 74 f., 106, 180
Koritschoner, Mia, geb. Hasterlik 72
Kotěra, Jan 30
Kött, Mimi 72 f.
Kotzian, Marie von 24
Krämer, Alexander 86
Kraus, Karl 104
Kreiner, Leo 175
Kriek, Richard de 104
Kunz, Alfred 170
Kutschera, Béla Baron 86
Lackenbach, Béla 86
Lehár, Franz 84
Lehmann, Lotte 167
Lemmerer, Adolf 86
Lenz, Käte 95
Léon, Victor 78
Leopold II., Kaiser 92
Leopold III., König von Belgien 181 f.
Leopoldi, Hermann 167 ff.
Lernet-Holenia, Alexander 72, 93, 104 ff., 146, 193

Lernet-Holenia, Sidonie 107
Lieske, Trude 87, 95
Lincke, Paul 86
Lingen, Theo 181 f.
Loos, Adolf 104
Loritz, Hans 175
Lucius III., Papst 91
Mahler, Gustav 62
Mandelsloh, Ernst August von 61
Mandl, Felix 85 f.
Marischka, Hubert 78
Marklowsky, Arthur von 139, 175
Massary, Fritzi, verh. Pallenberg 72, 94
Mauthner, Siegfried 64
Mautner, Isidor 84
Mautner, Jenny 84
Mayr, Christoph 142
Mayr, Rudi 142
Mendelssohn, Peter de 64, 104 f.
Menotti, Gian-Carlo 108
Michel, Wilhelm 124
Millöcker, Karl 84
Mislap-Kapper, Marianne 170
Moser, Editha, geb. Mautner von Markhof 50
Moser, Kolo 49 f.
Mozart, Anna Maria, geb. Pertl 19
Mozart, Maria Anna (Nannerl), verh. Berchtold zu Sonnenburg 19
Natscheradetz, Rudolf 32
Nebrich, Karl 30
Necker, Felix 179
Odilo, Herzog von Bayern 15
Osio, Gretl 138
Pacher, Michael 91
Padua, Paul Mathias 175
Pallenberg, Max 72, 74
Paoli, Betty 24
Pauser, Sergius 61
Pears, Peter 64
Pernter, Hans 168
Pertl, Wolfgang Nikolaus 19
Perutz, Leo 73, 104 ff.
Peter, Hermann 85 f., 102
Peter, Paul 102
Petschek, Hans 86, 178 f.
Pfister, Ursli 101
Pfundmayr, Hedy 170
Piccaver, Fred 45
Pick, Otto 86
Piorkowski, Alex 175
Pistorius, Walter 146, 189
Pokorny, Ewald 180
Polak, Ernst 104
Polgar, Alfred 72, 74 f., 106
Prächer, Niko 142
Prix, Hilde 170
Rabl, Josef 73
Rainer, Friedrich 175
Ratz, Johann 138
Raudaschl, Hubert 142
Reich, Henriette 61
Reich, Maximilian 61
Reinhardt, Max 79
Rinaldini, Lisl 170
Robinson, Armin 86 f., 95
Roessler, Arthur 48
Sachs, Gunter 146
Sailer, Toni 146
Salzer, Lisel (Alice) 61 f., 66, 68, 104
Sanderson, F. R. 86
Schaeffers, Willi 95
Schenk, Otto 79
Schereschewsky, Arnold 82, 170
Schey von Koromla, Philipp Freiherr 84
Schiele, Egon 48

Schlesinger von Benfeld, Eugen 137
Schlick, Moritz 104
Schönberg, Arnold 104
Schratt, Katharina 22 f.
Schrötter von Kristelli, Leopold 115
Schuschnigg, Herma von 168, 170
Schuschnigg, Kurt von 166 ff.
Schwanthaler, Thomas 91
Schwarzenbrunner, Josef 26
Seidl, Emanuel von 33
Sieber, Christoph 142
Singer, Franz 71
Sobotka, Gabriele, verh. Epler 178
Sobotka, Moriz 46, 82, 108, 178
Sobotka, Sophie, geb. Brum 46
Sobotka, Valentin 178
Spiegl von Thurnsee, Lucie 86
Spiel, Hilde 61 f., 68, 93, 104 ff.
Spira, Camilla 95
Spitzer, Daniel 83
Stadlmann, Wolf 19
Stark-Gstettenbaur, Gustl 95
Steinreich, Gertrude 175
Steinreich, Leopold 86, 170
Stepanek, Lilly 170
Stephani, Albert Freiherr von 22
Stern, Ernst 96, 104
Stinnes, Hugo 34
Stolz, Robert 87, 187
Strahl, Erwin 187
Stransky, George 32, 170
Strauß, Johann 22, 84
Strauss, Richard 33
Strobl, Wolf 77
Strohschneider, Paul 139
Terkal, Karl 79
Thimig, Helene, verh. Reinhardt 79
Thomas, Franz 174
Toller, Ernst 68
Tonder, Ferdinand 30
Toscanini, Arturo 167
Tuyll, Vinzenz Baron 86
Urban, Erich 100
Urban-Emmrich, Hugo 170
Uth, Barbara 170
Wagner, Otto 30
Wagener-Treßler, Hilde 170
Wallace, Hans Michael 182
Wallburg, Otto 95, 170
Waniek, Herbert 170
Weigel, Hans 106, 170
Weil, Lisl, verh. Marx 87
Weissberger, Franz 86
Weixlgärtner, Arpad 61
Weixlgärtner, Josefine, geb. Neutra 61
Welz, Friedrich 175
Wengraf, Hans 170
West, Maria 170
Winkelstern, Marianne 95
Wittgenstein, Karl 32
Witzmann, Herr 170 f.
Wolff von Amerongen, Otto 42
Wolfgang von Regensburg 91
Wrede, Otto Fürst 126
Wunderer, Alexander von 61
Zauner-Seeauer, Herr 86
Zeisl, Erich 62
Zeller, Ludwig 22
Zirner, Josef 72
Zuckmayer, Carl 106 f.
Zülow, Franz-Joachim von 62

Danke für viele Gespräche, neue Begegnungen, herrliche Bilder und großartige Unterstützung an meine Familie, Kevin Clarke, Edith Cory-Koritschoner, Stefan Culen, Ernst Gečmen-Waldek, Waltraud Haas, Michael Heltau, Miguel Herz-Kestranek, Giulia Hine-Koritschoner, Nina Kronwettleitner, Familie Linortner (Suassbauer), Ursula Longitsch (Bezirksgericht Thalgau), Astrid Nageler-Reidlinger, William Ordson (The Florida State University Tallahassee), Arno Perfaller, Gerald Piffl, Walter Pistorius, Christina, Friedl und Georg Steinmetzer, Regina Thumser, Gerhard Trumler, Johannes Walderdorff, das Team des Brandstätter Verlages und alle, die meine Liebe zum Wolfgangsee immer schon geteilt haben und in Zukunft teilen werden.